Band 550

Grundriss der Psychologie

Herausgegeben von Bernd Leplow und Maria von Salisch

Begründet von Herbert Selg und Dieter Ulich

Diese Taschenbuchreihe orientiert sich konsequent an den Erfordernissen des Bachelorstudiums, in dem die Grundlagen psychologischen Fachwissens gelegt werden. Jeder Band präsentiert sein Gebiet knapp, übersichtlich und verständlich!

H. E. Lück
Geschichte der Psychologie

D. Ulich/R. Bösel
Einführung in die Psychologie

K. Rentzsch/A. Schütz
Psychologische Diagnostik

F. Rheinberg/R. Vollmeyer
Motivation

D. Ulich/P. Mayring
Psychologie der Emotionen

J. Kienbaum/B. Schuhrke
Entwicklungspsychologie der Kindheit

T. Faltermaier/P. Mayring/
W. Saup/P. Strehmel
Entwicklungspsychologie des Erwachsenenalters

H. M. Trautner
Allgemeine Entwicklungspsychologie

T. Greitemeyer
Sozialpsychologie

S. Trepte/L. Reinecke
Medienpsychologie

H.-P. Nolting/P. Paulus
Pädagogische Psychologie

L. Laux
Persönlichkeitspsychologie

J. Felfe
Arbeits- und Organisationspsychologie, Bd. 1 und 2

L. v. Rosenstiel/W. Molt/
B. Rüttinger
Organisationspsychologie

F. J. Schermer
Lernen und Gedächtnis

R. Guski
Wahrnehmung

T. Faltermaier
Gesundheitspsychologie

Helmut E. Lück

Geschichte der Psychologie

Strömungen, Schulen, Entwicklungen

6. Auflage

Verlag W. Kohlhammer

Dieses Werk einschließlich aller seiner Teile ist urheberrechtlich geschützt. Jede Verwendung außerhalb der engen Grenzen des Urheberrechts ist ohne Zustimmung des Verlags unzulässig und strafbar. Das gilt insbesondere für Vervielfältigungen, Übersetzungen, Mikroverfilmungen und für die Einspeicherung und Verarbeitung in elektronischen Systemen.

Die Wiedergabe von Warenbezeichnungen, Handelsnamen und sonstigen Kennzeichen in diesem Buch berechtigt nicht zu der Annahme, dass diese von jedermann frei benutzt werden dürfen. Vielmehr kann es sich auch dann um eingetragene Warenzeichen oder sonstige geschützte Kennzeichen handeln, wenn sie nicht eigens als solche gekennzeichnet sind.

6. Auflage 2013

Alle Rechte vorbehalten
© 1991/2013 W. Kohlhammer GmbH Stuttgart
Gesamtherstellung:
W. Kohlhammer Druckerei GmbH + Co. KG, Stuttgart
Printed in Germany

ISBN 978-3-17-023269-3

Inhalt

Vorwort zur fünften Auflage 11

1 **Möglichkeiten und Methoden der Psychologiegeschichtsschreibung** 13

    1.1   Warum Geschichte der Psychologie? 13
    1.2   Drei Beispiele für verbreitete Fehleinschätzungen 15
    1.2.1 Beispiel eins: Psychologie im Nationalsozialismus 15
    1.2.2 Beispiel zwei: Experimentelle Psychologie in der Bundesrepublik 19
    1.2.3 Beispiel drei: Psychoanalyse in der UdSSR 20
    1.3   Geschichtswissenschaftliche Aspekte 21
    1.4   Modelle der Psychologiegeschichtsschreibung .. 24
    1.4.1 Psychologiegeschichte als Geschichte großer Männer 24
    1.4.2 Ideengeschichte 25
    1.4.3 Problemgeschichte 25
    1.4.4 Sozialgeschichte 26
    1.5   Psychologiegeschichtliche Forschungsmethoden 27
    1.5.1 Quellenstudium 28
    1.5.2 Die Nutzung von Archiven 31
    1.5.3 Spurensuche und nichtreaktive Messverfahren .. 32
    1.5.4 Oral history – erlebte Geschichte 33
    1.5.5 Zeitreihenanalyse als Beispiel mathematisch-statistischer Methoden 35
    1.6   Psychologische Theorien im Dienste der Psychologiegeschichte 36
    1.6.1 Entwicklungs- und Persönlichkeitspsychologie im Dienste biographischer Forschung 36

	1.6.2	Sozialpsychologie im Dienste der Schulen- und Institutionsgeschichte	37

- 1.6.2 Sozialpsychologie im Dienste der Schulen- und Institutionsgeschichte 37
- 1.6.3 Psychoanalyse und Psychohistorie 38
- 1.6.4 Marxistische Gesellschaftstheorie und Kritische Psychologie 39

2 Strömungen und Entwicklungen im 19. Jahrhundert 42

- 2.1 Positivismus und naiver Empirismus 42
- 2.2 Evolutionstheorie 44
- 2.3 Völkerkunde und Völkerpsychologie 45
- 2.4 Massenpsychologie 49
- 2.5 Psychologie zwischen Philosophie und Physiologie 53
- 2.6 Sinnesphysiologische Forschung und Psychophysik 54
- 2.7 Experimentelle Psychologie des Lernens 59

3 Psychologische Schulen im 19. und 20. Jahrhundert 63

- 3.1 Die Leipziger Schule 64
- 3.1.1 Zur Biographie Wilhelm Wundts 65
- 3.1.2 Grundzüge der Lehre Wundts 67
- 3.1.3 Zur Wissenschaftspolitik Wundts 70
- 3.1.4 Zu den Wirkungen der Leipziger Schule 73
- 3.2 Die Würzburger Schule 75
- 3.2.1 Grundzüge und Methoden 75
- 3.2.2 Die Bühler-Wundt-Kontroverse 78
- 3.3 Gestalt- und Ganzheitspsychologie 80
- 3.3.1 Die Produktionstheorie der Grazer Schule 82
- 3.3.2 Die Frankfurter/Berliner Schule der Gestaltpsychologie 84
- 3.3.3 Die Leipziger Schule der Ganzheitspsychologie 91
- 3.4 Die Feldtheorie 93
- 3.4.1 Grundzüge der Feldtheorie 95
- 3.4.2 Konflikte 96
- 3.4.3 Lebensraum und Topologie 97

3.4.4	Feldtheorie und Entwicklung	99
3.4.5	Aktionsforschung, Minderheitenprobleme und Gruppendynamik	100
3.5	Psychoanalyse	102
3.5.1	Zur Biographie Sigmund Freuds	103
3.5.2	Zur Problemgeschichte der Lehre	108
3.5.3	Erkenntnistheoretische Grundlagen der Psychoanalyse	112
3.5.4	Grundzüge der Triebmechanik	116
3.5.5	Grundzüge der psychoanalytischen Diagnostik	117
3.6	Individualpsychologie	118
3.6.1	Zur Biographie Alfred Adlers	118
3.6.2	Grundzüge der Lehre	122
3.7	Analytische Psychologie	126
3.7.1	Zur Biographie C. G. Jungs	126
3.7.2	Grundzüge der Lehre	129
3.8	Der Behaviorismus	131
3.8.1	Experimentelle Tierpsychologie und Reflexologie	132
3.8.2	Programm und Utopie des Behaviorismus	136
3.8.3	Erweiterung und sozialtechnische Umsetzung	141
3.8.4	Theorie sozialen Lernens	145
3.9	Die kulturhistorische Schule	147

4 Gegenwärtige Entwicklungen: Das Ende der Schulen? ... 151

4.1	Kognitive Psychologie und psychologische Handlungstheorien	152
4.1.1	Die Computer-Metapher	152
4.1.2	Die sog. Kognitive Wende	154
4.1.3	Psychologische Handlungstheorien	156
4.2	Kritische Psychologie	157
4.3	Humanistische und Transpersonale Psychologie	160
4.3.1	Humanistische Psychologie	160
4.3.2	Transpersonale Psychologie	163

5 Teildisziplinen der Psychologie im 20. Jahrhundert ... 166

5.1 Biologische Psychologie und Neuropsychologie 166
5.2 Psychodiagnostik und Persönlichkeitspsychologie ... 171
5.3 Entwicklungspsychologie ... 181
5.4 Pädagogische Psychologie ... 188
5.5 Sozialpsychologie ... 191
5.6 Wirtschaftspsychologie ... 199
5.7 Verkehrspsychologie ... 206
5.8 Umweltpsychologie ... 208
5.9 Klinische Psychologie ... 210
5.10 Sportpsychologie ... 214
5.11 Musikpsychologie ... 218
5.12 Religionspsychologie ... 221
5.13 Politische Psychologie ... 226
5.14 Kulturvergleichende Psychologie ... 230
5.15 Methoden der Psychologie ... 232

6 Bewertung und Perspektiven ... 238

Literatur ... 241

Stichwortverzeichnis ... 262

Personenverzeichnis ... 265

Für Barbara

Vorwort zur fünften Auflage

Dieser erste Band der Reihe »Grundriss der Psychologie« behandelt die Strömungen, Schulen und Entwicklungslinien der Psychologie. Wer sich mit der Geschichte der Psychologie beschäftigt, wird schnell den Wert dieser Beschäftigung erkennen: Namen und Begriffe erhalten Bedeutung und Tiefe, Zusammenhänge werden erkannt. Aber die Geschichte der Psychologie kann noch mehr leisten. Sie kann in der Psychologie die Rolle des »schlechten Gewissens« spielen, indem sie Versäumnisse, Fehlentwicklungen und zu Unrecht in Vergessenheit geratene Ideen herausstellt. So kann Psychologiegeschichte ein tieferes Verständnis für die Gegenwart und sogar für die berufliche Praxis von Psychologen ermöglichen. Woher kommen zum Beispiel psychologische Tests; was hat zu ihrer Entwicklung geführt? Warum hat die Psychoanalyse in psychologischen Studiengängen nach wie vor eine randständige Bedeutung? Welche Faktoren haben dazu geführt, dass der Beruf »Psychologe« entstand? – Dies alles sind Fragen, auf die die neuere Geschichte der Psychologie Antworten gibt.

In der vorliegenden Einführung werden die wichtigsten Strömungen der Psychologie dargestellt, wobei die Geschichte der Psychologie in Deutschland etwas stärker herausgestellt wird. Ein Blick in das Inhaltsverzeichnis zeigt, dass für den Aufbau im Wesentlichen eine ideengeschichtliche Darstellung der Schulen und Richtungen in annähernd chronologischer Abfolge gewählt wurde. Der Schwerpunkt liegt auf der Darstellung des 19. und 20. Jahrhunderts bis hin zu gegenwärtigen Strömungen der Psychologie. Dieses Vorgehen erschien mir im Interesse besserer Lesbarkeit gerechtfertigt, wurde jedoch – wo immer möglich und nötig – um Betrachtungen gesellschaftlich-politischer Zusammenhänge erweitert.

Das in den letzten Jahren gewachsene Interesse an der Geschichte der Psychologie lässt sich nun auch an diesem Buch ablesen: Es zählt an vielen Universitäten zur Standardlektüre und liegt nunmehr in fünfter Auflage vor. Das Buch ist in chinesischer, italienischer und polnischer Übersetzung erschienen. Eine russische Ausgabe erscheint in Kürze. Die vorliegende Auflage ist gegenüber der letzten aktualisiert und vor allem bezüglich der Teildisziplinen erweitert worden.

Leserinnen und Leser, die sich noch eingehender mit den klassischen Arbeiten der Psychologie beschäftigen möchten, seien ergänzend auf das Buch »Klassiker der Psychologie« (Stuttgart: Kohlhammer 2000) verwiesen.

Vielen Kolleginnen und Kollegen bin ich für Hinweise und Verbesserungsvorschläge zu Dank verpflichtet. Stellvertretend seien genannt: Christian G. Allesch, Horst-Peter Brauns, Wolfgang Bringmann, Katrin Gaiser, Georg Eckardt, Hermann Feuerhelm, Herbert Fitzek, Theo Herrmann, Siegfried Jaeger, Jürgen Jahnke, Luciano Mecacci, Anneros Meischner-Metge, Rudolf Miller, Herbert Selg, Gabriela Sewz, Helga und Lothar Sprung, Pieter van Strien, Dieter Ulich, Marina Volkova, Uwe Wolfradt und Wlodek Zeidler.

Hagen, im Sommer 2011
Helmut E. Lück

1 Möglichkeiten und Methoden der Psychologiegeschichtsschreibung

1.1 Warum Geschichte der Psychologie?

Die Psychologiegeschichte hat seit etwa Mitte der achtziger Jahre auch in Deutschland einen Aufschwung erlebt, der nicht vorherzusehen war. Man könnte geradezu von einer Wende sprechen, wenn man sich vor Augen führt, dass die Beschäftigung mit der Geschichte der Psychologie in den letzten Jahrzehnten ein relativ wenig beachtetes Randgebiet war: Gegenstand von anekdotischen Rückbesinnungen, Nekrologen und Festreden. Nur gelegentlich entstanden größere psychologiegeschichtliche Abhandlungen (Dorsch, 1963; Hehlmann, 1967; Pongratz, 1967). Psychologiegeschichte war und ist kein Prüfungsfach im Rahmen der Ausbildung von Diplompsychologen. Im Bachelorstudiengang Psychologie wird Psychologiegeschichte nach den Empfehlungen der Deutschen Gesellschaft für Psychologie gelehrt. Dass von einer Beschäftigung mit der Psychologiegeschichte kräftige Impulse auf das Fach selbst ausgehen können – eine solche Aussage hätte die Mehrheit der Psychologen vor ein paar Jahren gewiss als Unsinn abgetan. Das Verhältnis der Psychologen zu ihrer Fachgeschichte war – und ist z. T. auch heute noch – distanziert.

Diese Distanz zur Geschichte der eigenen Wissenschaft kommt nicht von ungefähr. Sie lässt sich selbst wiederum historisch erklären: Die Psychologie hat geisteswissenschaftliche und naturwissenschaftliche Wurzeln. In dem Maße, wie Psychologen ein Verständnis ihrer Disziplin entwickelten, das an die Methodologie der Naturwissenschaften angelehnt war, erschien ihnen frühere Forschung als überholt und die Beschäftigung mit ihr als mehr oder weniger überflüssig. In den letzten Jahrzehnten haben wir in der Psychologie eine Wiederbesinnung auf die geisteswissenschaftliche Tradition der Psychologie erlebt (vgl. z. B. Jüttemann, 1986), einschließlich einer Neubesinnung auf die Psychologiegeschichte.

Dieser Umschwung hat verschiedene Gründe: Ein Grund ist, dass sich immer deutlicher die Unzulänglichkeit des empiristischen Denkens gezeigt hat. Kritische Psychologen wie Klaus Holzkamp haben früh auf die Defizite der vorherrschenden experimentellen Psychologie aufmerksam gemacht und unter Bezug auf die Gesellschaftstheorie von Karl Marx auf die historische Bedingtheit des Handelns verwiesen.

Aber auch von anderer Seite kamen starke Impulse für eine Neubesinnung auf die Psychologiegeschichte. So haben Wissenschaftshistoriker wie Thomas Kuhn (1962) und andere versucht, Gesetzmäßigkeiten in der Entwicklung von Wissenschaften aufzuzeigen. Nach Kuhn werden längere Phasen sog. Normalforschung durch »Krisen« erschüttert. Das bisherige Forschungsparadigma wird durch ein neues in Frage gestellt und schließlich abgelöst. Das Provozierende an Kuhns Überlegungen ist der Hinweis auf die Irrationalität wissenschaftlichen Handelns. Forscher halten nicht nur in Zeiten der Normalforschung an ihrem Paradigma fest, weil sich damit Probleme lösen lassen, sondern sie verteidigen u. U. eisern ihr lieb gewordenes Erklärungsprinzip, wenn sich die Schwäche des Paradigmas bereits ganz deutlich gezeigt hat. So sehr diese beschriebenen Verläufe kritisiert wurden: die Bedeutung der Wissenschaftsgeschichte für die Wissenschaftstheorie ist (nach anfänglichen Widerständen) ins Bewusstsein gerückt. Dies ist nun ein zweiter Grund für die intensivere Beschäftigung mit der Geschichte von Wissenschaftsdisziplinen – so auch der Psychologie.

Ein dritter Grund für ein lebhafter gewordenes Interesse an der Wissenschaftsgeschichte leitet sich von den Tendenzen in den Geschichtswissenschaften selbst ab. Geschichtswissenschaft war in der Vergangenheit meist auf politisches Handeln von Staatsmännern oder anderen Persönlichkeiten bezogen – und Geschichtsunterricht in der Schule auf entsprechende historische Ereignisse wie die Schlacht am Teutoburger Wald, den Gang nach Canossa oder den Bau der Berliner Mauer beschränkt. Dem hat die neuere französische Gesellschaftsgeschichte (sog. Schule der Annales, benannt nach der Zeitschrift *Annales: Économies, Sociétés, Civilisations*) dieser »Geschichte der Großen« eine »Geschichte der Vielen« oder gar eine »Geschichte von unten« entgegengesetzt und z. B. in Form der mündlichen Befragung von Zeitzeugen (»oral history«) zunehmend Gebrauch von Methoden der empirischen Sozialforschung gemacht (vgl. Abschnitt 1.5.4). In den letzten Jahren hat diese »Geschichte von unten« geradezu den Charakter einer Volksbewegung bekommen, in deren Rahmen Laien »dort graben, wo sie stehen«, nach der Geschichte eines Ortsteils, eines Vereins, einer Straße, einer Fabrik oder eines Berufsstandes.

Auch Psychologiegeschichte kann verschieden betrieben werden und verschiedenen Zwecken dienen. Diente sie früher häufig *der Rechtfertigung eigenen Handelns,* so hat die neuere psychologiegeschichtliche Forschung die engen Grenzen einer so betriebenen Psychologiegeschichte aufgewiesen und mit ihrer Betonung der gesellschaftlichen Bedingungen psychologischen Handelns in Forschung, Lehre und Anwendung der Geschichte der Psychologie einen neuen und höheren Wert beigemessen. Unsere ursprüngliche Frage, warum denn eine Beschäftigung mit der Psychologiegeschichte sinnvoll sein kann und was man denn aus ihr lernen könne, muss daher zur Frage werden, *wie* man denn Psychologiegeschichte betreiben sollte, *dass* man aus ihr lernen kann.

1.2 Drei Beispiele für verbreitete Fehleinschätzungen

Psychologen sind – wie gesagt – lange Zeit etwas nachlässig mit der Geschichte ihrer Disziplin umgegangen (vgl. Graumann, 1983). Dies hat zur Verbreitung von Irrtümern beigetragen. Drei Beispiele sollen zeigen, dass die historische Realität gelegentlich anders war, als man in Psychologievorlesungen hören oder in Psychologiebüchern lesen kann.

1.2.1 Beispiel eins: Psychologie im Nationalsozialismus

Nach dem Zweiten Weltkrieg wurde das Verhältnis der Psychologie zum Nationalsozialismus so gut wie gar nicht thematisiert

– weder von Psychologen noch von Historikern. Wohl hatte ein Psychologiestudent gewisse Vorstellungen von der Wehrmachtpsychologie, vom Verbot der Psychoanalyse in der Nazizeit und von der erzwungenen Emigration bedeutender jüdischer Psychologen. An einigen Universitäten war aufmerksamen Psychologiestudenten auch nicht entgangen, dass ein Teil der psychologischen Fachliteratur aus dem Zeitabschnitt 1933–1945 aus der Bibliothek des psychologischen Instituts verschwunden war. Doch wurde das Verhältnis der Psychologie zum Nationalsozialismus kaum ernsthaft thematisiert.

Wenn dieses Thema von Hochschullehrern überhaupt behandelt wurde, so geschah dies zum Teil, um sich selbst zu rechtfertigen und um gewisse Kollegen oder ganze Richtungen, wie insbesondere die Leipziger Schule der Ganzheitspsychologie, in die Nähe des Nationalsozialismus zu stellen, zu kritisieren oder zu verunglimpfen. Im Allgemeinen waren aber Lehrende und Lernende froh, diese »dunkle« Zeit hinter sich zu haben. Weit verbreitet war die Auffassung, dass die psychologische Forschung unter dem Nationalsozialismus zu leiden hatte; Nationalsozialisten seien überhaupt gegen die Psychologie eingestellt gewesen, denn z. B. sei ja die Psychoanalyse verboten worden und schließlich sei ja sogar die Wehrmachtpsychologie aufgelöst worden, kurz: Die Psychologie habe im Nationalsozialismus ihren *Niedergang* erlebt, von dem sie sich nur schwer erholt habe.

Diese Auffassungen wurden jahrzehntelang fast unwidersprochen verbreitet. Erst Anfang der achtziger Jahre erfolgten die ersten umfangreicheren Recherchen und kritischen Auseinandersetzungen mit der Psychologie im Nationalsozialismus (Geuter, 1984, Graumann, 1985, Retter, 2001). Diese neueren Untersuchungen haben gezeigt, dass über die Rolle der Psychologie im Nationalsozialismus bislang vielfach *Halbwahrheiten* verbreitet worden waren und dass dies z. T. auch absichtlich geschehen war. Die historische Wirklichkeit ist – wie so oft – recht komplex, und daher sollen hier nur wenige Fakten komprimiert dargestellt werden.

Schon bald nach der Machtergreifung verfügte das »Gesetz zur Wiederherstellung des Berufsbeamtentums« vom 7. 4. 1933, dass Beamte »nichtarischer Abstammung« in den Ruhestand zu versetzen seien. Dies waren im Deutschen Reich fünf von insgesamt fünfzehn Psychologieprofessoren: Adhemar Gelb, David Katz, Wilhelm Peters, William Stern und Max Wertheimer. Ferner wurde Otto Selz, Professor an der Handelshochschule Mannheim, entlassen. Selz emigrierte in die Niederlande und wurde später von dort nach Auschwitz verschleppt und ermordet. Kurt Lewin kam seiner Amtsenthebung durch Emigration in die USA zuvor, 1935 emigrierte auch der nichtjüdische Gestaltpsychologe Wolfgang Köhler, nachdem er sich nationalsozialistischer Eingriffe in sein Berliner Institut nicht mehr länger erwehren konnte. Der Münchener Professor Kurt Huber gehörte der Widerstandsgruppe »Weiße Rose« an, wurde zum Tode verurteilt und hingerichtet.

Diesem Aderlass der deutschen Psychologie stand aber – quantitativ gesehen – ein beachtlicher *Aufschwung* der Psychologie gegenüber. Während der Zeit des Nationalsozialismus wurden die psychologischen Institute ausgebaut, einige neue Professuren eingerichtet oder andere, nicht besetzte Lehrstühle in psychologische Professuren verwandelt. Unter nationalsozialistischer Regierung erfolgte ein gewaltiger Ausbau der Wehrmacht und der Wehrmachtpsychologie. Geuter (1986, S. 586f.) nennt folgende Planstellenzahlen für Psychologen in Heer und Marine:

1935 69 Planstellen
1937 127 Planstellen
1938 170 Planstellen.

Die Luftwaffe beschäftigte 1942 etwa 150 Psychologen. Gab es bis dahin kein klares Berufsbild und dementsprechend auch keinen berufsbildenden Studiengang für Psychologen, so erforderte der Bedarf an Wehrmachtpsychologen die Einrichtung einer entsprechenden Ausbildung. Für die Berufung zum Psychologieprofessor wurde die Erfahrung in Wehrmachtpsychologie, insbesondere Diagnostik wichtig. In Form der *Diplom-Prüfungsordnung* für Psychologen, die 1941 in Kraft trat, war ein entscheidender Schritt in Richtung auf die *Professionalisierung* der Psychologie getan.

Unter dem besonders dienstbeflissenen Vorstand der Deutschen Gesellschaft für Psychologie versuchten viele Psychologen ihre Fähigkeiten in den Dienst des neuen Systems zu stellen (Retter, 2001, Traxel, 2004). Soweit bisher bekannt haben Psychologen aber nicht in der nationalsozialistischen Propagandaarbeit, bei Deportationen oder in Konzentrationslagern aktiv mitgewirkt. Zum Teil lag es wohl an dem Stand der Psychologie selbst, dass sie sich weniger in die nationalsozialistischen Aktivitäten »einbrachte«: Inzwischen gibt es allerdings Quellen, die sehr deutlich zeigen, dass Psychologinnen und Psychologen nicht nur diagnostisch-gutachterlich bei der Entscheidung zur Adoption von Waisenkindern im besetzten Polen tätig waren, sondern dass auch diagnostische Untersuchungen von Psychologinnen und Psychologen bei der »Kindereuthanasie« eine Rolle spielten, d. h., ob geisteskranke und retardierte Kinder getötet werden sollten. Benetka und Rudolph (2008) haben anhand wiedergefundener Krankenakten das Schicksal einzelner Kinder verfolgt und die Rolle von Psychologinnen und Psychologen an der Einrichtung *Am Spiegelgrund* untersucht.

Im Jahre 1942 wurde die Heeres- und Luftwaffenpsychologie aufgelöst. Diese überraschende Entscheidung kann aber nicht als Beweis dafür gelten, die Psychologie als Disziplin sei von Nationalsozialisten verfolgt worden. Der Hauptgrund für die Auflösung ist wohl darin zu sehen, dass eine differenzierte Prognose für die Kriegstauglichkeit nicht mehr nötig war. Die Verluste bei Heer und Luftwaffe waren außerdem inzwischen so groß, dass eine weitere Auslese kaum sinnvoll erschien.

Was das Verbot der Psychoanalyse betrifft, so ist auch hier eine differenzierte Sicht notwendig. Es stimmt, dass die Schriften des Begründers der Psychoanalyse, Sigmund Freud, schon im Mai 1933 zusammen mit Schriften anderer, von den Nationalsozialisten diskriminierter Autoren öffentlich verbrannt wurden und dass Freud, wie vielen seiner jüdischen Schüler, nach dem »Anschluss« Österreichs nur die Emigration verblieb, um einem noch härteren Schicksal zu entgehen. Das Wiener Psychoanalytische Institut und seine Einrichtungen wurden liquidiert und die Psychoanalyse offiziell verboten. Es stimmt aber nicht, wenn man behauptet, Psychoanalyse sei als Therapie im Dritten Reich nicht mehr praktiziert worden. Nach Auflösung des Psychoanalytischen Instituts wurde in Berlin 1936 das »Deutsche Institut für psychologische Forschung und Psychotherapie« gegründet, dessen Aufgabe die Entwicklung einer deutschen »Seelenheilkunde« war. In diesem Institut wurden die verschiedenen tiefenpsychologischen Richtungen zusammengefasst und unter medizinischer Leitung praktiziert. Somit muss auch die (von Psychoanalytikern lange gepflegte) Behauptung von der »Zerschlagung« der Psychoanalyse als Legende bezeichnet werden (vgl. besonders Lockot, 1985).

Wenn behauptet wird, die wissenschaftliche Psychologie in Deutschland habe zur Zeit des Nationalsozialismus ihre Qualität eingebüßt und den Anschluss an das internationale Niveau verloren, so ist dies sicher richtig (wenngleich es Hinweise darauf gibt, dass dieser Prozess schon vor 1933 begann). Diesem Qualitätsverlust steht jedoch ein beachtlicher materieller Aufschwung und Ausbau der Psychologie als Beruf gegenüber. (Diese Aussage sollte natürlich nicht als Rechtfertigung nationalsozialistischer Ideologie missverstanden werden.) Eindeutig falsch ist aber die Aussage, Nationalsozialismus und Psychologie als Wissenschaft seien unvereinbar gewesen.

1.2.2 Beispiel zwei: Experimentelle Psychologie in der Bundesrepublik

Wer eine psychologische Fachzeitschrift aufschlägt, ein psychologisches Institut betritt oder eine psychologische Einführungsvorlesung hört, muss den Eindruck gewinnen, die Psychologie sei eigentlich immer schon eine experimentelle Wissenschaft gewesen. Wenn überhaupt auf ältere Autoren verwiesen wird, so werden gern Namen wie Gustav Theodor Fechner (1801–1887), Wilhelm Wundt (1832–1920) oder John B. Watson (1878–1958) genannt. Es entsteht dann leicht der Eindruck einer kontinuierlichen und logischen Entwicklung der Wissenschaftsdisziplin Psychologie. Dies ist eine weit verbreitete Fehleinschätzung.

Immer hat es in der Psychologie nichtexperimentelle und spekulative Anteile gegeben. Um gleich bei den drei erwähnten Autoren zu bleiben: Fechner hat unter dem Pseudonym Dr. Mises eine Reihe von Satiren verfasst, er hat mehrere Bücher mit mystisch-spekulativem Charakter verfasst; Wilhelm Wundt hat mehr als zwanzig Jahre seines Lebens fast ausschließlich auf die Entwicklung einer nichtexperimentellen Völkerpsychologie verwendet und John B. Watson hat populärwissenschaftliche Abhandlungen und sogar Utopien verfasst und nur in ganz geringem Maße versucht, sein Programm des Behaviorismus in die Tat umzusetzen – wir kommen darauf zurück.

Es kommt nicht von ungefähr, dass große geisteswissenschaftliche Anteile an der Vergangenheit der Psychologie, insbesondere aber jene Richtungen in der Psychologie, die sich aus heutiger Sicht als Fehlschläge erwiesen haben, gern ausgeblendet, vergessen und vernachlässigt werden.

So wird selbst mancher ausgebildete Psychologe erstaunt sein zu erfahren, dass eine experimentelle Psychologie in Deutschland nach dem Zweiten Weltkrieg keine Selbstverständlichkeit war, sondern von der überwiegenden Zahl der Psychologieprofessoren als *überholt* angesehen wurde (vgl. Traxel, 1985, S. 105ff.). Nicht wenige deutsche Psychologieprofessoren hielten etwa Anfang der fünfziger Jahre die in den USA dominierende experimentelle Psychologie für rückständig und für überwunden. Erst einer nachfolgenden Psychologengeneration gelang Ende der fünfziger, Anfang der sechziger Jahre die »Wiederbelebung der experimentellen Psychologie« (vgl. Traxel, 1985, S. 105ff.).

1.2.3 Beispiel drei: Psychoanalyse in der UdSSR

Unser drittes Beispiel für einen historischen Irrtum betrifft ein ganz anderes Gebiet: Einer weit verbreiteten Annahme zufolge ist die Psychoanalyse eine deutsch-österreichische Angelegenheit, die nach der freiwilligen und erzwungenen Emigration bedeutender Psychoanalytiker besonders in den USA begeistert aufgenommen wurde.

Über Psychoanalyse in Russland und in anderen osteuropäischen Ländern ist in der westeuropäischen Literatur nur wenig zu finden. Selbst Autoren, die sich in der Geschichte der Psychoanalyse gut auskennen, haben übersehen, dass es in der UdSSR eine Blütezeit der Psychoanalyse gab, die von der sowjetischen

Regierung nicht nur toleriert, sondern sogar gefördert wurde. Siebenundvierzig Arbeiten Freuds wurden ins Russische übersetzt, die meisten erst nach der Oktoberrevolution. Im August 1921 wurde ein psychoanalytisches Kinderheimlaboratorium in Moskau eröffnet, das sich zunächst starker Kritik ausgesetzt sah (Schmidt, 1924), wobei diese Kritik nicht marxistisch-ideologisch begründet war. Auch andere Einrichtungen, Veröffentlichungen und die Gründung psychoanalytischer Vereinigungen an verschiedenen Orten in Russland (vgl. Nitzschke, 1989 a) lassen erkennen, dass die Psychoanalyse in den ersten Jahren nach der Oktoberrevolution in Russland eine Blütezeit erlebte, die ihr schnelles Ende durch den Stalinismus fand.

Die frühe Blütezeit der Psychoanalyse in Russland hat vielleicht sehr individuelle Gründe: Möglicherweise war es Lenin selbst, der sich für die Übersetzung wichtiger Arbeiten Freuds ins Russische eingesetzt hat (vgl. Tögel, 1988). Zwischen 1900 und 1917 verbrachte Wladimir Iljitsch Lenin (1870–1924) mehr als 13 Jahre in Westeuropa. Er nutzte jede Gelegenheit zum Besuch größerer Bibliotheken. Lenin war mit den wichtigsten geistigen Strömungen seiner Zeit gut vertraut. Es ist daher wahrscheinlich, dass Lenin zumindest gewisse Vorstellungen von der Psychoanalyse hatte. Aber mehr noch: Leo Trotzkij (1879–1940), später Mitglied des Zentralkomitees der KPdSU, war mit wichtigen Strömungen der Psychoanalyse schon früh vertraut und war ein Befürworter der Psychoanalyse. Schließlich ist Lenins Frau Nadeshda Krupskaja zu nennen, die an Pädagogik sehr interessiert war und mit ziemlicher Sicherheit mit Freuds entwicklungspsychologischen Gedanken vertraut war. Drei Bücher Freuds hatte Lenin in seiner eigenen Bibliothek, die sich noch heute im Kreml befindet (Tögel, 1988). Frühe Psychoanalyse in Russland – ein noch wenig erforschtes Gebiet.

1.3 Geschichtswissenschaftliche Aspekte

Unsere drei Beispiele haben gezeigt, dass es irrtümliche Annahmen gibt, die z. T. weit verbreitet sind. Sie haben auch gezeigt, welcher Art Irrtümer häufig sind: Es wird von der gegenwärtigen

Situation in die Vergangenheit zurückextrapoliert, ohne zu bedenken, dass Entwicklungen keineswegs geradlinig verlaufen. Weil in Russland kaum Psychoanalyse betrieben wurde, denkt man, dies sei schon immer so gewesen. Und dies ist ein Irrtum!

In allen drei Beispielen haben wir uns eine Frage zur Vergangenheit gestellt und haben versucht, diese Frage mit Belegen zu beantworten. Es ist wichtig, sich klarzumachen, dass sich weder die Fragen, noch die Belege zur Beantwortung der Fragen »von selbst« einstellen. Es gibt nicht »die Vergangenheit« oder »die historische Wahrheit«, von der man auszugehen hat. Erst durch eine begründete Fragestellung in einem theoretischen Kontext wird geschichtswissenschaftliche Arbeit möglich. Wie sonst sollte aus der unendlichen Fülle von Daten (Veröffentlichungen, Dokumente, Lebenserinnerungen, Gesetze usw.) ein Ganzes entstehen?

Vielleicht haben Sie als Leser/Leserin an dieser Stelle Lust, das Leben und Werk einer/eines Ihnen vielleicht noch unbekannten Psychologin/Psychologen, wie z. B. Egon Brunswik, Rosa Katz, William Stern oder Carl Stumpf zu erforschen. Sie wollen z. B. in einer Arbeit »Leben und Werk« dieser Psychologin/dieses Psychologen darstellen. Wie gehen Sie vor? Es empfiehlt sich, eine Reihe von Fragen zusammenzustellen, die Ihnen bedeutsam erscheinen und dann für jede Frage kurz zu begründen, warum Sie Ihnen sinnvoll erscheint. Stellen Sie anschließend eine Reihe von möglichen historischen Quellen zusammen, durch die Sie zur Beantwortung Ihrer Fragen gelangen möchten. Sollte Ihnen diese Übungsaufgabe als noch zu schwer erscheinen, so haben Sie vielleicht Lust, sich das entsprechende Handwerkszeug anzueignen. Hier lässt sich hinweisen auf Borowsky u. a. (1989), und von Brandt (2007). Wir kommen später auf diese Aufgabe zurück.

Durch diese Übungsaufgabe ist sicher schon deutlich geworden, dass man auf eine Vielzahl von Fragen stoßen kann: nach ethnischer Zugehörigkeit, sozialer Herkunft, Familie, nach Geschwistern, nach Begabung, Persönlichkeitsstruktur, Schulbildung, Interessen, nach akademischen Lehrern, nach beruflichem Werdegang, Lebens- und Arbeitsstil, wissenschaftlichen Leistungen, Anerkennung durch die Fachwelt, Einfluss auf Fachdisziplin, Berufsstand, beruflicher Praxis usw. Einzelne Daten, wie z. B. die Aussage eines ehemaligen Nachbarn oder eines Schülers, der Herr Professor sei täglich 2–3 Stunden gewandert, mögen ganz bedeutungslos erscheinen. Wissen wir jedoch, dass dieser Psychologe Jahrzehnte seines Lebens über den Einfluss von Wetter und Klima auf die menschliche Psyche gearbeitet hat (wie im Falle des Psychologen Willy Hellpach), so kann diese Auskunft an Bedeutung gewinnen.

Lange Zeit haben Historiker geglaubt, man müsse nur alle erreichbaren Fakten sammeln, sortieren und gewichten, um die »historische Wahrheit« zu erlangen, indem man zeigt, »wie es war«, d. h. die Fakten für sich sprechen lässt. Diese Auffassung vertrat z. B. Leopold von Ranke (1795–1886), ein bedeutender Vertreter der sog. Historischen Schule des 19. Jahrhunderts. Dieser an Realitäten orientierte *Historismus* erhob den Anspruch, exakte Wissenschaft zu sein. Gegenüber einer moralisierenden Geschichtsbetrachtung war diese positivistisch geprägte Geschichtswissenschaft gewiss ein Fortschritt. Genauer besehen müssen wir jedoch feststellen, dass es die historische Wahrheit nicht gibt, sondern dass Geschichte immer *Rekonstruktion* des Vergangenen ist, wobei diese Rekonstruktion mit gutem Gewissen auch als *Konstruktion* bezeichnet werden kann, da stets eine bestimmte Perspektive und Fragestellung die Arbeit bestimmt. Johann Gustav Droysen (1808–1884) und andere Historiker waren es, die schon im 19. Jahrhundert darauf aufmerksam machten, dass wir Menschen nur durch Einfühlen und *Verstehen* Zugang zu historischen Ereignissen gewinnen können. Der bekannte Satz, jede Zeit müsse sich ihre Geschichte neu schreiben, kann auch so verstanden werden, dass in jeder Epoche andere Fragen an die Geschichte gestellt und historische Fakten immer wieder anders verstanden werden.

Gegenwärtig befinden sich die Geschichtswissenschaften in einem Wandlungsprozess. Vorherrschend bei der mittleren und jüngeren Historikergeneration ist ein stärkerer Bezug zu Theorien und Methoden der Sozialwissenschaften (s. u.).

1.4 Modelle der Psychologiegeschichtsschreibung

Eingangs hatten wir schon von verschiedenen Funktionen der Psychologiegeschichtsschreibung gesprochen. So wurde gesagt, die Psychologiegeschichte habe früher oft der Rechtfertigung der Wissenschaftsdisziplin Psychologie gedient. Die Methoden der Historiographie sind von den Funktionen gewiss nicht unabhängig zu sehen. Wer Geschichte lediglich als kontemplative Rückbesinnung begreift, wird sie vor allem als Darstellung »bedeutender« Ereignisse oder »großer« Persönlichkeiten ansehen.

1.4.1 Psychologiegeschichte als Geschichte großer Männer

Im Schulunterricht waren wir gewohnt, Geschichte im Zusammenhang mit Alexander, Cäsar, Karl dem Großen (!), Bismarck oder Napoleon zu sehen. Hierzu passt die weit verbreitete Meinung, Geschichte würde von großen Männern gemacht. Abgesehen davon, dass bei einer solchen Bemerkung die Frauen wieder einmal vergessen wurden, muss man sich fragen, ob historische Entwicklungen einzelnen »großen« Personen zuzuschreiben sind.

Gewiss ist auch nicht zu prüfen, ob eine andere Person in gleicher historischer Situation das Gleiche oder Vergleichbares getan hätte. Doch sprechen auch in der Psychologiegeschichte viele Argumente gegen diesen sog. »great men«-Ansatz. Eine Theorie, eine Forschungshypothese, die Terminologie und ein mögliches Anwendungsfeld fallen nicht aus dem Himmel: Pawlow hatte Mitarbeiter, Freud bezog sich – freilich ohne sie immer zu zitieren – auf Schülerinnen und Schüler.

Und doch ist der weitaus größte Teil psychologiegeschichtlicher Darstellungen *personalistisch* geprägt. Gemeint sind nicht nur einzelne Autobiographien, Autobiographiesammlungen (z. B. Pongratz, Traxel und Wehner, 1972, 1979, Wehner, 1992, Lück, 2004), Biographien und Biographiesammlungen (z. B. v. Bonin, 1983, Galliker, Klein & Rykart, 2007, Volkmann-Raue &

Lück, 2011), sondern umfassende Abhandlungen zur Geschichte der Psychologie oder ihrer Teilgebiete auf der Grundlage des Lebenswerkes einzelner Personen. Die differenzierteste Psychologiegeschichte dieser Art ist Edwin G. Borings *History of Experimental Psychology* (1929). In den letzten Jahren ist Borings Darstellung der Geschichte der Experimentalpsychologie u. a. wegen ihres personalistischen Ansatzes sehr kritisiert worden. Gleichwohl bleibt sie eine gut recherchierte Psychologiegeschichte.

1.4.2 Ideengeschichte

In der zweiten Auflage seiner *History* (1950) hat Boring versucht, stärker auf kulturgeschichtliche Strömungen Bezug zu nehmen und den psychologischen Forscher etwas weniger als »great man« und etwas mehr als Teil seiner Kultur darzustellen. Der deutsche Begriff *Zeitgeist* wurde nun zu Borings Lieblingsausdruck, um das Auftreten und Verschwinden psychologischer Schulen und Strömungen zu erklären. Der Versuch, die Geschichte der Psychologie jetzt stärker als Kulturgeschichte zu begreifen, war gewiss ein Fortschritt, doch liegt natürlich auch im Zeitgeist-Konzept eine Versuchung. Die Gefahr ist groß, dass der Autor den Zeitgeist immer dann wehen lässt, wenn er keine genaueren Gründe für veränderte Bedürfnisse, Einstellungen usw. benennen kann oder will.

Dies klingt ein wenig sarkastisch, obwohl es nicht so gemeint ist. Das Problem einer ideengeschichtlichen Darstellung einer Wissenschaftsdisziplin liegt aber darin, die geistigen Strömungen einer Zeit zu erkennen und zu erahnen und die Entwicklung der Disziplin aus diesen Strömungen heraus (oder im Gegensatz zu ihnen) aufzuzeigen.

Eine deutschsprachige Ideengeschichte der Psychologie von der griechischen Philosophie bis zur Gegenwart hat Hehlmann (1967) verfasst.

1.4.3 Problemgeschichte

Die Ideengeschichte ist als Teil der Kultur- und Geistesgeschichte durchweg chronologisch angelegt. Es wird aufgezeigt, wie sich

z. B. eine Theorie aus den Überlegungen und Befunden von Vorgängern entfaltet hat (sog. Entfaltungskonzept). Bei der Problemgeschichte wird nun von diesem chronologischen Vorgehen abgerückt und im Interesse einer stärkeren Systematisierung von Einzelfragen (Problemen) ausgegangen. Dies hat zur Folge, dass man bei jeder Frage – wenn auch unter anderem Aspekt – wieder zu den Anfängen zurückkehren muss.

Pongratz hat eine umfangreiche Problemgeschichte der Psychologie (1967) verfasst, in der er u. a. dem Unbewussten, dem Erleben und dem Verhalten in der Psychologiegeschichte nachgeht.

1.4.4 Sozialgeschichte

Der Begriff der Sozialgeschichte wird nicht ganz einheitlich gebraucht (vgl. Hobsbawm, 1984). Lange Zeit diente der Begriff nur zur Bezeichnung der Geschichte unterer sozialer Schichten und insbesondere sozialer Bewegungen. In einem zweiten, allgemeineren Sinn wird unter Sozialgeschichte die gesamte Kulturgeschichte verstanden, also praktisch »Geschichte ohne Politik«. In einer dritten, weit verbreiteten Bedeutung wird Sozialgeschichte in einem Atemzug mit Wirtschaftsgeschichte genannt.

Keine der drei Bedeutungen trifft genau den Sinn, in dem heute von Sozialgeschichte der Psychologie (Lück u. a., 1987) gesprochen wird. Die neuere Sozialgeschichte der Psychologie versteht sich als Gesellschaftsgeschichte einer Wissenschaftsdisziplin, die sich in Fragestellungen und Methoden von der Ideengeschichte dadurch abhebt, dass sie weit stärker die sozialen, insbesondere die gesellschaftlichen, politischen und institutionellen Bindungen und Bedingungen psychologischer Forschung herausstellt als die traditionelle Ideengeschichte. Die neuere Psychologiegeschichtsschreibung lehnt nicht grundsätzlich ideen- oder problemgeschichtliche Betrachtungen der Disziplin Psychologie als falsch ab. Sie stellt nur noch stärker heraus, dass Psychologiegeschichte nicht nur auf isoliert denkende und handelnde Personen, auf Theorien und Forschungsergebnisse reduziert werden darf, dass sie nicht nur der Legitimation der Disziplin dienen darf, sondern durch Aufzeigen von Diskontinuitäten im Lauf der Geschichte zum Korrektiv, zum »schlechten Gewissen« der Disziplin werden sollte. Psychologiegeschichte verliert damit den »Nutzen« der Rechtfertigung der Disziplin, aber sie leistet für die Disziplin insgesamt gesehen mehr, da sie infrage stellt, aufmerksam macht, anregt usw. Traxel (1985, S. 9ff.) hat diese Art von Psychologiegeschichte als »aktive« Geschichte (im Gegensatz zur »kontemplativen«) bezeichnet.

Jeroen Jansz und Peter van Drunen haben eine aktuelle Sozialgeschichte der Psychologie verfasst (Jansz & van Drunen, 2004). Deutschsprachige sozialgeschichtliche Darstellungen der Psychologie finden sich u. a. bei Ash und Geuter (1985) Lück u. a. (1987) sowie Maikowski, Mattes und Rott (1976).

1.5 Psychologiegeschichtliche Forschungsmethoden

Der psychologiegeschichtlichen Forschung stehen grundsätzlich keine anderen Forschungsmethoden zur Verfügung als den Geschichtswissenschaften insgesamt. Aber es gibt eine deutliche Akzentsetzung dadurch, dass die Psychologie eine junge Wissenschaft ist und daher durchweg der Neueren Geschichte zuzurechnen ist.

Aber schon die Ahnenforschung kann interessante Aufschlüsse geben. Gemeint ist hier nicht nur die Ermittlung von Verwandtschaftsbeziehungen, sondern z. B. die Frage, wer Schüler von wem war. Hillix (1980) hat für die Psychologiedozenten einer großen amerikanischen Universität die Genealogie der Doktorväter ermittelt und daraus geschlossen, dass ca. die Hälfte aller in den USA arbeitenden Psychologen von Wilhelm Wundt »abstammen«. Dies unterstreicht den Einfluss Wundts, wenn auch kein einziger amerikanischer Psychologe heute ein Psychologieverständnis wie Wundt vertritt.

An dieser Stelle soll nicht das gesamte »Werkzeug des Historikers« (von Brandt, 2007) ausgebreitet werden. Vier für die Psychologiegeschichte wichtige Bereiche seien jedoch skizziert.

1.5.1 Quellenstudium

In einem weiten Sinn sind Quellen alle Texte, Gegenstände oder Tatsachen, aus denen Kenntnisse über die Vergangenheit gewonnen werden können. In einem engeren Sinn sind literarische Quellen gemeint, also mündliche oder schriftliche Überlieferungen, wie Mythen, Sagen, Lieder, Annalen, Chroniken, Biographien, Memoiren, Tagebuchaufzeichnungen, Briefe, Fotoalben, Zeitungen, Aktennotizen, ministerielle Erlasse, Studien- und Prüfungsordnungen, Institutsberichte, Sitzungsprotokolle, Bewerbungen, Gutachten, Vorlesungsverzeichnisse usw. (Erinnern Sie sich an die Übungsaufgabe? Welche Quellen erschienen Ihnen für die gewählte Wissenschaftlerpersönlichkeit als besonders geeignet?)

Der historische Erkenntniswert von Quellen hat gar nicht unbedingt etwas mit den Absichten zu tun, die in der Vergangenheit zur Entstehung des Dokumentes führten. So sind Geburtsregister heute nicht nur von Interesse, um festzustellen, wann eine bestimmte Person gelebt hat, sondern in aggregierter Form können Geburtsregister etwas über die Lebenserwartungen, Familiengrößen, Häufigkeit vorehelicher Geburten, ja sogar über die Präferenzen bezüglich des Geschlechtes eigener Kinder aussagen. (Wenn das jüngste Kind einer Familie häufiger ein Junge als ein Mädchen war, kann man annehmen, dass in dieser Kultur männliche Nachkommen erwünschter waren).

In der Regel ist der historische Erkenntniswert um so größer, je näher die Quelle dem Ereignis ist. So unterscheidet man *Primär-* und *Sekundärquellen*. Gegenüber den Lebenserinnerungen, die der hochbetagte Wilhelm Wundt über die Zeit seines Studiums und seiner ersten physiologischen Untersuchungen schrieb (Wundt, 1920), müssen Wundts Briefe aus der betreffenden Zeit an seine Familie als Primärquellen gelten. In der Tat zeigt sich, dass diese Briefe einige Umstände seiner ersten Forschungsarbeiten anders – und ziemlich sicher realitätsnäher – darstellen.

Lebenserinnerungen sind ja nicht nur Erinnerungen an das, wie es war; sie sind stets auch gefilterte, gereifte, zensierte Darstellungen von persönlich bedeutsamen und als mitteilenswert erachteten Erlebnissen. So wird z. B. die Entscheidung, sich einem bestimmten Forschungsgebiet zuzuwenden, rückblickend als gut begründet dargestellt, obwohl in Wirklichkeit vielleicht nur ein paar Zufälle dazu führten, dieses und nicht jenes Gebiet zu bearbeiten. Gegenüber Autobiographien sind Biographien wiederum meist als Sekundärquellen zu werten. Hier wird oft noch mehr »begradigt«, und jeder Biograph identifiziert sich bis zu einem gewissen Grade mit der dargestellten Person, so dass die Biographie auch Züge des Biographen enthält. »Viele Historiker neigen ... dazu, sich die anderen als *alter ego* vorzustellen d. h. als äußerst langweilige Personen« (Ginzburg, 1983, S. 22).

Hatten wir die Primärquellen den Sekundärquellen vorgezogen, so muss aber auch gesagt werden, dass Sekundärquellen – wie z. B. Biographien – oft den Vorzug der Übersicht und des zeitlichen und räumlichen Abstandes zum Thema besitzen.

Längst nicht alle Dokumente bleiben für historische Forschung erhalten. Vieles wird verworfen, Weltkriege haben Spuren hinterlassen, historisch bedeutsames Material, wie z. B. psychologische Apparaturen, sind noch nach dem Zweiten Weltkrieg in großer Zahl leichtfertig als Sperrmüll an den Straßenrand gestellt worden und in den letzten Jahrzehnten ist immer häufiger das Telefon benutzt worden, wo früher der Brief als Kommunikationsmittel diente. Da Telefongespräche nur selten aufgezeichnet werden, kann man vom »Telefonloch« sprechen, in dem wichtige Quellen verschwinden. E-Mails sind zwar schriftliche Dokumente, doch verschwinden sie auch meist durch Löschen.

Wichtig ist an dieser Stelle der Hinweis, dass das erhalten gebliebene Material so gut wie nie eine Zufallsstichprobe der Gesamtheit darstellt, d. h., *Material überlebt selektiv.* Dies bedeutet, dass gerade das nicht erhaltene Material bedacht werden muss. Warum fehlen in einer Briefsammlung z. B. Briefe aus einem bestimmten Zeitabschnitt, oder warum sind die Akten des Vorstands der Deutschen Gesellschaft für Psychologie aus der Zeit des Nationalsozialismus nicht auffindbar?

Die Auswertung der Quellen für eine geisteswissenschaftliche Fragestellung kann ganz verschieden sein. In der langen Tradition der Geisteswissenschaften ist die *Hermeneutik* als Kunst oder Lehre von der Interpretation von Reden oder Schriften zur zentralen Methode geworden. Begriffe, Redewendungen, Sprach- und Stilelemente müssen erkannt und interpretiert werden. Dabei ist es wichtig, das in der jeweiligen Zeit Übliche zu kennen und zu berücksichtigen.

Leicht erliegt man der Gefahr, von heute üblichen sozialen Normen auszugehen und alles, was davon abweicht, als sonderbar oder auffällig zu bewerten. Mehrere amerikanische Psychologiehistoriker haben z. B. ihre Phantasie schweifen lassen, als sie berichteten, dass der junge Wundt sich als Schüler ein Zimmer mit seinem (unverheirateten) Privatlehrer teilte. Doch war Mitte letzten Jahrhunderts in wohlhabenden Familien nicht nur ein Privatlehrer durchaus üblich, es war auch normal, dass sich Lehrer und Schüler das Zimmer teilten. Aus diesem Tatbestand heute den Schluss homosexueller Verführungen oder Neigungen zu ziehen, ist sicher unangebracht.

Die hermeneutische Interpretation von Texten kann also nur dann zu einem guten Ergebnis führen, wenn man solide Vorkenntnisse über Stil, Person, Zeit, Sitten usw. hat. Doch wie soll man diese Vorkenntnisse erwerben, wenn nicht ebenfalls über diese Texte? Man muss also eigentlich schon etwas wissen, was man erst in Erfahrung bringen möchte. *Historische Zeugnisse erhellen sich gegenseitig.* Und da es keine zwingende Vorschrift gibt, wo man beginnen muss, ähnelt die Arbeit einer kreisförmigen (oder nach anderen Auffassungen einer spiralförmigen) Bewegung. Man spricht daher vom sog. *hermeneutischen Zirkel*.

Neben der hermeneutischen Interpretation stehen jedoch noch andere Methoden der Quellenauswertung zur Verfügung. In den letzten Jahrzehnten haben zunehmend mathematisch-statistische Methoden in den Geschichtswissenschaften Anwendung gefunden (vgl. Floud, 1980). Diese Methoden reichen von der einfachen deskriptiven Statistik (wie die bereits erwähnten Geburts- und Sterberegister) über Korrelationsberechnungen, Bestimmung von Regressionsgleichungen bis hin zu recht komplizierten multivariaten Verfahren. Grundsätzlich handelt es sich um das Methodenrepertoire der empirischen Sozialwissenschaften, das mit geschichtswissenschaftlicher Fragestellung angewandt wird.

Doch gibt es einige Methoden, die häufiger angewandt werden. Hierzu zählen die *bibliometrischen Analysen,* wie z. B. die quantitative Auswertung von Zitationen in Zeitschriften (vgl. Heidbrink, 1991), die *Zeitreihenanalyse* dieser oder anderer Daten (s. u.) und die sog. *Inhaltsanalyse* (content analysis), die eine quantifizierende Auswertung von Texten (seltener von Bildern o. ä.) darstellt. Fast alle Methoden können als sozialwissenschaftlicher Beitrag zu den – traditionell geisteswissenschaftlichen – Geschichtswissenschaften verstanden werden. Untersuchungen dieser Art finden sich daher oft unter der Bezeichnung »Historische Sozialwissenschaft« oder »Historische Soziologie«.

1.5.2 Die Nutzung von Archiven

Es wurde schon erwähnt, dass Psychologen mit den Dokumenten ihrer Geschichte z. T. sehr nachlässig umgegangen sind. Dies macht historisches Arbeiten schwer. Zum Glück gibt es aber einige Archive, in denen psychologiegeschichtliches Material gesammelt wurde. Die Benutzung dieser Archive ist durchweg kostenfrei, allerdings aus Gründen des Personenschutzes und des Urheberrechtes nicht immer uneingeschränkt möglich.

Zunächst ist das von Werner Traxel (1924–2009) begründete Institut für die Geschichte der Psychologie der Universität Passau zu nennen. Dieses Institut ist 2009 an die Universität Würzburg verlagert worden und dort das »Adolf-Würth-Zentrum für Geschichte der Psychologie« geworden. Zu den Aufgaben dieses Instituts gehört die Sammlung psychologiegeschichtlicher Literatur, psychologischer Instrumente und Geräte, apparativer und anderer Tests sowie die Sammlung von Archivalien, also von Nachlässen, Dokumenten, Aufzeichnungen, Briefen, Photographien usw. Zu den interessantesten Dokumenten dieses Archivs zählen einige Nachlässe und eine größere Anzahl (teils restaurierter) psychologischer Geräte (http://www.awz.uni-wuerzburg.de/).

Seit 1997 besteht an der Fernuniversität in Hagen das Psychologiegeschichtliche Forschungsarchiv (PGFA) mit einer Anzahl von Nachlässen, Schenkungen, Tests, Tondokumenten usw. (http://vs.fernuni-hagen.de/PGFA/).

Das größte psychologiegeschichtliche Archiv außerhalb der Bundesrepublik befindet sich an der University of Akron in Akron, Ohio. Diese außerordentlich umfangreichen *Archives of the History of American Psychology* enthalten Spezialbibliotheken, Korrespondenzen, umfangreiches Filmmaterial usw. (http://ww3.uakron.edu/ahapl).

Die Nachlässe einzelner Psychologen befinden sich manchmal in Familienbesitz, sind oft aber auch an jenen Universitäten zu finden, an denen diese Forscher lehrten. So finden sich z. B. die Nachlässe von Wundt und Fechner in Leipzig. (Gerade von Fechners Nachlass sind jedoch große Teile im Zweiten Weltkrieg vernichtet worden.)

Über Archive, Datenbanken, Online-Volltexte usw. informiert ein Internetangebot der Fachgruppe Geschichte der Psychologie (dgps.de/fachgruppen/fgge/links/index.html).

Schließlich sind *Museen* zu erwähnen, die für die Geschichte der Psychologie bedeutsam sind. So verfügt das Deutsche Museum in München über psychologische Geräte und ein Literaturarchiv. Das Sigmund Freud Haus-Museum in Wien, Berggasse 19, zeigt nicht nur die Wohnung, in der Freud fast 50 Jahre lang lebte und arbeitete, sondern beherbergt auch eine umfangreiche Sammlung psychoanalytischer Literatur. In London-Hampstead, Maresfield Gardens 20, verbrachte Freud die letzten Monate seines Lebens im Exil. Seit 1987 ist auch dieses Haus als Museum zugänglich. Museen, Institute und Archive organisieren ferner gelegentlich *Ausstellungen* und Ausstellungskataloge (z. B. Clair, Pichler & Pircher, 1989).

1.5.3 Spurensuche und nichtreaktive Messverfahren

Historiker haben ihre eigene Arbeit mit dem Spurenlesen des Jägers und der Arbeit eines Detektivs verglichen (z. B. Ginzburg, 1983). Die Gemeinsamkeiten sind tatsächlich auffällig: Aus unabsichtlichen Überresten wird auf das Vorhandensein von Individuen und deren Handlungen geschlossen. Nur: Der Jäger will Wild finden und evtl. erlegen, der Detektiv einen Kriminalfall lösen, aber der Historiker wertet die Spuren als solche aus. Er kann nicht Fallen stellen oder den Dieb auf frischer Tat ertappen.

Wohl muss er versuchen, Hypothesen zu entwickeln und einzelne Beweisstücke mit den Hypothesen in Beziehung bringen. Tiere hinterlassen ihre Spuren unabsichtlich, Menschen können jedoch Spuren legen und bewusst verwischen. Verschwundene Dokumente aus der NS-Zeit lassen z. B. schnell den Verdacht einer bewusst verwischten Spur aufkommen.

Ein chinesisches Sprichwort besagt: Die blasseste Tinte ist besser als die beste Erinnerung. Diesem Sprichwort entsprechend können auch wertlos erscheinende Spuren einen Wert besitzen, der sich erst später zeigt. Psychologen und Soziologen haben mit ihren Lieblings-Forschungsmethoden Beobachtung, Befragung und Experiment nur sehr wenig Gebrauch von der Analyse von Spuren gemacht. Und doch gibt es solche Studien. In einem inzwischen klassischen Buch mit dem Titel *Unobtrusive Measures* (Unauffällige Messverfahren, Webb u. a. 1966, deutsch 1975) sind die bekanntesten Verfahren zusammengestellt worden: Abnutzungen, Ablagerungen, Archive, Material- und Energieverbrauch usw., aber auch unauffällige Beobachtung und Feldexperimente. Für diese Verfahren hat sich in Psychologie und Soziologie der Begriff der *nichtreaktiven Messverfahren* durchgesetzt, da hier die Versuchspersonen den zu messenden Sachverhalt von sich aus nicht oder nur wenig beeinflussen können; genauer: Da der Vorgang der Messung den zu messenden Sachverhalt (z. B. eine Einstellung) nicht oder nur wenig verändert. Abgesehen von unauffälliger Beobachtung und Feldexperiment weisen alle nichtreaktiven Verfahren eine direkte Beziehung zu den historischen Forschungsmethoden auf. So begegnen sich hier also geschichtswissenschaftliche und sozialwissenschaftliche Methoden unmittelbar.

1.5.4 Oral history – erlebte Geschichte

Wir haben bisher ausschließlich über Quellen gesprochen, die gesucht, gefunden und ausgewertet werden können. Geschichtswissenschaftler machen jedoch seit einigen Jahren zunehmend von der Möglichkeit Gebrauch, die Datenquellen selbst zu »schaffen«. Eine naheliegende Methode ist die der gezielten Befragung nach der Vergangenheit, nach erlebter Geschichte. Unter den

Geschichtswissenschaftlern ist diese sog. *oral history* (wörtl. mündliche Geschichte) geradezu zu einer Bewegung geworden. (Vgl. Niethammer, 1980, sowie die seit 1988 erscheinende Zeitschrift für Biographieforschung und Oral History, BIOS.)

Die Methoden der Historiker überschneiden sich mit denen der Sozialwissenschaftler immer mehr und so kann die psychologiegeschichtliche Forschung von den klinisch-psychologischen Erfahrungen mit Gesprächsführung und Interview profitieren.

Oral history-Forschung in der Psychologiegeschichte gilt als relativ aufwendig. Es muss eine Tonaufzeichnung erstellt und sorgfältig transkribiert werden; oft ist nur ein geringer Teil des Gesagten von Belang. Der Vorteil der Methode liegt aber in ihrer Lebendigkeit, Anschaulichkeit und vor allem in der Möglichkeit, Daten zielgerichtet zu gewinnen.

Geuter hat z. B. mit seiner umfangreichen Befragung von Psychologen als Zeitzeugen der Nazi-Zeit (1984) sehr nutzbringenden Gebrauch von der Oral history-Methode gemacht. Seine Erfahrungen (S. 75) klingen überzeugend:

»Die Interviews bieten einen bestimmten Typus von Informationen subjektiver Art, der aus sogenannten objektiven Quellen nicht zu erhalten ist. Sie vermitteln einen Eindruck davon, wie von den Interviewten die Zeit und die eigene Berufstätigkeit in ihr erlebt wurden, sie erzählen dem Zuhörer eine Art stimmungsmäßiges Epos der Profession, das noch manche Episode alter Zwistigkeit einschließt. Ihr Wert liegt auf der Faktenebene, da in den Gesprächen oft Tatsachen genannt werden, die in Akten gar nicht zu finden sind und bei deren Kenntnis man nachher die Akten gänzlich anders studieren kann. Vor allem schärfen sie den Blick (...) für das Detail. Ich gewann den Eindruck, daß denjenigen, die aus der großen historischen Distanz die Zeit betrachten, eher der Blick für die zahlreichen kleineren Widersprüche fehlt, während denjenigen, die die Zeit erlebten, eher die übergreifenden Zusammenhänge aus dem Blickfeld geraten und für sie sich die Geschichte in die kleinen Zufälligkeiten ihrer Winkelzüge auflöst. Es gibt eben für jede Tatsache einen konkreten Anlass, der aber nicht ihr ganzer Grund sein muß.«

1.5.5 Zeitreihenanalyse als Beispiel mathematisch-statistischer Methoden

Daten, mit denen Geschichtswissenschaftler arbeiten, sind oft chronologisch angeordnet: Anzahl der Selbstmorde pro Tag oder Mitgliederzahlen der Deutschen Gesellschaft für Psychologie in den Jahren 1904–1939 (Traxel, 1985, S. 81ff.). Daten dieser Art können in eine Zeitreihe gebracht werden und – z. B. in Form eines Punktediagramms – graphisch dargestellt werden.

Schon bei dieser einfachen graphischen Darstellung zeigen sich meist Verläufe, die als *Trends* beschrieben werden können. Bei den erwähnten Mitgliederzahlen lässt sich für den Zeitraum 1904–1939 auf den ersten Blick ein stark steigender Trend erkennen. Doch begnügt man sich oft nicht nur mit der anschaulichen Beschreibung dessen, was man sieht, sondern man führt Trendberechnungen durch. Eine häufig zur Trendberechnung verwendete Methode ist die Methode der kleinsten Quadrate (vgl. Floud, 1980, S. 107ff.). Bei dieser Methode wird durch die Punkteschar diejenige Gerade gelegt, bei der die Summe der quadrierten Abstände aller einzelnen Punkte von der Geraden kleiner ist als bei allen anderen denkbaren Geraden. Natürlich lassen sich mit anderen Verfahren auch kurvilineare Trends, Maxima, Minima und Wendepunkt bestimmen.

Die sorgfältige Analyse solcher Trends gestattet in Grenzen *Prognosen*. In der psychologiegeschichtlichen Forschung werden die Anzahlen von Publikationen zu einzelnen psychologischen Themen oder Teilgebieten (wie Aggression, Leistungsmotivation usw.) häufig ausgezählt, um Hinweise auf Forschungstrends zu erhalten. In jedem Fall analysieren und erklären sich die Daten nicht von selbst. Man muss ernsthaft einzelne Fragestellungen verfolgen; so sollte z. B. die Untersuchung auf rhythmische Schwankungen nicht nach Lust und Laune, sondern aufgrund von Hypothesen erfolgen.

1.6 Psychologische Theorien im Dienste der Psychologiegeschichte

Historiker machen recht wenig Gebrauch von psychologischen Theorien, doch scheint es für viele Fragestellungen lohnend zu sein, auf sie zurückzugreifen. Insbesondere für die Psychologiegeschichte ist doch kaum etwas naheliegender! Da – abgesehen von der psychoanalytischen Geschichtswissenschaft – in diesem Bereich die Forschung noch in den Anfängen steckt, geben wir im Folgenden nur einige Hinweise.

1.6.1 Entwicklungs- und Persönlichkeitspsychologie im Dienste biographischer Forschung

Ein großer Teil der geschichtswissenschaftlichen Literatur ist biographischer Art. Hier können Entwicklungs- und Persönlichkeitstheorien als brauchbarer Rahmen dienen. Eines der frühesten entwicklungspsychologischen Modelle, das sich auf den gesamten menschlichen Lebenslauf (und nicht mehr nur auf die Kindheit beschränkt) bezieht, stammt von Charlotte Bühler (1933). Bühler hat Biographien und Autobiographien bedeutender Persönlichkeiten zusammengetragen und versucht, eine Phasenlehre der menschlichen Entwicklung zu erarbeiten und typische Lebensläufe herauszufinden, wobei Daten wie Einkommen, Patente, Veröffentlichungen, Kompositionen usw. quantitativ erfasst und in Lebensdiagrammen dargestellt wurden. Schon in dieser frühen Arbeit hat Charlotte Bühler das Streben des Menschen nach Erfüllung herausgestellt. Bühlers Modell des menschlichen Lebenslaufs ist für die psychologiegeschichtliche Forschung bislang wenig genutzt worden.

Ein anderer Bereich, der für die Geschichtswissenschaften genutzt werden kann, ist die Persönlichkeitspsychologie. Nun ist es nicht mehr möglich, verstorbene Persönlichkeiten mit psychologischen Tests zu untersuchen; doch gibt es Verfahren, die wichtige Hinweise gestatten. So ist es z. B. möglich, aus Texten, die eine Person verfasst hat, durch inhaltsanalytische Verfahren Hinweise auf Persönlichkeitsdimensionen, wie z. B. Leistungsmotivation, zu erhalten. Es werden hier z. T. solche Auswertungsverfahren eingesetzt, die im Rahmen sog. projektiver Tests Verwendung finden.

So gibt es inzwischen z. B. Indikatoren für dogmatische Denk- und Argumentationsstile, nach denen Texte von lebenden und verstorbenen Wissenschaftlern untersucht werden können. Auch von diesen Verfahren wird in der psychologiegeschichtlichen Forschung noch wenig Gebrauch gemacht.

1.6.2 Sozialpsychologie im Dienste der Schulen- und Institutionsgeschichte

Jede Art von Forschung ist in soziale Beziehungen eingebettet und kann daher als Ergebnis sozialer Prozesse gewertet werden. Dies gilt selbst für einen einsamen Philosophen, der sich aus irgendwelchen Gründen entschlossen hat, seine Bücher posthum erscheinen zu lassen. Dieser Philosoph kann z. B. nicht ohne Sprache auskommen; und diese ist erlernt, d. h. sozial vermittelt worden. Aber nicht nur dies; Denkweise, Argumente, Kenntnis und Bewertung der Literatur und vieles mehr sind das Ergebnis eines Sozialisationsprozesses im Wissenschaftsbetrieb, den jeder Wissenschaftler durchlaufen muss.

Quantitative Auswertungen psychologischer Veröffentlichungen zeigen, dass die Anzahl von Veröffentlichungen, an denen mehrere Autoren beteiligt sind, hier wie auch in anderen Wissenschaftsdisziplinen prozentual zunehmen. Dies deutet auf Arbeitsteilung in Forschergruppen hin. Die Analyse von Gruppen aber ist Gegenstand der Sozialpsychologie. So findet man leicht in Forschergruppen alle jene Prozesse, die Sozialpsychologen seit Jahrzehnten untersuchen, wie z. B. Normenbildung, Sympathie, Attraktion, Kohäsion, Konformität, Führung, Entwicklung von Wir-Gruppen-Gefühlen, Ablehnung anderer Gruppen usw. Es ist merkwürdig, dass Sozialpsychologen sich den Forschergruppen nur ganz selten zugewandt haben und dass es erst der Arbeit des Historikers Thomas Kuhn bedurfte, um diese sozialpsychologische Bedeutung der Wissenschaftlergemeinschaft für die Forschung weiteren Kreisen bewusst zu machen. Einschränkend muss allerdings gleich gesagt werden, dass der von Kuhn verwendete Begriff der *scientific community* vermutlich kein besonders glücklicher Begriff für die sozialpsychologische Forschung ist, da er von Kuhn nicht genau genug definiert wurde.

Zur Verdeutlichung ein paar Beispiele sozialpsychologischer Forschung in der Psychologiegeschichte:

Große Teile der Protokolle von Sigmund Freuds Mittwochsgesellschaft sind erhalten geblieben und könnten nach Interaktionsstrukturen ausgewertet werden: Wer sprach zu wem mit welcher Wirkung?

Ein anderes Beispiel ist die Auswertung von wissenschaftlichen Kontroversen, veröffentlicht in Kongressberichten und Zeitschriften: Wer ist warum an diesen Kontroversen beteiligt? Wie sind Argumente, Informationen und Kritik verteilt (Thomae, 1990)?

Ein drittes Beispiel betrifft das Verhältnis von Führungsstil und Gruppenklima sowie Führungsstil und Produktivität einer Forschergruppe. In welchem Zusammenhang stehen diese und andere Gruppenmerkmale? Wenn solche Fragen in den letzten Jahren vorwiegend aus bildungsökonomischem Interesse an heute arbeitenden Forscherteams untersucht wurden, so kann man sich die Erweiterung der Fragestellung um eine historische Dimension auf frühere Forschergruppen durchaus vorstellen.

1.6.3 Psychoanalyse und Psychohistorie

Schon sehr früh nach der Entwicklung des psychoanalytischen Behandlungsmodells hatten Freud und seine Schüler begonnen, die psychoanalytische Methode auf literarische Texte, Kindheitserinnerungen und biographische Texte anzuwenden. Damit wurde die Psychoanalyse zu einer geisteswissenschaftlichen Strömung, ohne dass jedoch Literatur- und Geisteswissenschaftler sich in größerem Maße die psychoanalytische Interpretationsmethode zu eigen gemacht hätten.

Erst in den letzten Jahren ist die psychoanalytische Interpretation von Texten zu einer der wichtigsten Methoden der Literaturwissenschaften geworden. Der (leider missverständliche) Begriff der *Literaturpsychologie* hat sich hierfür in den Literaturwissenschaften durchgesetzt.

Etwa Anfang der sechziger Jahre hat zunächst in Frankreich und in den USA eine ähnliche Rezeption der Psychoanalyse in den Geschichtswissenschaften eingesetzt. Erik Eriksons eindrucksvolle Arbeit über den jungen Luther (1958, deutsch 1965) wird häufig als diejenige Studie genannt, durch die sich Historiker veranlasst sahen, die Psychoanalyse als Interpretationshilfe zu nutzen. Ein anderes, aber ganz naheliegendes Beispiel ist etwa Adolf Hitlers Machtstreben und Sendungsbewusstsein mit Faktoren der frühen Kindheit (Elternhaus, Erziehungsstil, bedeutsame Kindheitserlebnisse usw.) zu erklären. *Psychohistorie* bzw. *psychohistory* sind die Bezeichnungen für diese geschichtswissenschaftliche Interpretationsmethode auf psychoanalytischer Basis.

Es ist klar, dass dies eine u. U. anregende, aber doch strittige Methode ist, da die psychoanalytische Methode durchaus verschiedene Interpretationen ein und desselben Sachverhalts zulässt. Ein weiterer Kritikpunkt betrifft die Tatsache, dass die Psychoanalyse vorwiegend auf das Individuum gerichtet ist, während sich die neueren Geschichtswissenschaften gerade verstärkt um eine Interpretation gesellschaftlicher Prozesse bemühen. So hat Wehler (1974, S. 5f.) eine (psychoanalytische) Sozialpsychologie als Fernziel für Historiker angesehen.

Viele Geschichtswissenschaftler sind inzwischen gegenüber sozialwissenschaftlichen Theorien und Methoden aufgeschlossen. Bezüglich der Psychoanalyse besteht jedoch eine gewisse Zurückhaltung. So hat sich die Psychohistorie zu einem eigenen Gebiet entwickelt, das mit eigenen Autoren und eigenen Lesern weder in den Geschichtswissenschaften noch in der Psychologiegeschichte recht beheimatet ist.

1.6.4 Marxistische Gesellschaftstheorie und Kritische Psychologie

Ausgehend von der Gesellschaftstheorie von Karl Marx haben Klaus Holzkamp (1927–1995) und seine Schüler im Rahmen der Kritischen Psychologie (vgl. Kap. 5.2) immer wieder die Bedeutung der Geschichte und den Wert ihres Studiums für die Kritische Psychologie betont. In seinem Aufsatz »Kritischer Rationalismus als blinder Kritizismus« (1971) hat Holzkamp der »bürgerlichen« Psychologie vorgeworfen, sie betrachte Geschichte lediglich als naturhaften Prozess, ohne die notwendige Unterscheidung zwischen Geschichte als Naturprozess und menschlicher Geschichte zu treffen. Menschliche Geschichte sei gegenständliche, gesellschaftliche Praxis des Menschen, wobei der Mensch sowohl Subjekt als auch Resultat geschichtlicher Entwicklungen sei. Holzkamp nimmt (mit Marx) Gesetzmäßigkeiten im historischen Prozess an. Er sieht es jedoch als Irrtum an, wenn man glaubt, diese Gesetzmäßigkeiten wie Naturgesetze »von außen« studieren zu können. Der Mensch stehe nicht außerhalb der Geschichte, sondern in ihr. Dies gelte auch für die Forschung. In dem Maße, wie Forschung emanzipatorisch sei, habe sie Erkenntniswert.

Unter dem Eindruck der Kritischen Psychologie haben Psychologen verschiedener Herkunft in der Zeitschrift »Psychologie & Gesellschaftskritik« bereits 1979/1980 erste Arbeiten über die Geschichte der Psychologie zur NS-Zeit veröffentlicht. Es waren dies die ersten umfangreicheren Auseinandersetzungen zu diesem Thema im deutschen Sprachbereich.

Von der Kritischen Psychologie sind, ingesamt gesehen, starke Impulse auf die psychologiegeschichtliche Forschung ausgegangen, wenngleich in den letzten Jahren die Grenzen zwischen Kritischer Psychologie und kritisch-rationaler Geschichtsauffassung nicht mehr eindeutig bestimmbar sind.

Literaturempfehlungen zu Kap. 1

Ash, M. G. & Geuter, U. (Hrsg.). (1985). *Geschichte der Psychologie im 20. Jahrhundert.* Opladen: Westdeutscher Verlag.
Boring, E. G. (1950). *A History of Experimental Psychology,* 2nd Ed. New York: Appleton Century Crofts.
Eckardt, G. (2010). *Kernprobleme in der Geschichte der Psychologie.* Wiesbaden: Verlag für Sozialwissenschaften.
Galliker, M., Klein, M. & Rykart, S. (2007). *Meilensteine der Psychologie: Die Geschichte der Psychologie nach Personen, Werk und Wirkung.* Stuttgart: Kröner.
Geuter, U. (1984). *Die Professionalisierung der deutschen Psychologie im Nationalsozialismus.* Frankfurt am Main: Suhrkamp.

1.6 Psychologische Theorien im Dienste der Psychologiegeschichte

Lück, H. E., Grothe, S. & Schmidt, C. O. (2004). *Kalendarium der Psychologiegeschichte 1904–2004.* http://vs.fernuni-hagen.de/dgps/

Lück, H. E. & Miller, R. (Hrsg.). (2005). *Illustrierte Geschichte der Psychologie.* 2. Aufl. (Nachdruck). Weinheim: Beltz.

Lück, H. E.; Miller, R. & Sewz-Vosshenrich (Hrsg.). (2000). *Klassiker der Psychologie.* Stuttgart: Kohlhammer.

Schönpflug, W. (2004). *Geschichte und Systematik der Psychologie. Ein Lehrbuch für das Grundstudium.* 2. Aufl. Weinheim: Beltz.

2 Strömungen und Entwicklungen im 19. Jahrhundert

Schon mehrfach wurde gesagt, dass es nicht *die* Psychologie, sondern verschiedene psychologische Richtungen, Strömungen, Orientierungen gibt. Für den Laien und Studienanfänger ist dies verwirrend. Um so wichtiger ist die Auseinandersetzung mit den wichtigsten Richtungen. Hierdurch wird einerseits die Fähigkeit erworben, psychologische Literatur angemessen zu bewerten; andererseits dient die Beschäftigung mit Strömungen und Richtungen dazu, ein eigenes differenziertes Psychologieverständnis zu entwickeln.

Wissenschaftliche Richtungen und Schulen sind nie aus heiterem Himmel entstanden, selten durch einen einfallsreichen Forscher, aber fast immer durch die Auseinandersetzung mit früheren, nunmehr als unvollkommen erkannten Positionen. Gerade in dieser Auseinandersetzung mit den anderen, als unzureichend erachteten Auffassungen ist die Psychologie – wie jede andere Wissenschaft – gewachsen und gereift. In den folgenden Abschnitten möchten wir daher besonders die kontroversen Positionen darstellen, um den Prozess der Auseinandersetzung und Reifung nachvollziehbar zu machen.

Das 19. Jahrhundert ist durch eine Vielzahl von geistigen und gesellschaftlichen Strömungen gekennzeichnet, von denen hier nur einige skizziert werden sollen, die für die Entwicklung der Psychologie relevant wurden.

2.1 Positivismus und naiver Empirismus

Die wissenschaftstheoretische Position des Positivismus geht wesentlich auf den englischen Aufklärer David Hume (1711–1776) zurück. Zur Form einer philosophischen Richtung findet der Positivismus jedoch erst in der zweiten Hälfte des neunzehnten Jahrhunderts durch die französischen Philosophen Auguste

Comte (1798–1857) und Hyppolite Taine (1828–1893), in England durch John Stuart Mill (1806–1873) und Herbert Spencer (1820–1903), im deutschen Sprachbereich durch Ludwig Feuerbach (1804–1872), Ernst Mach (1838–1916), Hans Vaihinger (1852–1933) und andere. Comte, der auch als Begründer der Soziologie gilt, forderte, von dem Gegebenen, vom Tatsächlichen, eben vom »Positiven« auszugehen. Nach der Auffassung von Comte verläuft die Entwicklung der Menschheit in drei Phasen (Stadien): Dem theologischen Stadium folgt ein metaphysischer bzw. abstrakter Zustand, welcher wiederum durch einen wissenschaftlichen, positivistischen Zustand überwunden wird. Erst im positivistischen Stadium hat die Menschheit den religiösen und metaphysischen Aberglauben überwunden. Dieses sog. *Dreistadiengesetz* gilt nach Comte nicht nur für jede einzelne Wissenschaft, sondern auch für das Individuum.

Im sog. englischen Positivismus wurden die Thesen von Comte durch John Stuart Mill (1806–1873) und Herbert Spencer (1820–1903) ausgebaut. Diese englische Richtung des Positivismus wird auch als »naiver Empirismus« bezeichnet, da hier die Auffassung bestimmend ist, der Forscher könne »wahre« Erkenntnisse über die Natur gewinnen, indem er über Beobachtung und Experiment Gesetzmäßigkeiten erkennt, die im Idealfall Naturgesetze sind. Diese Auffassung – gepaart mit einem beträchtlichen Fortschrittsglauben – war für Wissenschaftler des 19. Jahrhunderts typisch.

Heute sind uns die Mängel des naiven Empirismus als wissenschaftstheoretische Grundlage empirischer Psychologie klar. Aber: Der Empirismus des 19. Jahrhunderts hatte seine Begründung in den Erfolgen, die die Naturwissenschaften aufzuweisen hatten. Biologie, Chemie und insbesondere Medizin machten gewaltige Fortschritte. Die Pflanzenphysiologie gestattete die Entwicklung wirksamer chemischer Düngemittel, Krankheitserreger wurden entdeckt und konnten bekämpft werden usw. Wer mochte da an weiteren Fortschritten der Naturwissenschaften zweifeln?

2.2 Evolutionstheorie

Immer wieder ist die Evolutionstheorie von Charles Darwin (1809–1882) mit dem astronomischen Weltbild von Nikolaus Kopernikus (1473–1543) verglichen worden. In beiden Fällen wurde das bis dahin gültige Weltbild (fast wörtlich) auf den Kopf gestellt. Die Erde war nicht mehr der Mittelpunkt des Kosmos – wie konnte sie dann noch Mittelpunkt göttlicher Schöpfung sein? Nun sollte der Mensch nichts anderes als das Ergebnis eines langen Evolutionsprozesses sein? War die Schöpfungsgeschichte (Genesis) nur ein Märchen? In beiden Fällen reagierten die amtlichen Vertreter des Christentums ähnlich, nämlich mit Abwehr, Kampf, Verbot (Index) und schließlich mit einer Art Rückzugsgefecht oder Stillhalteabkommen.

Charles Darwin wurde 1809 in Shrewsbury als Sohn eines Arztes geboren. Er studierte einige Semester Medizin, dann Theologie und erhielt – stets an Naturkunde interessiert – das Angebot zur Teilnahme an einer größeren Expedition nach Südamerika, die fünf Jahre dauern sollte. Darwins Theorie über die Entwicklung der Arten sowie seine Abstammung arbeitete er auf seinem Landsitz Down bei Beckenham (Grafschaft Kent) aus. Dort starb er 1882.

Charles Darwin hat die Explosivkraft seiner Gedanken und Argumente gespürt, hatte er doch selbst einige Semester Theologie studiert. Seine publizistischen Aktivitäten, seine Argumente und sein gesamtes Verhalten waren durch Vorsicht und Zurückhaltung gekennzeichnet. Dies verlieh ihnen vielleicht eine besonders starke Wirkung.

Ständig weisen Lebewesen einer Art und Gattung aus unterschiedlichen Gründen kleinere Unterschiede auf. Das eine ist kräftiger, das andere hat eine etwas abweichende Farbe usw. Im Kampf ums Dasein (struggle for life) siegt das Lebewesen, das besser ausgerüstet ist; jenes, das besser getarnt ist, das das Futter besser findet, das im Kampf mit Artgenossen überlegen ist. Da dieses Lebewesen mit größerer Wahrscheinlichkeit an der Arterhaltung durch Vermehrung beteiligt ist, findet eine *natürliche Auslese* (Selektion) statt.

Der Einfluss der Darwin'schen Evolutionstheorie auf die Humanwissenschaften war beträchtlich. Englische Evolutionisten wie Sir Edward Burnett Tylor (1832–1917) oder James G. Frazer (1854–1941) waren der Auffassung, dass sich »Primitive« auf einer niedrigeren Evolutionsstufe befänden und Europäern in der intellektuellen Entwicklung unterlegen seien. Auch Sir Francis Galton (1822–1911) lieferte für eine solche Auffassung Argumente, da er durch empirische Untersuchungen Unterschiede in den geistigen Fähigkeiten verschiedener Rassen fand. (Sehr viel später sollte sich zeigen, dass auch die psychologischen Verfahren, mit denen Intelligenzunterschiede erfasst werden, stark kulturgebunden sind, so dass es völlig kulturunabhängige Tests, mit denen solche Vergleiche angestellt werden könnten, nicht gibt.) Nicht unmittelbar, aber doch mittelbar findet man den Einfluss von Darwin in den psychologischen Theorien vieler Autoren, so z. B. bei Sigmund Freud.

2.3 Völkerkunde und Völkerpsychologie

Praktisch begann die europäische Expansion durch Kolonialisierung mit den großen Entdeckungen im fünfzehnten und sechzehnten Jahrhundert. Jedoch setzte unter den europäischen Großmächten erst in der zweiten Hälfte des neunzehnten Jahrhunderts ein Wettrennen um neue Kolonien ein, an dem sich ab 1884 auch Deutschland beteiligte. Das Verhältnis der europäischen Staaten zu diesen Kolonien und Schutzgebieten war von wirtschaftlichen und humanitären, vor allem aber strategischen Interessen geprägt. In jedem Falle führte die Begegnung mit Menschen anderer Rassen und Kulturen zur Auseinandersetzung mit der Mentalität dieser Völker. Theodor Waitz (1821–1864) und Adolph Bastian (1826–1905) haben zu einem sehr frühen Zeitpunkt Fragen nach den Unterschieden zwischen Kulturen gestellt. In seiner »Anthropologie der Naturvölker« (1859) setzte sich Waitz mit den Mentalitätsunterschieden verschiedener Völker auseinander und kam zu dem Ergebnis, dass sich diese Unterschiede nicht durch Rassenunterschiede erklären lassen, da innerhalb der gleichen Rasse verschiedene Nationalitäten mit verschiedenen Mentalitäten auftreten. Umgekehrt finden sich ähnliche Rassen unter verschiedenen Umweltbedingungen.

Waitz zog hieraus den Schluss, seelische Eigenschaften des Menschen seien sehr stark modifizierbar.

Bastian, Direktor des Berliner Völkerkundemuseums, vertrat in seiner Schrift »Der Mensch in der Geschichte« (1860) sehr ähnliche Ansichten wie Waitz. Umfangreiche ethnologische Erfahrungen veranlassten Bastian, die Bedeutung der sozialen Umwelt für den Prozess der Menschwerdung herauszustellen.

Wilhelm von Humboldt (1767–1835) hatte die These aufgestellt, dass das Denken wesentlich von der Sprache bestimmt sei. Völker mit verschiedenen Sprachen würden so auch verschiedene »Weltansichten« haben. Diese These ist von Völkerkundlern, Sprachwissenschaftlern und Psychologen immer wieder aufgestellt und verteidigt worden, am eloquentesten von Benjamin Lee Whorf (1897–1941). Nach ihm wird sie heute meist als Whorf-Hypothese bezeichnet.

Begründer der Völkerpsychologie war jedoch weniger Wilhelm von Humboldt und gewiss nicht Wilhelm Wundt, der meist unmittelbar mit dem Begriff der Völkerpsychologie in Verbindung gebracht wird, sondern es waren dies die beiden befreundeten jüdischen Wissenschaftler Lazarus und Steinthal.

Der Philosoph Moritz Lazarus (1824–1903) wurde 1860 Professor für Philosophie in Bern, 1868 in Berlin. In der Geschichte des deutschen Judentums hatte Lazarus eine bedeutende Rolle. Hajim (Heymann oder Hermann) Steinthal (1823–1899) war Philosoph und Linguist. Er wurde 1863 Professor für Sprachwissenschaft an der Universität Berlin. Lazarus und Steinthal begründeten die Zeitschrift für Völkerpsychologie und Sprachwissenschaft.

Moritz Lazarus und Hajim Steinthal entwickelten 1860 im ersten Heft ihrer »Zeitschrift für Völkerpsychologie und Sprachwissenschaft« ein Programm, das auch heute noch modern anmutet. Durch das vergleichende Studium der Völker sollte die Entwicklung des Menschen, der Sprache und das Entstehen sozialen Verhaltens studiert werden. Den theoretischen Rahmen bildeten für Lazarus und Steinthal Herders Vorstellungen von einer »Volksseele« und Johann Friedrich Herbarts »Psychologie als Wissenschaft« (1824/25).

Johann Friedrich Herbart (1776–1841) lehrte 1809 bis 1833 in Königsberg als Nachfolger Immanuel Kants, ab 1833 in Göttingen.

2.3 Völkerkunde und Völkerpsychologie

Herbart hatte zu diesem sehr frühen Zeitpunkt herausgestellt, dass der Mensch nichts außer der Gesellschaft ist und seine Humanität durch die soziale Umwelt erhält: »Den völlig Einzelnen kennen wir gar nicht; wir wissen nur soviel mit Bestimmtheit, daß die Humanität ihm fehlen würde« (1825, S. 2). »Wir werden daher den einzelnen Menschen nicht bloß *vollständiger* auffassen, wenn wir ihn als einen Theil des Menschengeschlechts ins Auge nehmen, sondern wir werden ihn auch *leichter* erkennen, wenn wir zuerst sein vergrößertes Bild im Staate beschauen« (1825, S. 4). Der Gedanke einer Analogie von Individuum und Gesellschaft zieht sich seit Herbart durch große Teile der Literatur des neunzehnten und zwanzigsten Jahrhunderts, etwa wenn Gustav Adolf Lindner (1828–1887) in enger Anlehnung an Herbart von der »Physiognomie der Stadt«, vom »öffentlichen Bewußtsein« und »öffentlichen Gedächtnis« (1871) spricht.

Das Programm einer Völkerpsychologie von Lazarus und Steinthal wurde leider nur zu einem geringen Teil in die Tat umgesetzt. Die Zeitschrift – mehrfach umbenannt – erfüllte die selbst gesetzten Ansprüche nicht und widmete sich schließlich nur noch der beschreibenden Völkerkunde.

Wilhelm Wundt (1832–1920), den wir noch als Begründer der Leipziger Schule kennen lernen werden (vgl. Kap. 3.1), vertrat trotz einer lebhaft ausgeführten Kontroverse eine recht ähnliche Anschauung wie Lazarus und Steinthal. Er vertrat schon sehr früh die (heute als überholt geltende) Überzeugung, soziale Prozesse seien zu komplex, um sie experimentell erforschen zu können. Experimentelle Psychologie war für Wundt auf individuelles Verhalten und dort auf Wahrnehmung und Bewusstsein beschränkt. So unterteilte Wundt die Psychologie recht einfach in experimentelle Psychologie (oder von Wundt auch nach der Methode, nicht nach dem Inhalt als »Physiologische Psychologie« bezeichnet) und in die Völkerpsychologie. In den Bereich der Völkerpsychologie fielen für Wundt Themen wie Kultur, Religion, Sprache, Mythos, Sitte und Kunst. Wundt schrieb z. B. in der Einleitung der fünften Auflage seiner »Grundzüge der Physiologischen Psychologie«:

»Glücklicherweise fügt es sich übrigens, dass da, wo die experimentelle Methode versagt, andere Hülfsmittel von *objectivem* Werthe der Psychologie ihre Dienste zur Verfügung stellen. Diese Hülfsmittel bestehen in jenen Erzeugnissen des geistigen Gesammtlebens, die auf bestimmte psychische Motive zurückschließen lassen. Zu ihnen gehören vornehmlich Sprache, Mythus und Sitte. Indem sie nicht nur von geschichtlichen Bedingungen, sondern auch von allgemeinen psychologischen Gesetzen abhängen, bilden die auf die letzteren zurückführenden Erscheinungen den Gegenstand einer besonderen psychologischen Disciplin, der *Völkerpsychologie,* deren Ergebnissen nur für die allgemeine Psychologie der zusammengesetzten seelischen Vorgänge das hauptsächlichste Hülfsmittel abgeben. Auf diese Weise bilden *experimentelle Psychologie* und *Völkerpsychologie* die beiden Hauptzweige der *wissenschaftlichen* Psychologie« (Wundt, 1902, S. 5f).

Wundt legte seine Vorstellungen von Völkerpsychologie in zehn dicken Bänden dar, die in den Jahren 1900 bis 1920, teils in mehrfach überarbeiteten Auflagen, erschienen. Der bereits betagte und schließlich fast ganz erblindete Wundt stützt sich hier nicht auf eigene Untersuchungen, sondern auf Expeditionsberichte, Korrespondenzen und allgemeine Lebenserfahrungen. Dabei entgleitet ihm die Völkerpsychologie immer mehr zu einer beschreibenden Völkerkunde, die nicht dem neuesten Stand der Forschung entspricht. Die Gelegenheit, eine empirische Sozialpsychologie zu konzipieren, wird aus methodischen Gründen verpasst. Faktisch wird eine solche Sozialpsychologie, wie sie zur gleichen Zeit vornehmlich von amerikanischen und französischen Soziologen entwickelt wird, durch Wundt aktiv behindert.

Die amerikanische Psychologie hat sich des Themas »Völkerpsychologie« – abgesehen vielleicht von dem amerikanischen Wundt-Schüler C. H. Judd (1873–1946) – so gut wie gar nicht angenommen, und selbst im Deutschen Reich gab es außer durch den Wundt-Schüler Willy Hellpach keinen ernstzunehmenden Versuch mehr, Völkerpsychologie als Wissenschaftsgebiet darzustellen.

Immerhin gab es eine Reihe von Studenten in Leipzig, die durch Wundts Vorlesungen zu Untersuchungen fremder Kulturen unter psychologischen Perspektiven angeregt wurden (Wolfradt, 2009). So lässt sich möglicherweise eine direkte Linie von Wundt über G. Stanley Hall (1844–1924), Franz Boas (1858–1942) bis zu Ruth Benedict (1887–1948) und Margaret Mead (1901–1978) ziehen (vgl. Jahoda, 1984). Die beiden zuletzt genannten Anthropologinnen prägten eine Richtung, die als *personality and culture*-Schule, also als Persönlichkeit und Kultur-Schule bezeichnet wird. Heute werden für diese Richtung allerdings meist Begriffe wie »psychologische Anthropologie« oder »ethnologische Anthropologie« gebraucht.

In ihrer wichtigen Arbeit über Urformen der Kultur (1934) versucht Ruth Benedict über das Studium dreier noch bestehender primitiver Kulturen, der Kwakiutl-Indianer von Vancouver Island, der indianischen Zuñi in Neu-Mexiko und des melanesischen Stammes der Dobu, zu Aussagen über das Wesen des Menschen zu gelangen. Wichtige Grundannahme ist hierbei, dass menschliches Verhalten wesentlich gelernt ist und »kulturelle Selbstverständlichkeiten« sich bei näherem Hinsehen als Vorurteile erweisen, da der Vergleich von Kulturen auf die enorme Variabilität von Werten und Verhaltensweisen verweist.

Von großem Einfluss auf die Ethnologie erwies sich die Psychoanalyse (vgl. Kap. 3.5). Hatte die akademische Psychologie gegenüber der Psychoanalyse von Anfang an eine recht ablehnende oder doch eher indifferente Position eingenommen, waren Ethnologen von psychoanalytischen Ideen eher zu überzeugen. Mit seiner Schrift über Totem und Tabu (1912) hatte schon Freud selbst auf die Ähnlichkeit zwischen bestimmten neurotischen Störungen und Vorstellungen in primitiven Kulturen hingewiesen. Psychoanalytiker wie Abram Kardiner (1891–1981) versuchten nun auf (neo)psychoanalytischer Grundlage die Zusammenhänge zwischen Sozialisationspraktiken und Persönlichkeitsstrukturen zu bestimmen.

2.4 Massenpsychologie

Wer sich ein wenig in der sozialwissenschaftlichen Literatur auskennt, verbindet mit dem Begriff der Massenpsychologie vermutlich unmittelbar das Buch »Psychologie der Massen« (1895) des französischen Arztes und Soziologen Gustave LeBon

(1841–1931). Diese Arbeit erschien 1895 unter dem Titel »Psychologie des Foules«, wurde in viele Sprachen übersetzt und erreichte bis in die Gegenwart hohe Auflagen.

Doch war LeBon nicht der Begründer der Massenpsychologie. Es kann nicht einmal Frankreich als Ursprungsland der Massenpsychologie gelten, sondern eher Italien. Die ersten vier Bücher über Massenpsychologie italienischer und französischer Autoren erschienen allerdings in einem sehr engen Zeitraum, nämlich zwischen 1890 und 1895. Dies deutet auf eine enge Beziehung zwischen den italienischen und französischen Autoren hin, die tatsächlich bestand; es zeigt aber zunächst einmal, dass das Bedürfnis nach einer Behandlung des Themas gerade in dieser Zeit beträchtlich gewesen sein muss.

In den hundert Jahren nach der Französischen Revolution von 1789 hatte ganz Europa Entwicklungen in kultureller, ökonomischer und sozialer Hinsicht durchgemacht, die wirklich als Revolutionen, also als Umwälzungen beschrieben werden können. Die achtziger und neunziger Jahre des 19. Jahrhunderts lassen sich stichwortartig so skizzieren: Weitere Industrialisierung und aufkommende Massenfertigung, Landflucht aufgrund unrentabel gewordener Kleinbetriebe, Elend der Industriearbeiter, aufkommende Massentransportmittel in Großstädten, Massenkommunikationsmittel wie Tagespresse und deren wachsende Bedeutung für die Politik, Korruptionsaffären, wie 1894 die Affäre Dreyfus, erstarkender Nationalismus, aber auch sozialistische Internationale, Gewerkschaftsbildung, Maidemonstrationen (letztere seit 1890).

Die Macht der Menschenmassen in der Gesellschaft, aber auch die Wirkungen der Massen auf die einzelne beteiligte Person drängten nach wissenschaftlicher Klärung. Diese Klärung wurde natürlich auch mit der Absicht betrieben, Massenprozesse vorhersehen und steuern zu können, um damit Individuen und etablierte Gesellschaftsschichten vor den unerwünschten Wirkungen der Massen zu bewahren.

Die Anfänge der Massenpsychologie werden oft als »Lateinische« oder »Römische Schule der Massenpsychologie« bezeichnet, da es sich – wie gesagt – um italienische Autoren handelte, die als erste den Versuch der Systematisierung von Massenwir-

2.4 Massenpsychologie

kungen unternahmen. Gemeinsam war diesen Italienern der Versuch, die *verminderte Zurechnungsfähigkeit des einzelnen in der Masse* nachzuweisen. Das Interesse war also *kriminologischer* Art. Hier ist Scipio Sighele (1868-1913) mit seinem Buch »La folla delinquente« zu nennen; ein Buch, das 1891 veröffentlicht wurde und 1897 in deutscher Übersetzung unter dem Titel »Psychologie des Auflaufs und der Menschenverbrechen« erschien. Sighele bespricht in diesem Buch vor allem das Phänomen »entgleister« Mengen. Der einzelne gerate in der Masse in einen veränderten Bewusstseinszustand und sei daher für sein Handeln nur begrenzt verantwortlich. In der zweiten Auflage seines Buches unterschied Sighele – offensichtlich aufgrund der Kritik durch Kollegen – zwischen geborenen und Gelegenheitsstraftätern in Massen. Vermutlich war hier der Einfluss des Arztes und Kriminologen Cesare Lombroso (1836-1909) wirksam, der biologisch-funktionalistische Ursachen kriminellen Verhaltens annahm. Wie dem auch sei: Die Überzeugung der verminderten Zurechnungsfähigkeit unter dem Einfluss von Massen fand tatsächlich Eingang in die italienische Rechtsprechung und wurde später auch in Strafgesetzbücher anderer Länder übernommen.

In Frankreich waren es weniger Kriminologen, sondern Mediziner, die sich unter direktem oder indirektem Bezug auf ihre italienischen Kollegen mit Massenphänomenen befassten. Diese Autoren fragten sich noch mehr als die Italiener, *warum* denn der einzelne Mensch in der Masse Veränderungen durchmacht. Mögliche Erklärungen waren, dass höhere psychische Funktionen in der Masse gebremst und niedrigere Funktionen verstärkt würden. Resultat hiervon sei, dass die Masse als ganze »dümmer« sei als die Individuen im Durchschnitt. Und genau dies war die These, die sich durch LeBons »Massenpsychologie« (1895) in allen möglichen Varianten hindurchzieht. Die Masse gleiche einem kopflosen Tier, der Führer knete sich die Masse nach seinem Vorbild, in der Masse würden niedere Instinkte aktiviert, Masse enthemme den Menschen usw.

Gustave LeBon (1841-1931) hatte Medizin studiert, lebte aber als Privatgelehrter, unternahm völkerkundliche Reisen und verfasste zahlreiche soziologische und völkerkundliche Publikationen, die z. T. weiteste Verbreitung fanden.

Es sei ergänzt, dass der Massenpsychologie im Sinne LeBons in der Psychologie keine Entwicklung beschieden war. Zwar gab es massenpsychologische Abhandlungen bis in die Zeit nach 1945 hinein, doch hatte die Massenpsychologie LeBons zu viele offensichtliche Schwächen. Peter R. Hofstätter hat sich in seiner verbreiteten »Gruppendynamik« (1957) ausführlich hiermit befasst. Um nur die wichtigsten Kritikpunkte zu nennen: LeBon stützt sich nicht auf eigene Beobachtungen, sondern auf überlieferte Berichte, zweifelhafte Anekdoten usw. Die von ihm beschriebenen Prozesse sind nicht grundsätzlich undenkbar, stellen jedoch Ausnahmesituationen dar, die für unser heutiges Leben untypisch sind. LeBon verwendet nicht nur den Massenbegriff äußerst unspezifisch, ihm gelingt es nicht, die Bedingungen und Ursachen dynamischer Prozesse, wie z. B. der Führerschaft in Massen, überzeugend darzulegen. Und schließlich ist seine eigene Position eigentlich die des konservativen Gebildeten, der quasi aus dem ersten Stock auf den Pöbel auf der Straße herabschaut. Die Masse – das sind für LeBon immer die anderen. Sicher war es auch diese Sicht, die LeBons »Massenpsychologie« so populär machte.

Nicht nur Laien, sondern auch Wissenschaftler waren von LeBons Ideen beeindruckt, u. a. Sigmund Freud, der allerdings erst relativ spät in seiner Schrift »Massenpsychologie und Ich-Analyse« (1921) die auffallenden Ähnlichkeiten zwischen LeBons Massenpsychologie und seinen eigenen Vorstellungen von der Urhorde, in der der Führer das Über-Ich repräsentiert, herausarbeitete.

Die Fragen, mit denen sich Massenpsychologen befassten, sind keineswegs überholt. Man denke nur an politische Unruhen, Ausschreitungen bei Fußballspielen, aber auch an die Leipziger Montagsdemonstrationen, die 1989 in unblutiger Form den revolutionären Demokratisierungsprozess in der DDR und die deutsche Einheit wesentlich gefördert haben.

Massenpsychologie war aber immer ein eher randständiges Gebiet der akademischen Psychologie. Die alte Massenpsychologie ist weitgehend in der Massenkommunikationsforschung und anderen Teilen der Soziologie aufgegangen, das Studium sozialer Bewegungen und Teile der Ökologischen Psychologie stellen die psychologischen Bereiche moderner massenpsychologischer Forschung dar. So ist ein wichtiges Thema der Ökologischen Psychologie die Personendichte (crowding). Auffällig ist allerdings, dass die alte Massenpsychologie trotz z. T. ähnlicher Fragestellungen von der Crowding-Forschung fast vollständig ignoriert worden ist (vgl. Kruse, 1985).

2.5 Psychologie zwischen Philosophie und Physiologie

Es hatte viele Jahrhunderte gedauert, bis Mediziner bereit waren, Leichen zu sezieren, um daran die Funktion von Organen zu studieren. Der Weg der unvoreingenommenen Analyse des menschlichen Körpers erwies sich aber als außerordentlich wirkungsvoll: Die Ursache einer ganzen Anzahl von Krankheiten konnte entdeckt und damit besser behandelt werden.

Besonders in der zweiten Hälfte des 19. Jahrhunderts erlebte die Medizin große Erfolge. Durch die Mikroskopie konnten Krankheitserreger festgestellt und bekämpft werden, verbesserte Hygiene verhinderte Epidemien, mit neueren Narkosemitteln und Sterilisationen gelangen chirurgische Eingriffe, die bis dahin als unmöglich angesehen wurden. In der zweiten Hälfte des 19. Jahrhunderts setzte sich eine Auffassung durch, die sich lange Zeit angebahnt hatte: Für die Wissenschaften von den Phänomenen des Lebens – Biologie und Psychologie eingeschlossen – schien es nun logisch, die gleichen Grundlagen anzunehmen wie für die Physik und Chemie. Diese Auffassung wird als *Materialismus* bezeichnet. Ein solches materialistisches Wissenschaftsverständnis war für die zweite Hälfte des 19. Jahrhunderts typisch und wurde mehr oder weniger als unabdingbar für wissenschaftliches Arbeiten angesehen. Das Funktionieren des menschlichen Körpers entsprach wissenschaftlichen »Gesetzen«, nicht dem Willen übernatürlicher oder göttlicher Gewalten.

Hermann von Helmholtz, Emil Du Bois-Reymond, Ernst Brücke und Carl Ludwig, vier führende deutsche Physiologen, Physiker und Mediziner hatten in Berlin einen Klub gegründet, dessen Mitglieder sich ausdrücklich mit einem feierlichen Eid verpflichten mussten, keine anderen als physikalisch-chemische Kräfte im Organismus anzunehmen. In der von Du Bois-Reymond überlieferten Form lautete dieser Eid:

»In den Organismen sind keine anderen Kräfte als die bekannten der Physik und Chemie. In jenen Fällen, die zur Zeit nicht durch diese Kräfte erklärt werden können, muß man entweder die spezifische Art und Weise ihrer Wirkung durch Anwendung physikalisch-mathematischer Methoden herausfinden oder neue Kräfte annehmen, die den chemisch-physikalischen Kräften, welche der Materie innewohnen, im Rang gleichgestellt sind und auf die Kräfte der Anziehung oder Abstoßung zurückgeführt werden können« (zitiert nach von Bonin, 1983, S. 133).

Mit dem Credo dieses materialistischen Denkens sind auch die Psychologen des 19. Jahrhunderts ausgebildet worden; Wundt, der menschliches Erleben in kleinste Einheiten zerlegen wollte, war Student bei Du Bois-Reymond und Assistent bei von Helmholtz in Heidelberg gewesen, Pawlow hatte unter Ludwig studiert und Freud, der Zeit seines Lebens für das Seelenleben des Menschen Begriffe aus der Mechanik und Hydraulik benutzte, war Student und Mitarbeiter von Ernst Brücke.

Unter dem Eindruck von gestaltpsychologischem und holistischem Denken erscheinen uns solche materialistisch-mechanistischen Vorstellungen heute als begrenzt. Doch sollten wir nicht übersehen, dass dieses materialistische Wissenschaftsverständnis zu beachtlichen Erfolgen der Wissenschaften vom Menschen geführt hat und dass es in weiten Bereichen der Psychologie heute noch besteht – ohne, dass es uns in jedem Fall bewusst ist und in wissenschaftlichen Arbeiten explizit gemacht wird (vgl. Kap. 5.1 und 5.3).

2.6 Sinnesphysiologische Forschung und Psychophysik

Bereits in seiner Dissertation hatte Hermann von Helmholtz den anatomischen Bau der Nervenzellen untersucht. Später stellte er fest, dass die Fortpflanzungsgeschwindigkeit der nervösen Erregung den beträchtlichen Wert von 30 bis 50 Meter pro Sekunde hat.

2.6 Sinnesphysiologische Forschung und Psychophysik

Hermann von Helmholtz (1821–1894) war Militärarzt, Physiologe und Physiker. Helmholtz erfand u. a. 1850 den Augenspiegel. Er lehrte als Physiologe in Königsberg, Bonn und Heidelberg, dann ab 1871 als Physiker in Berlin. Seine Arbeiten zur Farbwahrnehmung, zur Physiologie des Hörens und Sehens und insbesondere seine bahnbrechenden Arbeiten zur Bestimmung der Leitungsgeschwindigkeit der Nerven hatten erhebliche Bedeutung für die Psychologie.

Schon der von Gustav Theodor Fechner gewählte Begriff der »Psychophysik« lässt die Absicht erkennen, psychologische Vorgänge nach dem Vorbild der Physik als Naturwissenschaft zu studieren.

Gustav Theodor Fechner wurde als Sohn eines Pfarrers 1801 in Groß-Särchen, Niederlausitz geboren, studierte in Leipzig Medizin und begann das Philosophiestudium. Als Privatdozent auf Einkünfte angewiesen, veröffentlichte Fechner Fachbücher und Satiren und gab ein Hauslexikon heraus, von dem er große Teile selbst verfasste. Physikalisch-optische Versuche und Überanstrengungen führten zu einer schweren, drei Jahre dauernden Krankheit. Vor allem die »Psychophysik« begründete Fechners Ruf als einem der Väter der modernen Psychologie. Mit diesem Buch bewies Fechner, dass auch im Bereich psychischer Vorgänge strenges Messen und Experimentieren möglich ist.

Fechner war ein vielseitiger und ganz gewiss rätselhafter Mensch. In ihm vereinigten sich der Rationalismus und das mystische Denken des 19. Jahrhunderts in besonderer Weise. Ein Ereignis, das auch für seine wissenschaftliche Arbeit bedeutsam werden sollte, war Fechners schwere Erkrankung in den Jahren 1840–1843. Fechners Biograph Heinrich Adolph schreibt über die Krankheit (1923, S. 19f.):

»Schon in den ersten Jahren nach seiner Verheiratung machten sich Spuren einer nervösen Erschöpfung bemerkbar, die durch Erholungsreisen nach Gastein (1835) und Ilmenau (1839) nicht behoben wurden. Den Beginn der eigentlichen Krisis leitet jedoch ein Augenleiden ein, das sich Fechner durch Experimentalversuche am eigenen Leib zugezogen hatte. Er beobachtete die Nachbilder von Lichteindrücken auf der Netzhaut und schädigte dadurch sein Sehvermögen aufs äußerste. Bis in die Dämmerung fortgesetztes Arbeiten an seinen Meßapparaten vermehrte das Übel. So bekam Fechner Sehstörungen, konnte bald das Licht nicht mehr vertragen und sah sich für drei Jahre in die Finsternis eines künstlich abgedunkelten Zimmers verbannt. Zu dem Augenleiden gesellte sich eine Erkrankung der Ernährungsorgane. (...) Schlimmer jedoch als das körperliche Leiden waren geistige Störungen, die sich plötzlich bemerkbar machten. Es trat eine Art Gedankenflucht ein, die Vorstellungen jagten einander und ließen sich nicht mehr regelmäßig durch den Willen ordnen (...) In dieser qualvollen Zeit, da er, völlig von der Außenwelt abgeschnitten, in die Einsamkeit getaucht und auf sich selbst zurückgeworfen war, traten die Probleme der objektiven Naturforschung zurück, und Fragen der Weltanschauung, des persönlichen Schicksals, des Lebenssinns stiegen herauf. Fechner machte sich Gedanken über die letzte Bedeutung der Wirklichkeit, er sah sein Leiden im Lichte einer höheren Notwendigkeit und gelangte zur Erwartung eines jenseitigen Lebens (...) Diese dreijährigen tiefst persönlichen Auseinandersetzungen mit Gott, Welt und dem eigenen Sein sind für Fechner die Geburtswehen seiner Weltanschauung gewesen.«

Nach den Jahren dieser schweren Krankheit mit Rückfällen – Fechner hatte seine Professur schon vorher aus Krankheitsgründen aufgegeben – folgte eine Zeit, in der Fechner mehrere naturphilosophische Abhandlungen schrieb: »Über das höchste Gut«, »Nanna. Oder: Das Seelenleben der Pflanzen« und andere Schriften. Ohne hier auf diese Schriften einzugehen, soll nur gesagt werden, dass Fechner die Auffassung vertrat, das Universum sei ein beseeltes Wesen. Das Weltganze strebt nach Fechner einer höheren Ordnung zu, und nicht nur der Mensch, sondern auch Tiere, Pflanzen, Steine usw. sind als lebendige Glieder in diesen kosmischen Organismus eingeschlossen.

Fechner entwickelte nach dieser philosophischen Zeit den Gedanken, es müsse zwischen Materiellem und Geistigem, Physischem und Psychischem eine zwingend logische Verbindung geben. Diese sah Fechner nun in der *Psychophysik*. Zwar war er der Überzeugung, seine Psychophysik sei seine eigene, vollkommen neue Schöpfung, doch erkannte er die Leistungen des Physiologen Ernst Heinrich Weber an, den Fechner als den »Vater der Psychophysik« bezeichnete. Ernst Heinrich Weber hatte bereits in den dreißiger Jahren des 19. Jahrhunderts wichtige physiologische Messungen durchgeführt.

Der Leipziger Physiologe und Anatom Ernst Heinrich Weber, 1795 in Wittenberg geboren, war – wie Fechner und Wundt – Sohn eines Pfarrers. Weber hatte über vergleichend-anatomische und physiologische Fragen gearbeitet; aber die in seiner (noch in lateinischer Sprache verfasste) Arbeit über »Tastsinn und Gemeingefühl« dargestellten Gesetzmäßigkeiten waren von Fechner und anderen aufgegriffen und in ihrer Bedeutung erkannt worden. Weber starb 1878.

Als Physiologe erforschte Weber die Funktion der verschiedenen Sinnesorgane, wobei ihn besonders die Empfindungen interessierten. Empfindungen – etwa von Schmerz, Kälte, Härte usw. – sind keine genaue Widerspiegelung der Außenwelt, denn nicht jede Empfindung wird gleich beachtet. Die Empfindungen bilden praktisch das Rohmaterial für unsere Wahrnehmungsurteile.

Wo aber sind die Grenzen unserer Empfindungen? Diese Frage interessierte Weber besonders. In seiner Schrift »De tactu« (Über den Tastsinn, 1834) stellt Weber die Notwendigkeit der Ermittlungen von *Reizschwellen* heraus. Mit Hilfe des Stechzirkels hatte Weber ab 1829 in vielen Versuchen die Tastempfindlichkeit der menschlichen Haut untersucht: Wenn man eine Versuchsperson bittet, die Augen zu schließen und dann mit beiden Spitzen eines nur sehr gering geöffneten Stechzirkels den Handrücken der Person leicht berührt, dann wird diese Person vielleicht nur eine und nicht zwei Berührungspunkte wahrnehmen. Wie weit müssen die beiden Zirkelspitzen auseinander liegen, um den Eindruck von zwei Berührungen zu erzielen? Weber konnte durch diese Versuche die unterschiedliche Tastempfindlichkeit verschiedener Körperbereiche ermitteln: Die Fingerspitzen und die Lippen sind sehr empfindlich, der Rücken ist besonders unempfindlich.

Weber lag nun daran, Empfindungen arithmetisch darzustellen. Auf der Suche nach geeigneten Maßstäben machte er von der Schwellenbestimmung Gebrauch und fand, dass der Reizzuwachs, der einen eben merklichen Empfindungsunterschied hervorruft, im direkten Verhältnis zum Ausgangsreiz steht.

An diese Beobachtung knüpfte Fechner an. Er wiederholte die Stechzirkelversuche. Seine Versuchspersonen sollten in weiteren Versuchen ein Gewicht von 100 Gramm in der linken Hand halten, in die rechte Hand bekamen sie ein Gewicht mit z. B. 101 Gramm. Nun sollten die Personen beurteilen, welches Gewicht schwerer war. Dies konnten die Personen meist nicht. Ein Unterschied von 100 zu 102 Gramm wurde aber z. B. erkannt. Bei einem Vergleich von 300 Gramm zu 301 Gramm war wieder kein Unterschied zu erkennen, merkwürdigerweise aber auch nicht bei einem Unterschied von 300 zu 302 Gramm. Hier waren 306 Gramm erforderlich, um den Unterschied noch eben merklich zu machen.

Fechner fand nun (überwiegend in Selbstversuchen) für verschiedenste Sinnesreize, dass die Veränderung, die nötig ist, um als Veränderung gegenüber der Standardgröße eben noch erkannt zu werden, immer im konstanten Verhältnis zur Standardgröße steht. Dies entsprach den Beobachtungen von Ernst Heinrich Weber, deren Bedeutung nun für verschiedene Sinnesreize unter Beweis gestellt wurde. Bei dem Sinnesreiz »Gewicht« betrug dieses Verhältnis 100:102, also 1/50. Fechner fand für verschiedene Sinnesreize verschiedene Quotienten: z. B.

für Helligkeit 1/60
für Gewichte 1/50
für Temperatur 1/30 und
für Salzgeschmack 1/3.

Diese Werte werden heute als *Weber-Fechnersche Konstante* bezeichnet. Sie geben Hinweise auf die Leistungsfähigkeit der menschlichen Sinnesorgane.

Fechners Leistung war aber nicht nur die Ermittlung von Konstanten für einzelne Sinnesreize, sondern – wie gesagt – das Auffinden eines Naturgesetzes für die menschliche Wahrnehmungsleistung überhaupt: Geometrisch ansteigenden Reizintensitäten entsprechen arithmetisch ansteigende Sinnesintensitäten. Hatte Weber seine Ergebnisse noch nicht mathematisch formuliert, so leistete dies jetzt Fechner. Fechner konnte schreiben:

$$\frac{\Delta I}{I} = K$$

In dieser Gleichung (Fundamentalformel) ist mit I der Standardreiz gemeint, ΔI ist die zusätzliche Intensität, die erforderlich ist, um den Reizunterschied zu bemerken, K ist die Weber-Fechnersche Konstante. Aus dieser Fundamentalformel konnte Fechner die sog. Maßformel ableiten: $E = K \cdot \text{Log } R$, d. h., die Empfindung ist abhängig vom Produkt aus der Konstanten K und dem Logarithmus des Reizes. Fechner nannte diese, von ihm selbst erstellte Gleichung das Webersche Gesetz. Heute findet sich in Psychologiebüchern meist die Bezeichnung »Weber-Fechnersches Gesetz«, obwohl es Fechners Verdienst war, die Infinitesimalbetrachtung in diese Gesetzmäßigkeit aufzunehmen (vgl. Gundlach, 1993).

Angemerkt sei noch, dass die universelle Gültigkeit des Weber-Fechnerschen Gesetzes durch spätere Untersuchungen bezweifelt wurde. Man kann aber annehmen, dass das Gesetz annäherungsweise in den mittleren Bereichen der Sinnesreize gilt, dass es jedoch in den extremen Bereichen (z. B. bei extrem geringen und extrem lauten Lautstärken) kaum Gültigkeit beanspruchen kann.

2.7 Experimentelle Psychologie des Lernens

Recht selbstbewusst forderte ein Privatdozent der Philosophie 1885 in einer kleineren Schrift mit dem Titel »Über das Gedächtnis. Untersuchungen zur experimentellen Psychologie« die Erweiterung der experimentellen Psychologie. Exakte Naturforschung sei bisher nur auf den Gebieten der Sinnesempfindung und der psychologischen Zeitmessung erfolgt. Nunmehr wolle er beginnen, auch das menschliche Gedächtnis experimentell zu untersuchen. In der Tat war dieser Bereich bislang aus der psychologischen Foschung ganz ausgeklammert worden. Bei diesem Forscher handelt es sich um Hermann Ebbinghaus (1850–1909).

Hermann Ebbinghaus wurde 1850 in Barmen (Wuppertal) als Sohn einer Unternehmerfamilie geboren. Bereits mit 17 Jahren begann er in Bonn das Studium der Geschichte. Ebbinghaus wechselte mehrfach die Hochschule und wandte sich mehr der Philosophie zu. In seiner Dissertation behandelte er das Problem des Unbewussten. Dann folgten einige Jahre »selbständiger Studien« im In- und Ausland. Ebbinghaus lernte mehrere Sprachen und arbeitete u. a. als Sprachlehrer in England. Mit seiner Arbeit »Über das Gedächtnis« habilitierte sich Ebbinghaus in Berlin und wurde dort 1886 Professor. Ebbinghaus richtete das erste Berliner Laboratorium für experimentelle Psychologie ein und verteidigte in einer bedeutenden Kontroverse mit Wilhelm Dilthey die experimentelle Psychologie gegenüber der Verstehenden Psychologie. 1898 ging Ebbinghaus nach Breslau, 1905 nach Halle, wo er 1909 starb.

Mehr oder weniger zufällig stieß Ebbinghaus während seiner Studienjahre auf ein antiquarisches Exemplar von Fechners Buch *Elemente der Psychophysik*, das ihn sehr beeindruckte. Ohne eine feste Anstellung an einer Universität zu haben fasste er den Entschluss, Fechners psychophysikalische Methoden auf Gedächtnisleistungen anzuwenden. Nur, wie konnte dieser Bereich, für den bislang fast nur Lebenserfahrungen und die Regeln der Mnemotechnik der Antike bekannt waren, erforscht werden? Ebbinghaus ging davon aus, dass Gedächtnisinhalte als Vorstellungsreihen aufgefasst werden können. Kann eine Person diese Vorstellungsreihe fehlerfrei darstellen, hat sie einen bestimmten Stoff erlernt. Erfahrungsgemäß gelingt diese Reproduktion (z. B. eines Gedichtes) nach einiger Zeit nicht mehr fehlerfrei. Die Zeit bzw. die Anzahl der Wiederholungen, die erforderlich ist, um das fehlerfreie Reproduzieren wieder zu ermöglichen, gibt nun wichtige Hinweise auf das Gedächtnis. Diese Methode der Gedächtnisprüfung wird heute als Ersparnismethode bezeichnet. Ebbinghaus erkannte bald, dass Gedichte für eine systematische Untersuchung des Gedächtnisses nicht sehr gut geeignet waren. So ersann er eine Methode, die noch heute in der Psychologie verwendet wird: Er stellte sinnlose Silbenreihen zusammen. Hier ein Beispiel aus den Versuchen von Ebbinghaus:

dot chauf maut tür zok zhen hok shüt
löm chin jös noit sit mök häm leit jäm
nol füs lech chüp mis joch chom

Die Silbenreihen bestehen also aus Silben mit je einem Konsonanten (wobei Ebbinghaus auch Laute wie »ch« verwendete), einem Vokal (einschließlich Umlaut) und einem weiteren Konsonanten. Oft ist zur Methode von Ebbinghaus eingewandt worden, es handele sich bei den »sinnlosen Silben« gar nicht um sinnloses Material. (Man beachte z. B. nur die Silbe »tür« in der ersten Reihe!) Doch muss man hier mit einem leider weit verbreiteten historischen Irrtum aufräumen, denn Ebbinghaus hat nicht mit sinnlosen Silben, sondern stets mit sinnlosen Silben-*Reihen* von acht, zwölf oder mehr Silben gearbeitet.

Hatte Ebbinghaus eine Reihe von Silben so auswendig gelernt, dass er sie fehlerfrei aufsagen konnte, beschäftigte er sich eine vorher bestimmte Anzahl von Minuten, Stunden oder Tagen mit anderen Dingen, um festzustellen, wie viele Durchgänge beim Repetieren oder wie viel Zeit zum Lernen erforderlich war, um die Silbenreihe wieder fehlerfrei aufsagen zu können. Bei seinen Experimenten war Ebbinghaus der Versuchsleiter und Protokollant, aber er war auch seine einzige Versuchsperson! Mit außerordentlicher Geduld und Zähigkeit untersuchte Ebbinghaus in verschiedensten Versuchsreihen die Funktion des menschlichen Gedächtnisses, wobei er selbst auf eine gleichmäßige Lebensweise achtete. Kein Wunder, dass es Ebbinghaus nicht gelang, andere Personen als Versuchspersonen zu gewinnen! Kaum jemand hätte sich diesen Anstrengungen über viele Monate mit dieser Ausdauer ausgesetzt.

Trotz der Tatsache, dass es sich um eine Versuchsreihe mit nur einer Versuchsperson, mit bis dahin neuer Thematik und bislang nie zuvor verwendetem Reizmaterial handelte, gelang Ebbinghaus die Ermittlung von Gesetzmäßigkeiten, die in ihren Grundzügen auch heute noch als gültig angesehen werden. Wie zu erwarten war, fand Ebbinghaus, dass nach längeren Zeitabständen häufigere Wiederholungen notwendig waren, d. h., die Ersparnis wurde bei größerem Zeitabstand geringer. Doch konnte Ebbinghaus zudem eine spezifische nichtlineare Form der Vergessenskurve bestimmen.

Die Gedächtnisexperimente trugen Ebbinghaus den Ruf eines Pioniers der Gedächtnisforschung ein. Es ist daher erstaunlich, dass Ebbinghaus sich später anderen Aufgaben zuwandte, relativ wenig experimentell arbeitete und recht wenig veröffentlichte (vgl. Traxel & Gundlach, 1986).

In Versuchen, die später der Göttinger Psychologe Georg Elias Müller (1850–1934) anstellte, wurden nicht nur die Rollen von Versuchsleiter und Versuchsperson getrennt, es wurde auch mit größerer experimenteller Strenge gearbeitet. Hatte Ebbinghaus lediglich sein Schreibheft und eine Stoppuhr verwendet, wurde in Göttingen die Darbietungszeit der Silben genau kontrolliert. Die Silben wurden auf eine Trommel geklebt, vor der ein Sehschlitz stand, so dass die Versuchspersonen die Silben immer nur bestimmte Zeit sehen konnten. Notwendig wurde nun auch, die Reaktionszeiten der Vpn genauer zu messen. Hierzu dienten Chronoskope, mit denen die Darbietungs- und Reaktionszeit erfasst wurden.

Der heutige Computer, mit dem sich Silbenreihen nach Zufall erstellen und in verschiedensten Formen darbieten lassen, ist das vorläufige Ende einer langen Entwicklungslinie, die immer noch ihre Anfänge bei Ebbinghaus erkennen lässt.

Literaturempfehlungen zu Kap. 2

Benetka, G. (2002). *Denkstile der Psychologie*. Wien: WUV Universitätsverlag.

Gundlach, H. (1993). *Entstehung und Geschichte der Psychophysik*. Heidelberg: Springer.

Linnig, P. (1994). *Von der Metaphysik zur Psychophysik. Gustav Theodor Fechner (1801–1887). Eine ergobiographische Studie*. Frankfurt a. M.: Peter Lang.

Meischner-Metge, A. (Hrsg.). (2010). *Gustav Theodor Fechner – Werk und Wirkung*. Leipzig: Leipziger Universitätsverlag.

Scheerer, E. (1989). Psychologie. In J. Ritter & K. Gründer (Hrsg.), *Historisches Wörterbuch der Philosophie, Band 7*, Sp. 1599–1653, Basel: Schwabe.

3 Psychologische Schulen im 19. und 20. Jahrhundert

Aus den natur- und geisteswissenschaftlichen Strömungen des 18. und 19. Jahrhunderts gingen psychologische Richtungen hervor, die man als *Schulen* bezeichnen kann, da sie von Außenstehenden, aber auch von ihren Mitgliedern so gesehen wurden. In selteneren Fällen löste eine Schule die nächste ab, in der Regel bestanden diese Schulen zur gleichen Zeit.

Die psychologischen Schulen bildeten – wie in anderen Wissenschaftsdisziplinen – unterschiedlich geschlossene Wissenschaftlergemeinschaften *(scientific communities)*. Die Mitglieder der Schulen wurden im Geiste der Schulen sozialisiert und verhielten sich mehr oder weniger konform, d. h. den Erwartungen entsprechend, die an sie gerichtet wurden. Nonkonformes Verhalten war unerwünscht und wurde verheimlicht. Wurde es bekannt oder gar mit Überzeugung vorgetragen, konnte es zum Ausschluss aus der Wissenschaftlergemeinschaft führen – wie bei den Freud-Schülern Adler und Jung.

Die Art des sozialen Drucks in Forschergemeinschaften erscheint uns heute als merkwürdig, intolerant und der Entwicklung der Wissenschaft abträglich. Grundsätzlich ist dies sicher richtig. Der Vorteil der Schulenbildung, wie sie für die Zeit von etwa 1880 bis 1950 vorherrschte und vor allem in klinisch-psychologischen Richtungen z. T. noch bis heute besteht, darf aber nicht übersehen werden: Eine gemeinsame Idee (Paradigma) wird in der Forschung erprobt, auf neue Fragestellungen angewandt, mit einem Begriffsnetz ausgestattet und in Form von Publikationen mit gegenseitigen Literaturverweisen (Zitaten), durch spezielle Tagungen, eigene Zeitschriften und wissenschaftliche Gesellschaften institutionalisiert und somit kräftig vorangetrieben.

Thomas Kuhn war es, der – wie gesagt – besonders überzeugend auf die Wirkung dieser *scientific communities* für die Wissenschaftsentwicklung aufmerksam gemacht hat. Ob die im

Folgenden dargestellten psychologischen Schulen als scientific communities im Kuhn'schen Sinn anzusehen sind, muss nach den Ausführungen von Kuhn strittig bleiben, jedoch werden wir viele Merkmale erkennen, die auch Kuhn benannt hat (vgl. Lück, 1989).

Wenn die Begründung von psychologischen Schulen eigentlich nie die Angelegenheit einer einzelnen Person ist, so wird doch fast immer eine zentrale »Figur« benannt: Freud für die Psychoanalyse, Watson für den Behaviorismus, Külpe für die Würzburger Schule, Wertheimer für die Gestaltpsychologie usw. Bei einer solchen Betrachtung, wie sie in Biographien oft gepflegt wird, wird leicht der simple Tatbestand vergessen, dass eine Schule ohne Schüler keine Schule mehr ist und dass bei wissenschaftlichen Schulen die Entwicklung von Ideen, Hypothesen, Modellen usw. sehr oft das Resultat gemeinsamer Anstrengungen ist. Die Erfolge werden gern den Begründern zugeschrieben, obwohl dies manchmal nicht der historischen Wirklichkeit entspricht. Sigmund Freud z. B. übernahm von seinen Schülern eine ganze Reihe von Ideen, ohne deren Herkunft in seinen Veröffentlichungen deutlich zu machen. Einiges weist auch darauf hin, dass besonders die Rolle von Wissenschaftlerinnen geringer eingeschätzt wird, als angemessen ist. Dies liegt u. a. daran, dass Frauen früher überhaupt nicht studieren durften und dass ihnen noch lange Zeit später die wissenschaftliche Laufbahn verschlossen war.

Bei einer knappen Darstellung psychologischer Schulen allen Beteiligten Gerechtigkeit widerfahren zu lassen, ist nicht möglich. Wir möchten hier die uns heute besonders wichtig erscheinenden Schulen mit ihren Hauptvertretern und -vertreterinnen darstellen, wobei wir dem deutschsprachigen Bereich besondere Aufmerksamkeit schenken.

3.1 Die Leipziger Schule

Die Leipziger Schule wurde schon im Zusammenhang mit der Völkerpsychologie erwähnt. Wenn man von der Leipziger Schule spricht, so ist aber in erster Linie Wilhelm Wundts physiologische oder experimentelle Psychologie gemeint, der er etwa die erste Hälfte seines langjährigen Schaffens widmete.

3.1.1 Zur Biographie Wilhelm Wundts

Wilhelm Maximilian Wundt wurde 1832 in Neckarau (heute ein Stadtteil von Mannheim) als Sohn eines Pfarrers geboren. Borings Beschreibung des jungen Wundt, der wahrscheinlich keine Freunde gehabt und nicht gespielt habe (Boring, 1950, S. 326), ist gewiss unzutreffend. (Man kann an diesem Beispiel erkennen, dass bei der Geschichtsschreibung auch psychologische Faktoren wirksam sind: Ein Mann dieser Bedeutung konnte einfach keine normale Jugend gehabt haben!).

Wundt beginnt nach dem Abitur das Medizinstudium in Tübingen, wo sein Onkel Friedrich A. Wundt Anatomie lehrt. Zwar ist Medizin nicht Wundts ausgesprochenes Wunschfach, doch beeindruckt ihn der enorme Aufschwung der Naturwissenschaften und besonders der Medizin. 1858 wurde Emil Du Bois-Reymond als Nachfolger des Physiologen Johannes Müller (1801–1858) nach Berlin berufen; im gleichen Jahr erhielt Hermann von Helmholtz (1821–1894) den Lehrstuhl für Physiologie an der Universität Heidelberg. In Leipzig, wo Wundt später wirken sollte, hatte bereits in den zwanziger Jahren Ernst Heinrich Weber seine Tastsinn-Versuche durchgeführt. Wundt wendet sich – wohl durch Anregung seines Onkels – der Physiologie zu, und kann nach Fortsetzung seines Studiums in Heidelberg (u. a. bei Robert Bunsen), wo er mit einer anatomischen Arbeit einen Preis gewinnt, sein Studium in Karlsruhe abschließen. Wundts Doktorarbeit wird »mit größtem Lob« bewertet und so ist ihm die Möglichkeit gegeben, sich habilitieren zu lassen. Nach einem Forschungssemester in Berlin erhält Wundt eine Privatdozentur in Heidelberg.

Ein Privatdozent bezog damals – wie der Name sagt – kein Gehalt, sondern hatte nur das Privileg, Vorlesungen halten zu dürfen. Hörergelder und Honorare durch Veröffentlichungen mögen auch für Wundt der Grund für sechsstündige Vorlesungen und rege Publikationsaktivitäten gewesen sein.

Mit der Berufung von Hermann von Helmholtz nach Heidelberg wird Wundt 1858 Assistent am neueingerichteten Institut für Physiologie. Wundt hält Vorlesungen über neue Themen, so 1862 über »Psychologie vom naturwissenschaftlichen Standpunkt« und veröffentlicht seine zweibändigen »Vorlesungen über Menschen- und Tierseele«. Im Jahr 1862 gibt Wundt die Assistentenstelle wegen der Verpflichtungen zu experimentellen Übungen auf. Im Jahr 1864 wird Wundt zum außerordentlichen Professor für Anthropologie und medizinische Psychologie an der medizinischen Fakultät Heidelberg berufen. In diese Zeit fällt die Veröffentlichung von Wundts mehrbändigem Lehrbuch der Physiologie des Menschen, das mehrfach umgearbeitete und erweiterte Auflagen erlebt.

Eine »Psychologie vom naturwissenschaftlichen Standpunkt« bedeutet für Wundt, seelische Vorgänge auf der Grundlage physiologischer Veränderungen erklären zu wollen. Empfindungen stellen für ihn erste psychische Akte dar, die durch Sinnesreize zustande kommen. Diese naturwissenschaftlich-materialistische Position trägt Wundt u. a. die Anerkennung des Biologen Ernst Haeckel (1834–1919) ein. Zwangsläufig fordert nun Wundt die experimentelle Methode und die statistische Auswertung für die Physiologie und die Psychologie.

Nach einer kurzen Zeit an der Universität Zürich wird Wundt 1875 nach Leipzig berufen, wo er bis an sein Lebensende als Philosoph wirkt. Wundt gründet in Leipzig 1879 das erste Experimentalpsychologische Institut überhaupt, 1883 begründet er die Zeitschrift »Philosophische Studien«, in der seine Arbeiten und die seiner Mitarbeiter erscheinen. Bewusst wird die Zeitschrift als philosophisch deklariert, denn Wundt sieht sich als Philosoph. Er will mit dem Titel der Zeitschrift zeigen, »dass diese neue Psychologie berechtigt war, ein Teilgebiet der Philosophie zu sein« (Wundt, 1920, S. 313). Wundt verfasst zahlreiche philosophische Schriften, u. a. eine mehrbändige Ethik.

Experimentelle Befunde, apparative Ausstattung, zahlreiche Publikationen und u. a. auch Wundts Bereitschaft, sich gern, ausführlich und in scharfer Form mit Kritikern auseinanderzusetzen, begründeten den Ruf des Leipziger Instituts als Zentrum psychologischer Forschung. Jüngere Wissenschaftler aus den USA, England, Japan und vielen anderen Ländern arbeiteten und promovierten bei Wundt. An verschiedensten Hochschulen entstehen Psychologische Institute nach dem Leipziger Vorbild. Wundt gilt als guter Dozent; seine Vorlesungen sind gut besucht, was vielleicht auch an den damals noch unüblichen Demonstrationen liegt.

In den letzten zwanzig Jahren seines Wirkens zieht sich Wundt von der experimentellen Psychologie zurück, arbeitet an seiner »Völkerpsychologie«, hält aber noch bis ins höchste Alter gut besuchte Vorlesungen über fast alle Bereiche der Psychologie und Philosophie. Wundt besucht jedoch keine Kongresse; zwei Einladungen von G. Stanley Hall an die Clark University schlägt er aus. Wundt stirbt 1920 in Großbothen bei Leipzig, ausgezeichnet mit vielen Ehrungen.

3.1.2 Grundzüge der Lehre Wundts

Wundt vertrat die Auffassung, die Psychologie habe »die Tatsachen des Bewußtseins, ihre Verbindungen und Beziehungen zu untersuchen, um schließlich Gesetze aufzufinden, von denen diese Beziehungen beherrscht werden« (Wundt, 1911, S. 1). Damit unterschied sich Wundt sowohl von der älteren Vermögenspsychologie, als auch vom Assoziationismus (Herbert Spencer, H. Taine, J. F. Herbart und dessen Schule). Zugang zum Psychischen sollte hier die Erfahrung und nicht irgendeine Metaphysik bilden. Diese direkte Erfahrung von Sinneseindrücken war zu messen, und hierzu bedurfte es vor allem exakter Raum- und Zeitmessung. Zwangsläufig musste also hierauf großer Wert gelegt werden. Eine ganze Reihe von Geräten wurde von Wundt und seinen Mitarbeitern entworfen und von dem Mechaniker Emil Zimmermann, Leipzig, konstruiert und später auch für andere psychologische Institute angeboten.

Wundt konnte und wollte sich aber auch der Tatsache nicht verschließen, dass es Erinnerungen, Gefühle, Stimmungen usw. gibt. Wie waren nun diese psychischen Vorgänge nach Wundt zu erklären und zu untersuchen? Er nahm an, dass diese Vorgänge durch gezielte Selbstbeobachtung zugänglich sind. Wundt war ein Gegner der Methode einer allgemeinen Introspektion i. S. der kontemplativen Introspektion (s. u.). Er war jedoch auf Beschreibungen der Selbstbeobachtungen seiner Vpn angewiesen und sah die instruierte, kontrollierte Selbstbeobachtung als unabdingbaren Teil der experimentellen Psychologie an. Ziel war die Beschreibung, bei ihm gleichbedeutend mit Zerlegung. Die Berechtigung für eine solche Zergliederung des Psychischen ergab sich für Wundt aus den psychologischen Studien, die vorausgegangen waren. Nachdem Hermann von Helmholtz 1850 die Leitungsgeschwindigkeit der Nerven gemessen hatte, hofften Forscher wie der niederländische Physiologe F. C. Donders und später auch Wundt, die psychischen Prozesse durch Zeitmessung in der Weise erfassen zu können, dass von den Reaktionszeiten der physikalische Anteil subtrahiert wurde. Dabei war Wundts Interesse nicht auf die Ermittlung interindividueller Differenzen, sondern analog den Naturwissenschaften auf die Suche nach allgemeingültigen Gesetzen ausgerichtet. Wundts Ziel war also, das Bewusstsein in nicht weiter aufteilbare Bestandteile zu zerlegen; solche kleinstmöglichen Bestandteile nannte Wundt *Elemente* des Bewusstseins.

»Es kann daher die erste Aufgabe einer jeden Wissenschaft, die es mit der Untersuchung empirischer Tatsachen zu tun hat, die Ermittlung der Elemente der Erscheinungen, als die zweite die Erforschung der Gesetze, nach denen diese Elemente zu Verbindungen zusammentreten, betrachtet werden. Die ganze Aufgabe der Psychologie ist so in den zwei Problemen enthalten: welches sind die Elemente des Bewußtseins? Welche Verbindungen gehen diese Elemente ein und welche Verbindungsgesetze lassen sich hierbei feststellen?« (Wundt, 1911, S. 28).

Diesem Forschungsprogramm der (später so genannten) *Elementenpsychologie* blieben Wundt und seine zahlreichen Schüler jahrzehntelang verpflichtet. Zentraler Begriff nicht nur der experimentellen (der Methode nach) oder physiologischen Psychologie, aber auch der Völkerpsychologie ist die *Apperzeption*. Apperzeption, die Herbart als gesteigerte Aufmerksamkeit ansah, ist für Wundt das Eintreten eines Bewusstseinsinhaltes in das Aufmerksamkeitsfeld, quasi die beabsichtigte Verschiebung vom Blickfeld zum Blickpunkt. Die Apperzeption ist für Wundt als innere Willenshandlung Prototyp aller psychischer Prozesse. Wundt nennt seine Psychologie (in späteren Jahren) auch Voluntaristische Psychologie oder *Voluntarismus,* da psychische Erlebnisse nicht Ereignisse, sondern Ergebnisse von Willens-

3.1 Die Leipziger Schule

handlungen sind. Dieser Voluntarismus bildet für Wundt auch die Grundlage seiner Metaphysik, die hier allerdings nicht dargestellt werden soll.

Wenn wir heute durch die Kritik der Geisteswissenschaften (insbesondere durch Wilhelm Dilthey), aber auch fachintern durch die Gestaltpsychologie (vgl. Kap. 3.3) eine Elementenpsychologie Wundt'scher Prägung als unangemessen ansehen, so war sie doch gut begründet, hatte den Charakter eines relativ geschlossenen und überschaubaren Gedankengebäudes, war umsetzbar in ein erfolgreiches Forschungsprogramm und revolutionär zugleich. Dies alles hat wohl den damaligen Erfolg begründet. Die experimentelle Psychologie Wundts erwies sich allerdings als weit wirksamer als die Völkerpsychologie; offensichtlich war sie für die Lösung praktischer Probleme viel leichter zu nutzen, so z. B. für den Bereich der Wirtschaftspsychologie.

Die Bezeichnung »Leipziger Schule« für Wundts Bewusstseinspsychologie lässt leicht vergessen, dass Wundt vorher immerhin 17 Jahre lang in Heidelberg lehrte und forschte und dort einige, wenn auch längst nicht alle Grundzüge seiner Theorie entwickelte. Graumann (1980) hat darauf aufmerksam gemacht, dass sich Wundts Psychologieprogramm der Heidelberger Zeit von dem der Leipziger Zeit unterscheidet. In beiden Fällen ging es um ein naturwissenschaftliches Psychologieverständnis in Abgrenzung zum metaphysisch-spekulativen der Herbartianer. Auch in der Heidelberger Zeit sieht Wundt das Bewusstsein als zusammengesetzt aus einfacheren Bestandteilen (Elementen). Aber: Um diese Elemente zu studieren, fordert Wundt die experimentelle Methode, die statistische Methode und die entwicklungsgeschichtliche Methode. Während Wundt an den ersten beiden Methoden in späteren Jahren festhält, streicht er implizit die dritte aus seinem Programm. Damit geht nicht nur eine Forschungsmethode, sondern ein großer Teil der Inhalte psychologischer Theorien verloren: Die Tierpsychologie, Teile der Entwicklungspsychologie, aber z. B. auch die Analyse des Unbewussten. Graumann glaubt (1980, S. 75), dass Wundts Verzicht, sich »um das unbewußte Seelenleben zu kümmern und es nur noch als das Dispositionspsychische zu berücksichtigen …

zu der Sezession einer eigenständigen Psychologie des Unbewußten« geführt habe. Mit diesem Ausschluss aus der Psychologie ist in erster Linie die Psychoanalyse gemeint, die das Denken der letzten hundert Jahre schließlich stark geprägt hat.

3.1.3 Zur Wissenschaftspolitik Wundts

Wundt war stets ein politisch aktiver Mensch. In seiner Heidelberger Zeit wurde er Mitglied des Arbeiterbildungsvereins, 1864 wurde Wundt als Vertreter der Stadt Heidelberg Abgeordneter des Badischen Landtags. Wundt war dort Mitglied der neu konstituierten Badischen Fortschrittspartei, einer liberalen bürgerlichen Partei. Wenngleich er einige Zeit später das Mandat niederlegte, so war es vielleicht doch diese politische Aktivität, die Wundts Ruf nach Zürich begünstigte. War Wundt in seiner Haltung ein bürgerlich-liberal denkender Wissenschaftler, so muss er sich doch der revolutionären Bedeutung seiner Wissenschaft bewusst gewesen sein: Psychische Prozesse auf eine physiologische Grundlage zurückzuführen; die Philosophie durch experimentelle Beweise auf eine neue Grundlage zu stellen, dies war gewiss revolutionär und erforderte Behutsamkeit und Zähigkeit. Wenn heute in geschichtlichen Darstellungen der Psychologie die Gründung Psychologischer Institute, Lehrstühle und Zeitschriften (insbesondere des Wundt'schen Instituts) als einzigartiger Erfolg und Siegeszug gefeiert wird, so geht hierbei ein wenig unter, dass diese Einrichtungen mühsam erkämpft wurden und teilweise sehr bescheiden waren (vgl. Ash, 1980).

Seit dem Jahr 1810 schrieb die preußische Landesregierung für Studenten aller Staatsexamensstudiengänge philosophische Vorlesungen vor. Studenten psychologischer Vorlesungen und Seminare waren daher in allererster Linie angehende Gymnasiallehrer und in zweiter Linie Juristen und Hörer anderer Richtungen. Dies war die Studentenschaft, für die Wundt und andere Psychologen lehrten. Dabei waren die Hochschulen (auch nach Gründung des Deutschen Reiches) Staaten- bzw. Ländersache. Der Hochschulwechsel von Studenten und Dozenten über Staaten- bzw. Ländergrenzen hinweg – z. B. von Leipzig nach München – war möglich; aber die Hochschulen wurden je nach finanzieller und politischer Situation unterschiedlich behandelt. Üblich war bei der Berufung eines neuen Professors, dass die Meinung des ausscheidenden berücksichtigt wurde. So unterschieden sich Hochschulen sehr stark in ihrer Ausrichtung und in ihrer Ausstattung. Wenn wir heute keine psychologischen Schulen wie etwa die von Wundt mehr kennen, so liegt dies auch daran, dass die ungleiche Behandlung der Universitäten im Deutschen Reich und die damalige Berufungspraxis die Herausbildung von Schulen begünstigten. Als Wundt nach Leipzig berufen wurde, hatten dort Ernst Heinrich Weber (dessen universitätseigene Wohnung Wundt übrigens übernahm) und Gustav Theodor Fechner, die beiden Begründer der Psychophysik, gelehrt; Philosophie wurde von dem Herbart-Schüler Moritz Wilhelm Drobisch (1802–1896) vertreten, der selbst zur Philosophie von der Mathematik her gekommen war, sich später aber auf die systematischen Hauptfächer der Philosophie beschränkte (Wundt, 1920, S. 295). Es herrschte an der Universität Leipzig also eine gewisse Pluralität, bei der sich »die Vertreter disparater Fächer mehr als anderwärts einander in ihrer Berechtigung anerkannten« (Wundt, 1920, S. 294). Für den Physiologen Wundt auf einem philosophischen Lehrstuhl waren dies offensichtlich günstige Bedingungen.

Leipzig mag auch insofern eine Besonderheit gewesen sein, als hier erfolgreiche Volksschullehrer das Abitur nachholen und Gymnasiallehrer werden konnten; hiervon machten viele Studenten Gebrauch.

Wundt verstand es, die Möglichkeiten der Hochschule für die experimentelle Psychologie zu nutzen. Die ersten Instrumente waren Wundts Privatbesitz, ergänzt durch Schenkungen. Es gelang Wundt 1882 und in späteren Jahren, Zuschüsse zum Ankauf von Apparaten zu bekommen. Wundt hatte zunächst drei, später mehr als ein Dutzend Mitarbeiter, die in Gruppen von drei bis vier Personen an einem Thema arbeiteten. Die Mitarbeiter waren meist Mathematiker oder Naturwissenschaftler, die sich philosophische und methodische Grundkenntnisse aneignen mussten.

Psychologie gab es also weder als Diplomstudiengang, noch als eigenes Prüfungsfach. Psychologen lehrten an Universitäten auf Philosophie-Lehrstühlen und erhielten – wenn sie ihre Sache gut machten – Zulauf von zukünftigen Gymnasiallehrern. Diese Situation musste den Zorn der »eigentlichen« philosophischen Fachvertreter heraufbeschwören. Im Jahr 1912 unterzeichnen dann auch über 100 Philosophen und Geisteswissenschaftler eine Erklärung, in der gefordert wurde, dass keine weiteren philosophischen Lehrstühle mit Psychologen besetzt werden sollten. An dieser Besetzung von Philosophielehrstühlen mit Psychologen war die Leipziger Schule mit Wundt selbst und einigen seiner Schüler, die Philosophielehrstühle erhielten, nicht unbeteiligt. Dieser Trend war auch nicht unberechtigt: Die Bedeutung der Wahrnehmungspsychologie für die Lehrerausbildung lag z. B. auf der Hand.

Nun könnte man erwarten, dass Wundt sich in diesem Streit für die Sache der Psychologie einsetzen würde. Wundt nahm jedoch eine »philosophische« Position ein, mit der er vermitteln und zugleich der Psychologie dienen wollte: Eine Psychologie allein ohne die Philosophie sei nicht existenzfähig bzw. würde in der Gymnasiallehrerausbildung zwangsläufig zu einem Nebenfach degradiert werden. Psychologie sei nicht nur experimentelle Psychologie: gerade die Völkerpsychologie habe nach seiner Meinung Auswirkungen auf andere Wissenschaftsbereiche. Die Trennung von Philosophie und Psychologie würde nicht zu der erwarteten Einrichtung psychologischer Institute und Lehrstühle führen,

»ist es doch bekannt genug, daß z. B. in Preußen nur vier bis fünf sehr bescheiden ausgestattete psychologische Laboratorien gegenwärtig existieren, von denen einzelne sich kaum über das Niveau einer Sammlung von Demonstrationsmitteln erheben« (Wundt, 1913, S. 36).

Ein Grund für die schlechte Ausstattung war eben die Beheimatung der Psychologischen Institute in Philosophischen Fakultäten. In den USA hatte sich die Psychologie zu diesem Zeitpunkt bereits von der Philosophie »emanzipiert«, was auch zu einer besseren Ausstattung geführt hatte. Der Situation in den USA stand Wundt allerdings skeptisch gegenüber. Er hielt an der engen Verbindung zwischen Philosophie und Psychologie fest. Am Werdegang einiger ausgesprochener Experimentalpsychologen, wie Friedrich Schumann (1863–1940), der zwanzig Jahre lang als Assistent bei Georg Elias Müller und Carl Stumpf zubrachte, kann man ablesen, dass in Deutschland Psychologen ohne aktive Betätigung in der Philosophie den Aufstieg zum Ordinariat nur sehr schwer schafften.

Die Trennung zwischen Philosophie und Psychologie, wie sie die Philosophen betrieben und auch einige Psychologen forderten, hätte im Deutschen Reich vielleicht wirklich nicht den Aufschwung der experimentellen Psychologie begünstigt, doch war sie letztlich nicht zu vermeiden. Allerdings sollte sie – nicht zuletzt durch Wundts Einfluss – erst Jahrzehnte nach dem Protest der Philosophen erfolgen.

3.1.4 Zu den Wirkungen der Leipziger Schule

Auf der Grundlage der Bibliographie, die Wundts Tochter Eleonore für die Arbeiten ihres Vaters erstellt hat, hat Boring (1950, S. 345) errechnet, dass Wundt 53735 Druckseiten veröffentlicht hat, also im Durchschnitt in der fast 70 Jahre umfassenden Zeitspanne von 1853 bis 1920 mehr als zwei Druckseiten pro Tag verfasst haben muss. Natürlich haben solche Berechnungen eigentlich nur den Wert von *Kuriositäten;* die Auseinandersetzung mit Wundts Werk stellte und stellt allerdings auch ein quantitatives Problem dar. Wer eine Veröffentlichung Wundts angriff, musste unter Umständen erleben, dass Wundt längst eine neue, erweiterte Auflage fertig gestellt hatte. Außerdem hat Wundt einen Schreibstil bevorzugt, der gelegentlich mit Blei verglichen wurde: ohne Glanz, aber solide. Ein Hinweis, der die Lektüre in unserer Zeit erleichtert: Wenn man Texte von Wundt laut liest, sind sie sehr viel leichter zu verstehen!

Wundt hinterließ also ein gewaltiges wissenschaftliches Werk und prägte über zahlreiche Schüler, wie Kraepelin, McKeen Cattell, Titchener, Meumann, Münsterberg, Külpe, Moede, Krueger, Marbe, Hellpach und andere den Charakter der Psychologie als empirische Wissenschaftsdisziplin.

Manche Entwicklungen hat Wundt allerdings eher verhindert: Mit seiner Bewusstseinspsychologie wandte er sich sowohl gegen die Ausweitung des Experiments auf höhere psychische Prozesse, wie sie die Würzburger Schule bald untersuchen sollte (vgl.

Kap. 3.2), als auch auf angewandt-psychologische Fragestellungen, wie sie z. B. die pädagogische Praxis und die Wirtschaft mit sich brachten (vgl. Kap. 5). Den Leistungen seiner Schüler Meumann und Münsterberg auf diesem Gebiet stand Wundt skeptisch gegenüber (s. u.).

Aus ähnlichen Gründen hat Wundt mit seiner Völkerpsychologie faktisch die Entstehung einer experimentellen Sozialpsychologie behindert. Zu einem Zeitpunkt, als z. B. in den USA eine Sozialpsychologie als akademische Disziplin etabliert war, lehnte Wundt nicht nur den Begriff ab, der ihn zu sehr an »Sozialwissenschaften« und »Soziologie« erinnerte, sondern lehnte auch die experimentelle Untersuchung sozialer Prozesse ab (vgl. Kap. 5.5).

Interessant ist aber, dass Wundts Völkerpsychologie in den letzten Jahren im deutschen Sprachbereich eine Neubewertung erfahren hat (Eckardt, 1997). Die Diskussion kreist u. a. um die Frage, ob Wundts Programm einer Völkerpsychologie als geisteswissenschaftliche Psychologie zu verstehen ist, der Wundt eine Vorrangstellung eingeräumt hat (Jüttemann, 2006), oder ob man Wundts häufige Äußerungen, die Psychologie sei eine »empirische Geisteswissenschaft«, so verstehen soll, dass für Wundt die Psychologie eine *allgemeine Grundlagendisziplin aller Geisteswissenschaften* ist und damit eine *Vermittlerrolle* zwischen Geistes- und Naturwissenschaften hat: Erschwert wird diese aktuelle Diskussion dadurch, dass Wundt wohl Grundlagen für eine Interpretationslehre sowohl experimenteller als auch geisteswissenschaftlicher Methoden in der Psychologie schuf, diese jedoch nicht zu konkreteren Empfehlungen ausarbeitete (Fahrenberg, 2008).

Ein weiterer Bereich, der von Wundt ignoriert wurde, war das Studium interindividueller Unterschiede im Sinne von Persönlichkeitsmerkmalen. Die Arbeiten von Galton, Binet und anderen wurden von der Leipziger Schule nicht aufgegriffen, obwohl dies möglich gewesen wäre.

Trotz dieser »Behinderungen«, wie man sie aus heutiger Sicht sehen kann, hat die Leipziger Schule die Psychologie sehr beflügelt: Sie hat eine Methodenlehre begünstigt; sie hat Experiment, Statistik und Geschichte in die Psychologie zu integrieren versucht und sie hat faktisch über zahlreiche Schüler den Aufstieg der empirischen Forschung in der Psychologie herbeigeführt.

Literaturempfehlungen zu Kap. 3.1

Lamberti, G. (1995). *Wilhelm Maximilian Wundt (1832–1920)*. Bonn: Deutscher Psychologen Verlag.
Meischner, W. & Eschler, E. (1979). *Wilhelm Wundt*. Köln: Pahl-Rugenstein.
Wontorra, M., Meischner-Metge, A. & Schröger, E. (Hrsg.). (2004). *Wilhelm Wundt und die Anfänge der experimentellen Psychologie*. Jubiläumsausgabe zur 125-Jahr-Feier seiner Institutsgründung (Online CD-Version) (http://www.uni-leipzig.de/~psycho/hist.html).

3.2 Die Würzburger Schule

Mit seiner Bewusstseinspsychologie war Wundt der Auffassung, alle seelischen Vorgänge enthielten anschauliche Elemente. Wohl gestand die Leipziger Schule zu, dass Bewusstseinselemente durch Assoziationen nicht nur neue Verbindungen eingehen, sondern dass hierdurch neue Bewusstseinsinhalte entstehen können. Wer sich aber bei Wundt und seinen direkten Schülern (z. B. Ernst Meumann) genauer über Denkprozesse informieren wollte, musste feststellen, dass dieses Thema wenig behandelt worden war. Der Grund hierfür liegt u. a. darin, dass die Leipziger Schule ein enges Methodenrepertoire verwandte und die Introspektion als wissenschaftliche Methode ablehnte bzw. nur sehr eingeschränkt als instruierte Selbstbeobachtung gelten ließ.

3.2.1 Grundzüge und Methoden

Eine Befreiung aus dieser selbst auferlegten Einengung erzielte die Denkpsychologie unter Oswald Külpe (1862–1915), mit dessen Schülern Narziss Ach (1871–1946), Karl Bühler (1879–1963), Karl Marbe (1869–1953) und anderen. Nach Külpes Lehr- und Forschungsstätte Würzburg wird diese Richtung als »Würzburger Schule« bezeichnet.

Külpe hatte zunächst bei Wundt in Leipzig und u. a. bei Georg Elias Müller in Göttingen studiert und war acht Jahre lang Assistent von Wundt. Zu Külpes vielseitigen Interessen gehörten Philosophie, Ästhetik, Kunst und Musik. Külpe löste sich immer mehr von der Wundt'schen Psychologie und wurde zum Anhänger Franz Brentanos (1838–1917), der das Wesentliche der seelischen Erscheinungen in ihrer Intentionalität (»Aktpsychologie«) sah. Külpe lehrte seit 1894 in Würzburg, seit 1909 in Bonn und von 1913 bis zu seinem Tod in München.

In Külpes Lehrbuch, nach Külpes Tod 1920 von Karl Bühler herausgegeben, werden Seele, Ich, Subjekt, Bewusstsein und Seelenvermögen als psychologische Grundbegriffe genannt. Im Gegensatz zu Wundt akzeptiert Külpe nicht nur das Unbewusste, sondern betont die Einheit des Seelenlebens: »Alle Einzelheiten unseres Bewußtseins werden zu Einheiten, zu Ganzen zusammengefasst, in denen eine Tendenz, ein Gedanke, ein Ziel, eine Aufgabe im Mittelpunkt stehen, während das übrige ein- und untergeordnet bzw. ausgeschaltet wird, je nachdem er dieser Tendenz dient oder fremd ist« (1920, S. 92).

Über die Forschungsmethoden der Psychologie heißt es in diesem Lehrbuch: »Wie die eigene Erfahrung der Grundquelle, so ist die Selbstbeobachtung die *Grundmethode* der beschreibenden Psychologie. Alle Fortschritte derselben beruhen auf der Anwendung dieser Methode« (S. 45f.). Um brauchbare Ergebnisse zu erhalten fordert Külpe die Ausbildung der Versuchspersonen zur Selbstbeobachtung. »Aber auch der Versuchsleiter hat heute eine große Bedeutung gewonnen, indem er sich nicht bloß als technischer, sondern auch als psychologischer Leiter der Untersuchung zu fühlen und zu benehmen hat. Er muß die Versuche möglichst innerlich mitmachen« (S. 47).

Wie sahen nun die Experimente der Würzburger Schule aus? Zentrale Methode war die systematische, experimentelle Selbstbeobachtung bei Denkprozessen, d. h. die »experimentelle Herbeiführung bestimmter psychischer Vorgänge und genaue Schilderung der dabei hervortretenden Erlebnisse« (Külpe, 1920, S. 10). So stellte Külpe seinen Vpn im Einzelversuch z. B. die Frage »Verstehen Sie den Satz: Das Denken ist so außerordentlich schwer, daß manche es vorziehen zu urteilen?« Die Versuchspersonen (Vpn) hatten nun so genau wie möglich zu beschrei-

3.2 Die Würzburger Schule

ben, was sie bei ihrem Denkversuch erlebten. So konnte es sein, dass eine Vp beschrieb, sie habe den Satz langsam wiederholt und dann erkannt, dass »Urteilen« hier das gedankenlose Sprechen bedeute.

In anderen Versuchsreihen wurden Assoziationen und Gedankenprozesse, die Vpn auf bestimmte Reizwörter äußerten, sowie Urteilsprozesse beim Vergleichen von Gewichten untersucht. Die Ergebnisse der Würzburger wichen nun in einem wichtigen Punkt von der Wundt'schen Bewusstseinspsychologie ab: Die Würzburger Schule fand, dass viele Gedanken *unanschaulichen Charakter* besitzen. Die Bedeutung abstrakter und allgemeiner Ausdrücke ist nach Külpe also auch dann im Bewusstsein nachweisbar, wenn sich außer dem nachträglichen Bericht nichts Anschauliches (Worte, Zeichen usw.) entdecken lässt. Solche unanschaulichen Bewusstseinsinhalte hat Bühler einfach »Gedanken« genannt, treffender bezeichnete Narziss Ach sie als »Bewußtheiten«. Trotz mancher Unanschaulichkeit ist das Denken bei vorgegebenen Problemen *zielgerichtet*. Der durch die Aufgabe hervorgerufene Gedankenverlauf wird durch unbewusste Kräfte gesteuert, die in Richtung auf die Lösung des Problems zielen. Diese Kräfte hat Narziss Ach als *determinierende Tendenzen* bezeichnet. Kurz vor oder bei einer Problemlösung stellt sich manchmal ein Erlebnis des (echten oder vermeintlichen) unmittelbaren Verstehens ein. Dieses Erlebnis hat Karl Bühler 1908 treffend als Aha-Erlebnis bezeichnet. Bei Denksportaufgaben, Kreuzworträtseln usw. stellt sich dieses Aha-Erlebnis oft ein.

Vielleicht möchten Sie eins der Würzburger Experimente (modifiziert) wiederholen. Lesen Sie den Satz: »Von allen Seiten wohlwollend behandelt und selbst wohlwollend, müsste ein Genie furchtbar leiden.«

Denken Sie über diesen Satz nach und bringen Sie, nachdem Sie sich über die Bedeutung des Satzes Klarheit verschafft haben, alles der Reihe nach zu Papier, was Sie nach dem Lesen des Satzes empfunden haben.

Wenn Sie Lust haben, können Sie auch diesen Versuch mit einer Versuchsperson wiederholen. Fordern Sie Ihre Vp auf, ihre Denkerlebnisse so zu schildern, wie sie sich nacheinander eingestellt haben.

Finden Sie die Würzburger Ergebnisse (Einheit des Seelenerlebens, Bewusstheit, determinierende Tendenz, Aha-Erlebnis) bestätigt?

3.2.2 Die Bühler-Wundt-Kontroverse

Zu den klassischen Kontroversen in der Geschichte der Psychologie gehören zweifellos die heftige Kritik des »Altmeisters« Wilhelm Wundt (1907, 1908) an Karl Bühlers denkpsychologischen Experimenten (1907, 1908a, 1908b) und dessen Entgegnungen (1908c). Diese Kontroverse sollte nicht als überholter Streit zwischen der Leipziger und Würzburger Schule angesehen werden, denn sie wirft sehr grundsätzliche Fragen über Aufgaben und Methoden der Psychologie auf. Eine Auseinandersetzung mit dieser Kontroverse und ihrer Rezeption kann auch heute noch zu neuen Interpretationen führen (z. B. Holzkamp, 1980) und sich daher lohnen.

Bereits auf den ersten Teil von Bühlers Untersuchungsbericht reagierte Wundt 1907 mit einer langen und heftigen Kritik an der von ihm so genannten »Ausfragemethode«. Die bis dahin unbestrittene Lehrmeinung Wundts, höhere intellektuelle Funktionen seien experimentellen Untersuchungen nicht zugänglich, wurde schließlich hier infrage gestellt. Wundt kritisierte die Würzburger Untersuchungen als »Scheinexperimente« (S. 334) und als »Jugendsünde« der experimentellen Psychologie (S. 359). Scheinexperimente waren die Würzburger Untersuchungen nach Wundts Meinung deshalb, weil sie zwar in einem psychologischen Laboratorium stattfanden und weil auch ein Vl und eine Vp beteiligt waren; es handele sich jedoch weder um »vollständige« noch um »unvollständige« Experimente, weil der Beobachter (Vl) nicht in der Lage sei, den Eintritt des zu beobachtenden Sachverhalts zu bestimmen, die Erscheinungen zu beobachten, den Versuch zu replizieren oder Bestandteile des Versuchs zu modifizieren.

Bühler (1908c) entkräftete Wundts Argumente als Irrtümer bzw. als Ergebnis fehlender Einsichtsbereitschaft und entgegnete sachlich und überzeugend, dass seine Untersuchungen sehr wohl Experimente seien und dass das Denken keineswegs zu komplex sei, um es experimentell zu erforschen.

Wundt ließ sich hiervon nicht überzeugen. In einer neuen Replik (1908) bezeichnete er Bühlers Versuche als »vergeblich« und schloss mit dem Satz: »Nach den Aufschlüssen, die ich aus den seitherigen Ausfrageexperimenten geschöpft habe, werde ich mir die Lektüre künftiger Arbeiten dieser Gattung ersparen; ich glaube mich aber auch ferner kritischer Erörterungen über diesen Gegenstand enthalten zu können« (S. 459). Kurz: Wundt hoffte wohl, seinen Gegner (und mit ihm die gesamte Würzburger Schule) für immer erledigt zu haben.

Bezeichnend für diese wissenschaftliche Kontroverse scheint zu sein, dass Wundt hier nicht direkt auf seinen ehemaligen Schüler Külpe, sondern auf einen damals noch unbekannten Mitarbeiter von Külpe »einschlug«. An Külpe schrieb Wundt am 26. Oktober 1907:

»Lieber Freund!

Ich habe es lebhaft bedauert, dass Sie sich durch meinen Artikel über die Ausfrageexperimente schmerzlich berührt gefunden haben ... Zunächst muss ich Ihnen aber sagen, dass es mir erst aus Ihrem Briefe zu meinem schmerzlichen Bedauern klar geworden ist, wie sehr Sie sich selbst mit der Ausfragemethode identifizieren. Ich habe bis dahin Marbe für den intellektuellen Urheber dieser nach meiner Anschauung völlig verwerflichen Methode gehalten. ... Denn ich halte Marbe für einen Mann, der wohl einmal ein sinnreiches Instrument konstruieren kann, dem aber zum Psychologen alle und jede Begabung fehlt. ... Was ihre Stellung zu der Sache betrifft, so nahm ich an, dass Sie vermöge der konzilianten Gesinnung, die ich an Ihnen kenne, mehr die Leute, die in dieser Richtung arbeiten, gewähren lassen und es darauf ankommen lassen wollen, was bei der Sache etwa doch herauskommen könne, als dass ich eine Begeisterung für dieses Verfahren bei Ihnen vorausgesetzt hätte ...«

Wundt hat also seinem geschätzten Schüler Külpe derartig »verwerfliche Methoden« nicht zugetraut (oder wenigstens hat er so getan), wünscht in diesem Brief jedoch ausdrücklich, dass die alte Freundschaft trotz dieser Gegensätze unverändert bestehen bleibt (Meischner-Metge, 1990, S. 313f.).

Heute, da der elementenpsychologische Ansatz Wundts allgemein als zu eng angesehen wird, sehen sich die meisten Psychologen – trotz aller Vorbehalte gegenüber der Introspektionsmethode – eher auf der Seite Bühlers und Külpes. Gern wird in diesem Zusammenhang darauf verwiesen, dass die Würzburger Schule prägenden Einfluss auf die Gestaltpsychologie ausgeübt und eine Kognitive Psychologie erst ermöglicht hat. Dies ist sicher richtig. Doch: Stehen wir heute der Würzburger Schule wirklich näher als der Wundt'schen experimentellen Psychologie? Die Methoden der Würzburger Schule sind jahrzehntelang kaum ernsthaft angewandt und weiterentwickelt worden! Maßgeblich war hierfür wohl der Behaviorismus, unter dessen Einfluss die Psychologie in ihren Forschungsmethoden zum unmittelbar Beobachtbaren zurückgekehrt ist. Erst in letzter Zeit hat (vor allem durch die sog. Attributionsforschung) eine Wiederentdeckung der Selbstbeobachtung und eine Weiterentwicklung der Introspektionsmethode (u. a. in der Handlungspsychologie, vgl. Kap. 4.1) eingesetzt.

3.3 Gestalt- und Ganzheitspsychologie

Die Gestaltpsychologie wird fast immer direkt mit den drei deutschen Psychologen Max Wertheimer, Wolfgang Köhler und Kurt Koffka, deren Zusammenarbeit in Frankfurt 1910 begann und später in Berlin fortgesetzt wurde, in Verbindung gebracht bzw. als deren Werk dargestellt. Ohne die Leistung dieser drei Wissenschaftler schmälern zu wollen, muss aber gesagt werden, dass gestaltpsychologisches Gedankengut schon seit der Antike zu finden ist. Als Gegenbewegung zum elementarischen Denken in der zweiten Hälfte des 19. Jahrhunderts erhält die ganzheitliche Betrachtung in der Philosophie, Medizin, Biologie und in anderen Wissenschaften zeitlich parallel oder sogar noch früher als in der Psychologie besondere Bedeutung.

Eine Hauptthese aller gestalt- und ganzheitlichen Richtungen in der Psychologie ist, dass das Ganze mehr (oder genauer: etwas anderes) als die Summe seiner Teile sei (sog. *Übersummativität*). In diesem Punkt ist die Würzburger Schule, die von neuen »Einheiten« des Bewusstseins als Resultat einzelner Bewusstseinselemente sprach, der Gestaltpsychologie bereits sehr nahe.

Diese Abkehr vom elementaristischen und die Hinwendung zum ganzheitlichen (holistischen) Denken in der Philosophie und Psychologie erreichte einen Höhepunkt etwa Ende der zwanziger Jahre und hat das ganze 20. Jahrhundert geprägt. Dieser Umschwung ist zu einem erheblichen Teil auf das Programm und die vielseitigen Arbeiten der Berliner Gestaltpsychologen zurückzuführen.

Nur ein Beispiel für einen holistischen Denker in einer psychologischen Nachbardisziplin sei genannt: Der Berliner Arzt Ernst Schweninger (1850–1924). Gewiss Außenseiter, aber doch Berliner Modearzt und schließlich Leibarzt Bismarcks, war Schweninger ein Feind jeder »Diagnose«. Es gebe nicht Krankheiten, sondern nur kranke Patienten, nicht der Arzt heile, sondern der Patient, Leib und Seele seien als Einheit zu betrachten, für jeden Patienten sei die Behandlungsmethode individuell unter Einbeziehung des Verhältnisses zum Arzt zu bestimmen. (Am Rande sei vermerkt, dass Schweninger seinem Patienten Bismarck Heringe als Diät verordnete, im Volksmund heute noch »Bismarckheringe« genannt.) Für die Geschichte der Psychologie ist interessant, dass Schweningers Schüler Georg Groddeck (1866–1934) auf der Grundlage von Schweningers ganzheitlicher Betrachtung und unter Einfluss von Freud die Psychosomatik begründete, eben jene Disziplin, die sich um eine ganzheitliche Betrachtung von Leib und Seele bemüht.

Der Bereich der menschlichen Wahrnehmung, insbesondere der optischen, erwies sich jedoch als wichtigstes Arbeitsgebiet aller gestaltpsychologischen Richtungen. Hier zeigte sich der Unterschied zur elementaristischen Bewusstseinspsychologie am deutlichsten. Nimmt man in der Gestaltpsychologie an, dass das Individuum ganzheitlich wahrnimmt und erlebt, so muss die Forschungsmethode diesem Gesichtspunkt folgen. Die Registrierung einzelner Bewusstseinsinhalte kann diesem Menschenbild kaum angemessen sein. So ist denn für alle gestalt- und ganzheitpsychologischen Richtungen ein *phänomenologisches Vorgehen* mehr oder weniger typisch.

Schließlich kann – in Verbindung mit diesen beiden Merkmalen – herausgestellt werden, dass alle gestalt- und ganzheitspsychologischen Richtungen den *dynamischen Charakter* menschlichen Verhaltens akzeptieren und diesem Tatbestand in ihren Methoden zu folgen versuchen.

3.3.1 Die Produktionstheorie der Grazer Schule

Das Verdienst der Begründung einer Gestalt*psychologie* kommt österreichischen Philosophen und Psychologen zu, insbesondere dem Grazer Philosophen Alexius Meinong.

Alexius Meinong Ritter von Handschuchsheim (1853–1920) wurde 1882 Professor der Philosophie in Graz und gründete dort das erste österreichische psychologische Laboratorium. Meinong arbeitete u. a. auf dem Gebiet der Erkenntnistheorie.

Meinong nahm in seinen Schriften Ende der achtziger, Anfang der neunziger Jahre bereits an, dass von der Summe der Bestandteile (z. B. einer Wahrnehmung) zusammenhängende Gesamtheiten zu unterscheiden seien, die aus den Bestandteilen allein nicht zu erklären seien. Diese Gesamtheiten nannte Meinong *Komplexionen*. Diese Komplexionen erklärte Meinong mit Aktivitäten des Betrachters. Erst durch diese Aktivitäten (»Produktionen« – daher Produktionstheorie) entsteht aus Einzelelementen beim Betrachter der ganzheitliche Eindruck.

Christian von Ehrenfels, der mit Meinong zu den Begründern der Grazer Schule zählt, zeigte 1890 am klassischen Beispiel der Melodie die Merkmale der Organisation der Wahrnehmung: Gegenüber den (aus ihr bestehenden) Einzeltönen ist die Melodie etwas Neues (sog. Gestaltkriterium der Übersummenhaftigkeit). Die Melodie bleibt auch als solche bestehen, wenn man sie z. B. einen halben Ton höher spielt, d. h., wenn ganz andere Einzeltöne erklingen (sog. Gestaltkriterium der Transponierbarkeit).

Christian Maria von Ehrenfels lebte 1859–1932. Seinen für die Gestaltpsychologie wichtigen Aufsatz über Gestaltqualitäten (1890), auf den sich Gestaltpsychologen immer wieder bezogen haben, schrieb er lange bevor er 1900 Professor in Prag wurde. Dass von Ehrenfels in seiner Arbeit das Beispiel der Melodie wählte, kam vermutlich nicht von ungefähr: Er war sehr musikalisch und verfasste Libretti.

Neben Christian von Ehrenfels sollen die Meinong-Mitarbeiter Vittorio Benussi und Fritz Heider genannt werden.

Vittorio Benussi (1878–1927) wurde in Triest geboren und versuchte experimentelle Bestätigungen für die Grazer Produktionstheorie zu erhalten. Insbesondere bei unklarem

Reizmaterial, so fand er, sei das Wahrnehmen von Gestalten nicht ein automatischer Vorgang sondern u. a. abhängig von Erfahrungen und Training, von Persönlichkeit und inneren Haltungen oder – wie man heute sagen würde – von Einstellungen. In wissenschaftlichen Kontroversen mit der Frankfurter/Berliner Schule der Gestaltpsychologie verteidigte Benussi die Grazer Produktionstheorie. Allerdings nahm Benussi später von seiner eigenen Auffassung wieder Abstand. Benussi ging zurück nach Italien und begründete mit Psychologen wie Cesare L. Musatti, Fabio Metelli und Gaetano Kanizsa eine eigene Tradition der experimentellen Wahrnehmungs- und Gestaltpsychologie. Diese Tradition wird auch als Schule von Padua bezeichnet. 1927 nahm sich Benussi das Leben. Die weiterhin bestehende Schule von Padua und die Berliner Gestaltpsychologie näherten sich nach und nach an (Antonelli, 1996). Fritz Heider (1896–1988) promovierte bei Meinong, arbeitete in Berlin zusammen mit den dortigen Gestaltpsychologen, war kurze Zeit Assistent von William Stern in Hamburg, emigrierte 1930 in die USA und entwickelte dort u. a. Konzepte einer sog. Naiven Psychologie, die Alltagswissen einbezieht, eine Balancetheorie der Einstellungen und seine Attributionstheorie, die von anderen Autoren weiterentwickelt wurde (Heider, 1958). Heiders Attributionstheorie lässt sich in Teilen durchaus auf die Grazer Gestaltpsychologie zurückführen.

Der Grundgedanke der Attributionsforschung ist, dass Personen Ereignisse in ihrer Umwelt als verursacht erleben. Beobachtet jemand die Handlung einer anderen Person, so sucht dieser Beobachter nach Erklärungen wie Handlungsabsichten, aber auch nach Faktoren wie Begabung, Anstrengung, Fleiß usw. Attributionen sind handlungsrelevant. Eine Lehrerin, die einen schlechten Schüler für unbegabt hält, wird sich diesem Schüler gegenüber anders verhalten als wenn sie die schlechten Leistungen auf mangelnde Anstrengung zurückführt.

Dies gilt nicht nur für die Fremdattribution, sondern auch für die Selbstattribution. Menschen suchen nach Erklärungen für Erfolge und Misserfolge und verhalten sich entsprechend.

Die Attributionsforschung hat sich für die Sozialpsychologie, Pädagogische Psychologie und Klinische Psychologie als besonders bedeutsam erwiesen.

3.3.2 Die Frankfurter/Berliner Schule der Gestaltpsychologie

Der Beginn der experimentellen Gestaltpsychologie 1910–1912 wird gern mit einer Anekdote beschrieben, die Max Wertheimer selbst zum Besten gab: Von Wien im Spätsommer 1910 mit dem Zug reisend, um im Rheinland Erholung zu suchen, sinnierte Wertheimer während der Fahrt über das Sehen von Bewegungen. Als ihm der Gedanke kam, mit einem Stroboskop zu experimentieren, stieg er kurz entschlossen in Frankfurt aus, kaufte ein Kinder-Stroboskop und experimentierte im Hotelzimmer. Von dort nahm Wertheimer Kontakt mit Professor Schumann von der Handelshochschule (ab 1914 Universität) auf. Schumann schickte seinen Assistenten Wolfgang Köhler ins Hotel und erlaubte Wertheimer bald auch, im Laboratorium Versuche durchzuführen. Es entstanden die 1912 veröffentlichten bahnbrechenden Arbeiten über das sog. Phi-Phänomen, mit denen im Allgemeinen der Beginn der Frankfurter (später Berliner) Schule der Gestaltpsychologie datiert wird.

Für diese Anekdote fand Michael Wertheimer (1980), der Sohn von Max Wertheimer, keine historischen Belege. Besonders darf man wohl an der Zufälligkeit zweifeln, mit der Wertheimer gerade in Frankfurt ausgestiegen sein soll; hatte doch Schumann wenige Jahre zuvor ein neuartiges Stroboskop entwickelt, mit dem Wertheimer in Frankfurt experimentierte. Doch bleibt das Faktum, dass Wertheimer unter günstigen Arbeitsbedingungen in einer Phase kreativer Schaffenskraft mehrere theoretische und experimentelle Arbeiten fertig gestellt hat, mit denen nicht nur die Wahrnehmungsforschung, sondern die Psychologie insgesamt neue Impulse erhielt (vgl. Ash, 1982; Sarris, 1987, 1987a).

Max Wertheimer (1880–1943) entstammte einer jüdischen Familie aus Prag. Er hatte vielseitige Interessen, studierte in Berlin, promovierte 1904 bei Külpe in Würzburg mit einer Dissertation (1905), die noch nicht die Gestaltpsychologie erahnen ließ. Nach einiger Zeit der Unsicherheit und Arbeitslosigkeit folgten die produktiven Jahre in Frankfurt,

3.3 Gestalt- und Ganzheitspsychologie

ab 1916 lehrte er in Berlin, 1929 wurde er auf den Schumann'schen Lehrstuhl in Frankfurt berufen; nach der erzwungenen Emigration 1933 lehrte Wertheimer bis zu seinem Tode in den USA. (Zur Biographie siehe Michael Wertheimer, 1980.)

Neu an der Wertheimer'schen Gestaltpsychologie war, dass sie – auch im Gegensatz zur Grazer Schule – Gestalten als ganz ursprünglich ansah. Nicht der Mensch schafft Gestalten aus irgendwelchen fundamentalen Sinnesdaten; Gestalten bilden sich auch nicht parallel zu diesen Sinnesdaten, sondern Gestalten *sind selbst* die Grundeinheiten des Seelenlebens. Diese These findet sich schon in Wertheimers Arbeit über das Denken der Naturvölker (1912), sie wird experimentell durch Wertheimers klassische Arbeit über das Sehen von Bewegungen (1912a) untermauert.

In dieser, bereits im Herbst und Winter 1910 durchgeführten Untersuchung zeigte Wertheimer seinen Vpn in schneller Abfolge abwechselnd zwei Reize. Bei dem einen war links im Bild eine gerade senkrechte Linie zu sehen, bei dem anderen eine gleich lange Linie waagrecht rechts unten. Wurden nun diese beiden Stimuli abwechselnd gezeigt, so entstand bei idealem Zeitintervall von ca. 60 Millisekunden der Eindruck einer *Scheinbewegung;* d. h., die Vpn hatten den Eindruck, die Linie würde sich (vergleichbar der Bewegung eines schnellen Scheibenwischers) über die Bildfläche hin- und herbewegen. Erfolgte die abwechselnde Darbietung zu schnell, wurde *Simultaneität* der Reize erlebt, war die Darbietung zu langsam, d. h. ca. 0,15 Sekunden oder langsamer, so entstand der Eindruck der *Sukzessivität*. Die idealerweise wahrgenommene Bewegungsgestalt bezeichnete Wertheimer in Unterscheidung von anderen Phänomenen als *Phi-Phänomen.*

Von Anfang an vermied es Wertheimer, beim Phi-Phänomen von einer Wahrnehmungs*täuschung* zu sprechen. Er erkannte, dass es für den Wahrnehmenden bedeutungslos ist, ob die Bewegungsgestalt durch zwei nacheinander erscheinende Reize oder durch eine wirkliche Bewegung erzeugt worden ist. Während bei Täuschungen der Effekt verschwindet oder wenigstens schwächer wird, wenn der Wahrnehmende über die Täuschung aufgeklärt wird, so stellte sich hier Gegenteiliges ein: Nach Erklärung wurde das Phi-Phänomen noch deutlicher.

Wertheimers Ergebnisse darf man nicht in der Weise missverstehen, als sei hier nur eine Beschreibung von Eindrücken festgehalten worden, die letztlich doch in experimenteller Forschung durch Reduktion auf einzelne Sinnesreize erklärbar seien. Zwar war dies die Haltung der Leipziger Schule zur Gestaltpsychologie, doch entsprach dies nicht Wertheimers Überzeugung und seinen Befunden. Schließlich hatte er seine Versuche vielfach variiert, seine drei Vpn – es waren dies die Assistenten des Instituts Dr. Wolfgang Köhler, Dr. Kurt Koffka und später auch Frau Dr. Klein-Koffka – wurden zu ausführlicher Beschreibung veranlasst.

Es entwickelte sich bereits hier in Frankfurt das Programm der Gestaltpsychologie, in dessen Rahmen Köhler versuchte, die ältere Sinnespsychologie i. S. von Hermann von Helmholtz (1821–1894) zu widerlegen. Hatte Helmholtz mit seiner sog. Konstanzannahme eine Eins-zu-eins-Beziehung zwischen Reiz und Sinneseindruck angenommen, so zeigte Köhler die Fehlerhaftigkeit dieser Annahme auf. Koffka begab sich auf der Grundlage der Arbeiten von Wertheimer und Köhler in eine polemische Auseinandersetzung mit Benussi als Vertreter der Grazer Schule über die Grundlegung der Wahrnehmungspsychologie. Koffka nahm hier im Gegensatz zu den Grazern die Unableitbarkeit der Gestalt an. Wahrnehmungen seien nicht von Empfindungen ableitbar; das Wahrnehmungsganze (Gestalt) sei von psychologischen Prozessen begleitet, die ebenfalls nicht auf Teilsachverhalte zurückgeführt werden könnten. Koffka verlegte den Reizbegriff vom Wahrnehmungsorgan auf den Wahrnehmungsgegenstand, das Wahrnehmungsfeld. Hieraus zog er den Schluss, dass Gestalten nicht nur im Erleben vorfindbar sind, sondern dass auch das Handeln durch Gestaltprinzipien bestimmt ist.

Zu dieser Auffassung, dass Handeln Gestaltqualitäten hat, sollte kurze Zeit später auch Wolfgang Köhler durch seine Untersuchungen an Menschenaffen gelangen. Auf Vorschlag des Berliner Mediziners Max Rothmann wurde von der Preußischen Akademie der Wissenschaften 1913 auf der Insel Teneriffa eine Affenstation eingerichtet, um die psychischen Eigenschaften und Fähigkeiten der Tiere unter annähernd natürlichen Lebensbe-

3.3 Gestalt- und Ganzheitspsychologie

dingungen studieren zu können. Auf Vorschlag von Carl Stumpf wurde Wolfgang Köhler für das Jahr 1914 Leiter der Station. Dies war gewiss eine gute Entscheidung, obwohl Köhler nicht über spezifische Erfahrungen in der Biologie oder gar der Tierpsychologie verfügte und obwohl er erst 26 Jahre alt war.

Wolfgang Köhler wurde 1887 in Reval, dem heutigen Tallin, als Sohn eines deutschen Gymnasialdirektors geboren. Er studierte Mathematik, Naturwissenschaften und Philosophie in Tübingen, Bonn und Berlin. Bei Carl Stumpf promovierte er 1909 mit einer experimentellen Untersuchung über akustische Wahrnehmung. Köhler wurde dann Assistent von Schumann in Frankfurt, 1914–1920 leitete er die Anthropoidenstation der Preußischen Akademie der Wissenschaften auf Teneriffa. Nach Berufung auf den Lehrstuhl von G. E. Müller in Göttingen wurde er 1922 als Nachfolger von Carl Stumpf nach Berlin berufen. Köhler stellte sich nach der »Machtergreifung« als einer der ganz wenigen Psychologieprofessoren mutig den Nationalsozialisten entgegen und bat schließlich 1934, als die Übergriffe auf sein Institut unerträglich wurden, um vorzeitige Emeritierung. Köhler emigrierte 1935 in die USA und lehrte bis zu seinem Tode 1967 am Swarthmore College.

Köhlers Schimpansenversuche sind inzwischen so bekannt, dass sie Eingang in Psychologie- und Biologielehrbücher und sogar in Schulbücher für die Grundschule gefunden haben. Schimpansen sind nach Köhler in der Lage, komplexere Probleme zu lösen: So benutzen die Tiere einen Stock, um Bananen von der Käfigdecke zu holen, sie stapeln Kisten aufeinander, um ein Ziel zu erreichen, sie angeln Futter mit Stöcken durch Käfiggitter herbei und stecken sogar zwei Bambusstöcke ineinander, wenn das Futter zu weit entfernt liegt. Was wenig bekannt ist: Schon vor Köhler hatte Leonard T. Hobhouse in England einige dieser Versuche durchgeführt. Köhlers Versuche waren jedoch systematischer angelegt, sehr sorgfältig beschrieben und z. T. in Filmen festgehalten worden (vgl. Lück, 1987). Noch entscheidender war, dass Köhler eine überzeugendere theoretische Erklärung fand. Er beobachtete, dass die richtige Lösung nicht zufällig (wie nach Thorndike durch Versuch und Irrtum und nicht wie nach Hobhouse durch wahrnehmendes Lernen), sondern plötzlich auftritt. Ziel und Hilfsmittel bilden eine Gestalt; die Erkenntnis dieser Gestalt durch das Tier nennt Köhler *Einsicht*. Parallel zu Wertheimer, mit dem Köhler von Teneriffa aus in Korrespondenz stand, erkannte Köhler die einsichtsvolle Handlung (und nicht nur die Wahrnehmung) als Gestalt.

Köhler hatte schon den größten Teil seiner Schimpansenversuche durchgeführt, als im Sommer 1914 der Erste Weltkrieg ausbrach. Obwohl Spanien im Krieg neutral blieb, konnte Köhler die Insel bis 1920 nicht verlassen; zeitweise wurde von Engländern sogar vermutet, die Schimpansenforschung sei nur ein Vorwand; in Wirklichkeit würden Deutsche hier einen Landeplatz für Kriegsluftschiffe bauen! Die ursprünglichen Pläne, die Anthropoidenstation zu einer Station für verschiedenartige tropische Tiere auszubauen, zerschlugen sich durch die deutsche Niederlage und die nachfolgende Inflation. Köhler hatte wohl Gelegenheit, seine Versuche an Orang-Utans zu replizieren. (Die Versuchsberichte wurden erst sehr viel später veröffentlicht, Jaeger, 1988.) 1920 wurde die Station schließlich aufgelöst; die Schimpansen landeten im Berliner Zoo.

Köhlers Darstellung der Schimpansenversuche (Köhler, 1917) fand in Buchform (1921) weite Beachtung und hatte erhebliche Auswirkungen auf die Psychologie des Problemlösens und die Verhaltensforschung. Köhler selbst wandte sich nach seinem Teneriffaaufenthalt ganz von der Tierpsychologie ab; auch die gestaltpsychologische Erforschung von Problemlöseprozessen sollten später Köhlers Mitstreiter Wertheimer und Lewin in Berlin vorantreiben.

Köhler gilt als der »Naturwissenschaftler« unter den Gestalttheoretikern. Er bemühte sich um den theoretischen Nachweis, dass selbst die Physik Gestalten aufweist. Jahrzehnte arbeitete Köhler an dem (heute noch umstrittenen) Nachweis, dass nicht nur die Wahrnehmung nach Gestaltprinzipien erfolgt, sondern auch die Hirntätigkeit nach funktional äquivalenten Gestaltprinzipien geordnet ist (sog. *Isomorphiepostulat*).

Mit der Nachfolge Stumpfs durch Wolfgang Köhler als Direktor des Berliner Psychologischen Instituts (1922) beginnt die eigentliche Blütezeit der Gestaltpsychologie in Deutschland – vom Köhler-Schüler Wolfgang Metzger später (1970) als »verlorenes Paradies« bezeichnet und beschrieben. Zu dem Berliner Institut, das im (später abgerissenen) Stadtschloss untergebracht war und zu den bestausgestatteten Instituten der damaligen Zeit gehörte, kamen 1918 mit der Berufung von Kurt Koffka zum außerordentlichen Professor in Gießen und 1929 mit der Berufung von Max Wertheimer nach Frankfurt zwei weitere Stätten gestaltpsychologischer Forschung hinzu.

Die Zeitschrift »Psychologische Forschung«, ab 1921 von Wolfgang Köhler, Hans Gruhle und Kurt Goldstein herausgegeben, wurde das zentrale Organ gestalttheoretischer Forschung (vgl. Ash, 1985). Noch gab es für Psychologen weder klar beschriebene Berufsfelder noch Studiengänge. Die Studenten, die sich im Berliner Institut einfanden, studierten Psychologie mit dem Ziel der Promotion quasi als »Luxusfach«. Sie kamen durchweg aus der oberen Mittelschicht; auffällig ist der für die damalige Zeit große Anteil von Frauen und Ausländern, insbesondere aus osteuropäischen Ländern. Viele der Mitarbeiter und Studenten waren politisch links eingestellt, sie schrieben für die Sozialistischen Monatshefte, Ossietzkys »Weltbühne«, interessierten sich für Kunst, Musik und Naturwissenschaften.

Wertheimers erst posthum 1945 (deutsch 1957) erschienene Arbeit über produktives Denken hatte wesentlich an Reiz und Wert durch Wertheimers Gespräche mit Albert Einstein in Berlin gewonnen. Die Arbeit ist daher nicht nur ein wichtiger Beitrag zur Denkpsychologie sondern zugleich zur Wissenschaftstheorie und -geschichte.

Schon lange zuvor hatte Kurt Koffka den Nutzen der Gestaltpsychologie für die Entwicklungspsychologie herausgestellt und auf die Bedeutung der Wahrnehmungsentwicklung im kulturellen Kontext hingewiesen.

Kurt Koffka wurde 1886 in Berlin geboren. Er studierte Philosophie und promovierte – wie Köhler und Lewin – bei Carl Stumpf. Er arbeitete als Assistent in Freiburg und Würzburg bei Külpe, dann ab 1910 in Frankfurt bei Friedrich Schumann. Ab 1911 lehrte Koffka in Gießen, 1924 emigrierte er in die USA und lehrte dort an verschiedenen Universitäten. Koffka verstarb 1941.

Koffka, der zur Berliner Schule gerechnet wird, obwohl er nicht dort lehrte, wurde in den USA zu einem der eifrigsten Verfechter der Gestaltpsychologie. Nachdem 1933 Wertheimer und Lewin aufgrund der Rassengesetze zur Emigration gezwungen waren und 1935 Köhler folgte, war die Gestaltpsychologie in

Deutschland »enthauptet«, wie gelegentlich zu lesen ist. Doch entstanden in Deutschland durch Autoren wie Wolfgang Metzger (1899–1979), Kurt Gottschaldt (1902–1991) und Edwin Rausch (1906–1994) wichtige gestaltpsychologische Arbeiten (vgl. Stadler, 1985). Wenngleich Wolfgang Metzger später behauptet hat, Gestaltpsychologie und Nationalsozialismus seien grundsätzlich unvereinbar gewesen, so ist eine spezifische Behinderung der Gestaltpsychologie durch die NS-Ideologie nicht nachweisbar.

In den USA fanden die emigrierten deutschen Gestaltpsychologen eine völlig andere »Wissenschaftsszene« vor. War es in Deutschland die Wundt'sche Psychologie, gegen die Gestaltpsychologen zu Felde zogen, so hatten die amerikanischen Psychologen Wundts physiologische Psychologie schon längst überwunden (und sich mit Wundts Völkerpsychologie kaum ernsthaft befasst). Der wissenschaftliche Gegner der Gestaltpsychologie war nun der Behaviorismus. Gefragt war nicht die in Deutschland noch immer selbstverständliche enge Verbindung zur Philosophie, sondern die praktische Anwendung der Psychologie. So setzten sich bezeichnenderweise von dem frühen gestaltpsychologischen Gedankengut in den USA die psychodiagnostischen Verfahren, wie der Bender Gestalt-Test, und Lewins entwicklungs- und erziehungspsychologischen Ansätze durch (s. u.).

Erschwerend für die Verbreitung gestaltpsychologischen Denkens in den USA war auch, dass die bedeutenden Vertreter der Gestaltpsychologie zwar an recht gut ausgestatteten Instituten arbeiten konnten, dass sie zum Teil jedoch keine Doktoranden hatten, da diese Einrichtungen kein Promotionsrecht besaßen. Dies alles führte dazu, dass eine Rezeption der Gestaltpsychologie in den USA relativ zögernd verlief.

Im Nachkriegsdeutschland waren zwar mehrere Lehrstühle mit Gestaltpsychologen besetzt, doch fühlten diese sich nur zum Teil direkt der Gestaltpsychologie verpflichtet. Als es Ende der fünfziger Jahre zur intensiveren Rezeption der amerikanischen Psychologie kam, wurde weniger die Gestaltpsychologie reimportiert; das Interesse der jüngeren Psychologen galt eher jenen Gebieten, die in Deutschland nicht gepflegt worden waren: den vom Behaviorismus geprägten Lerntheorien, der Diagnostik, der experimentellen Sozialpsychologie und der Psychotherapie. Vor allem Metzger, Rausch und Gottschaldt haben aber immer wieder die Grundzüge der Gestaltpsychologie herausgestellt und versucht, ihre Nutzanwendung in der Sprachforschung, Spieltherapie und der Pädagogik allgemein unter Beweis zu stellen. Seit den siebziger Jahren setzt sich die *Gesellschaft für Gestalttheorie und ihre Anwendungen* (gta) mit ihren Tagungen und der von ihr herausgegebenen Zeitschrift *Gestalt Theory* für eine Verbreitung gestaltpsychologischen Denkens ein (vgl. www.gestalttheory.net).

3.3.3 Die Leipziger Schule der Ganzheitspsychologie

Mit der Vertreibung ihrer führenden Köpfe war die Gestaltpsychologie nicht vollständig liquidiert. Außer den erwähnten jüngeren Gestaltpsychologen verstanden sich mehrere andere Psychologen als Verfechter einer ganzheitlichen Sicht: Narziss Ach, Erich R. Jaensch und vor allem die Vertreter der »Genetischen Ganzheitspsychologie« in Leipzig mit Felix Krueger und anderen. Der Begriff der Ganzheit wurde in den zwanziger Jahren in sehr verschiedenen Wissenschaftsdisziplinen benutzt; in der Psychologie wurde er zu einem Etikett, das vordergründig als verbindlich angesehen wurde, bei näherer Betrachtung jedoch sehr verschiedenartige Bedeutungen hatte.

Führender Kopf der Leipziger Schule war der Wundt-Schüler und -Nachfolger Felix Krueger. Da die Wundt-Schule gelegentlich auch als »Leipziger Schule« bezeichnet wird, so sollte man korrekterweise von der Schule der Genetischen Ganzheitspsychologie bestenfalls als »Zweiter Leipziger Schule« sprechen.

Felix Krueger (1874–1948) hat 1906 zusammen mit Charles Spearman die Methode der Faktorenanalyse angeregt. Krueger war Schüler von Theodor Lipps, hatte sich 1903 bei Wundt habilitiert, wurde 1910 Professor in Halle und noch im gleichen Jahr Nachfolger Wundts in Leipzig. Dieses Institut leitete Krueger zwanzig Jahre lang.

Krueger ging von der Gefühlstheorie seines Lehrers Cornelius aus, der schon vor Krueger die Auffassung vertrat, Gefühle seien Gestaltqualitäten im Sinne von Ehrenfels. Krueger erweiterte diese Theorie zur Theorie der Komplexqualitäten, d. h. der Qualitäten seelischer Ganzheitsgebilde und zur Lehre vom Primat des Erlebnisganzen über die Teile. In seiner Schrift »Über psychische Ganzheiten« (1926) schreibt Krueger: »Im werdenden wissenschaftlichen System der Psychologie – wird jetzt allen Vorurteilen zum Trotz der Begriff des *psychischen Ganzen* zum bestimmenden Moment, ja zum Träger aller übrigen Hauptgedanken. Insbesondere die ausgiebig schon erörterten und bearbeiteten Begriffe Gefühl, Gestalt, Struktur sind als spezieller von ihm abhängig. In deduktiver Systematik sind sie seine logischen Ableitungen. Der Gedanke wiederum des *Wertes,* der den verschiedenen Wissenschaften voranleuchtet – er setzt in allen vier Richtungen *psychologische* Klarheit voraus« (S. 27). Kruegers Darstellung klingt für Leser unserer Tage geschwollen und unscharf; so etwa, wenn er den Gefühlen Strukturcharakter beimisst: »Der psychische Strukturbegriff will des näheren folgendes besagen: Psychisches Geschehen ist jeweils durch einen Komplex von Angelegtheiten, von relativ beharrenden Gerichtetheiten, z. B. durch verbundene Nachwirkungen früheren Erlebens nachweislich bedingt; dieser Wirkungskomplex ist in sich zu einer den Augenblick überdauernden *Einheit zusammengeschlossen*« (S. 119).

Etwas nüchterner betrachtet kann man festhalten, dass sich die Genetische Ganzheitspsychologie Kruegers einerseits deutlich von der Wundt'schen Elementenpsychologie absetzt, indem sie darauf hinweist, dass das psychische Geschehen nicht stückweise, sondern ursprünglich als Erlebnisstrom verläuft. Gegenüber der Würzburger Schule argumentiert Krueger, dass die Würzburger denkpsychologischen Experimente die Bedeutung der Gefühle unterschätzt hätten, obwohl sich aus den Versuchsprotokollen viele Hinweise auf die Bedeutung ursprünglicher Gefühle ergäben. An der Berliner Gestaltpsychologie kritisiert Krueger die Vernachlässigung des Gefühlsmäßigen an den Erlebnissen, die Vernachlässigung der dispositionellen psychischen Strukturen und den Mangel planmäßiger genetischer Fragen.

Konkrete Forschungsbeiträge hat die Zweite Leipziger Schule im Bereich der Entwicklungspsychologie geliefert; ein weiterer Beitrag stellt die *Aktualgenese* dar. Mit diesem Begriff Friedrich

Sanders wird die Entstehung von Gestalterlebnissen aus diffusen Vorgestalten (»Gestaltkeimen«) bezeichnet. Das Individuum kann diesen Vorgang der Aktualgenese begünstigen, indem es sich dem Objekt stärker zuwendet o. ä. Die Aktualgenese hat z. B. Bedeutung für den Bereich des produktiven Denkens.

Friedrich Sander (1889–1971) hatte bei Theodor Lipps und bei Wilhelm Wundt studiert. Er wurde Wundts (letzter) Assistent und dann Mitarbeiter Kruegers, bis er 1929 Professor in Gießen und ab 1933 in Jena wurde. Sander gehörte zu den wenigen Psychologen, die aufgrund der Entnazifizierungsgesetze 1945 aus dem Dienst entlassen wurden; 1954–1960 lehrte Sander als ordentlicher Professor an der Universität Bonn.

Die Zweite Leipziger Schule versuchte ihre gestaltpsychologischen Überlegungen auch auf das Individuum und dessen sog. Ganzheitsdrang sowie auf soziale Gebilde zu übertragen. Wohl weniger infiziert durch Nazi-Ideologie, sondern mehr geneigt, die eigene psychologische Theorie in den Dienst der Machthaber zu stellen, erwies sich die Ganzheitspsychologie als besonders anfällig. Sander glaubte so z. B. im Judentum das parasitisch wuchernde *Gestaltfremde* erkennen zu können (vgl. hierzu Geuter, 1984).

Literaturempfehlungen zu Kap. 3.3

Ash, M. G. (1995). *Gestalt psychology in German culture 1890–1967. Holism and the quest for objectivity.* Cambridge: Cambridge University Press.
Graumann, C. F. (Hrsg.). (1985). *Psychologie im Nationalsozialismus.* Berlin: Springer.

3.4 Die Feldtheorie

Innerhalb der Sozialwissenschaften ist der Begriff der Feldtheorie in verschiedenen Zusammenhängen verwendet worden. Gemeinsam ist wohl allen Verwendungen, dass es um eine Betrachtungsweise geht, die holistischen, ganzheitlichen Charakter hat und die Dynamik und die Interdependenz von Wahrnehmung, Erleben und Verhalten betont. Damit stehen die Feldtheorien vor allem im Gegensatz zu allen elementaristischen Betrachtungsweisen. Bemühte sich Köhler in seiner Feldtheorie um den Nachweis der Parallelität psychologischer und physiologischer Prozesse, so können die Feldtheorien von Edward C. Tolman und Kurt Lewin als rein psychologisch bezeichnet werden. Im Folgenden befassen wir uns mit Lewins Feldtheorie, die aus der Gestalttheorie heraus entwickelt wurde und besonders für die Sozialpsychologie erhebliche Bedeutung gewann.

Kurt Lewin wurde 1890 in Mogilno (Westpreußen) geboren. Lewin promovierte bei Carl Stumpf. Geprägt durch Ernst Cassirer und durch die Gestaltpsychologie arbeitete Lewin zunächst an willenspsychologischen Fragestellungen im Anschluss an Ach. Dann entwickelte er schrittweise seine Feldtheorie. 1933 zur Emigration gezwungen, setzte Lewin seine Arbeiten in den USA mit stärkerer Betonung angewandt-psychologischer Fragestellungen im Bereich der Entwicklungs-, Erziehungs- und Sozialpsychologie fort. Über zahlreiche Schüler prägte Lewin mehrere neuere Richtungen der Psychologie, wie Gruppendynamik, Aktionsforschung, Handlungstheorie und Ökologische Psychologie. Lewin starb 1947 in den USA.

Ohne Bedenken kann man Lewins frühe Arbeit über das Erleben der Kriegslandschaft (1917) als Beginn seiner Feldtheorie ansehen, da hier bereits wichtige Gesichtspunkte benannt werden: Nicht die physikalische Beschaffenheit, sondern der erlebnismäßig strukturierte Raum, von Lewin später als *Lebensraum* bezeichnet, findet sein Interesse. Bereits hier findet sich die von seinen Lehrern übernommene phänomenologische Betrachtung, und hier findet man auch schon zentrale Begriffe der späteren Feldtheorie wie *Grenze*, *Zone* und *Gerichtetheit*.

Aus heutiger Sicht bildet Lewins Feldtheorie die Klammer, mit der so verschiedenartige Gebiete wie die Verarbeitung von Konflikten, Gruppenprozesse oder psychische Regression theoretisch gefasst und interpretiert werden können.

Lewin hat im Laufe seines Lebens die Bezeichnung für sein Vorgehen mehrfach geändert. Er sprach von dynamischer Theorie, topologischer Psychologie, Vektorpsychologie und schließlich von Feldtheorie. In den letzten Jahren seines Lebens hat Lewin den Begriff »Feldtheorie« favorisiert und auch frühere Untersuchungen unter feldtheoretischer Perspektive interpretiert. In dieser letzten Zeit bemühte sich Lewin über seine Weiterentwicklung der phänomenologischen zur konditionalgenetischen Betrachtungsweise und um eine Formalisierung mit Hilfe der Topologie und Vektormathematik.

3.4.1 Grundzüge der Feldtheorie

In einer Arbeit über die »Feldtheorie des Lernens« (1942, 1982, S. 157–185) stellt Lewin anschaulich sechs »grundsätzliche Charakteristika der Feldtheorie« dar:

1. *Die konstruktive Methode.* Wie für andere Wissenschaften auch, sei der Übergang von einer klassifizierenden zu einer »konstruierenden« oder »genetischen« Methode notwendig (Beispiel Biologie: Übergang von Linné zu Darwin).
2. *Der dynamische Ansatz.* Ähnlich wie in der Psychoanalyse, jedoch mit größerer methodischer Strenge, sollen Konstrukte und Methoden entwickelt werden, »welche die dem Verhalten zugrundeliegenden Kräfte behandeln«.
3. *Der psychologische Ansatz.* Für eine psychologische Feldtheorie fordert Lewin, das Feld, durch welches ein Individuum bestimmt ist, nicht in objektiven, physikalischen Begriffen zu beschreiben, sondern in der Art und Weise, in der es für das Individuum zu der gegebenen Zeit existiert. Als wichtige Aufgabe sieht Lewin die Entwicklung wissenschaftlicher Konstrukte und operationaler Definitionen an.
4. *Der Ausgang von der Analyse der Gesamtsituation.* Lewin hält es »in der Regel« für vorteilhafter, »mit einer Charakterisierung der Gesamtsituation« zu beginnen. Nach dieser ersten Annäherung werden die verschiedenen Aspekte und Teile der Situation nach und nach einer spezifischeren und eingehenderen Analyse unterzogen. Als Beispiel nennt Lewin hier die Größe des Raums freier Bewegung oder die Atmosphäre der Freundlichkeit, die durchaus messbar sei.
5. *Das Verhalten als eine Funktion des je gegenwärtigen Feldes.* Nicht Vergangenheit als solche bedingt gegenwärtiges Verhalten, sondern nur indirekt dadurch, dass das vergangene psychologische Feld einer der Ursprünge des gegenwärtigen Feldes ist.
6. *Mathematische Darstellungen psychologischer Situationen.* Lewin strebt eine »logisch zwingende und zugleich mit den

konstruktiven Methoden übereinstimmende« Sprache an und sieht in den topologischen und Vektorbegriffen die Präzision, die »allen anderen in der Psychologie bekannten begrifflichen Hilfsmitteln überlegen« ist.

Lewin hat auf die amerikanische Psychologie – nicht nur die Sozialpsychologie – sehr anregend gewirkt. Man muss hier vor allem an Lewins eindrucksvolle Experimente über die Wirkungen autokratischer und demokratischer Führung denken, die er gegen Ende der dreißiger Jahre zusammen mit seinen Mitarbeitern Ronald Lippitt (1914–1986) und Ralph K. White (1907–2007) durchführte.

3.4.2 Konflikte

Konflikte und deren Bewältigung sind für Lewin schon in der Berliner Zeit ein zentrales Thema gewesen, das er zusammen mit seinen Mitarbeitern anging. Lewin sieht im Konflikt entgegengesetzt gerichtete, etwa gleich starke Kräfte, die gleichzeitig auf das Individuum einwirken. Drei prinzipiell verschiedene Fälle werden von Lewin unterschieden:

1. Der *Appetenz-Appetenz-Konflikt* mit zwei positiven Aufforderungscharakteren von annähernd gleicher Stärke. (Der heute in der Psychologie und Pädagogik viel gebrauchte Begriff »Aufforderungscharakter«, engl. valence, wurde von Lewin geprägt).
2. Der *Aversions-Aversions-Konflikt* liegt vor, wenn eine Entscheidung zwischen zwei negativen Aufforderungscharakteren zu erfolgen hat.
3. Der *Appetenz-Aversions-Konflikt* liegt vor, wenn ein positiver und ein negativer Aufforderungscharakter in der Weise wirksam sind, dass die Vektoren von derselben Seite her auf eine Person einwirken (z. B. möchte ein Kind einen Hund streicheln, vor dem es aber Angst hat). In besonders starken Konflikten kann es sein, dass sich eine Person dem Konflikt nicht mehr stellt, sondern – wie Lewin sagt – *aus dem Felde geht.*

Die Konfliktsituationen werden wesentlich durch die Umwelt des Individuums bestimmt, jedoch ist wichtig zu beachten, dass

»Umwelt« in Lewins Theorie stets die vom Individuum wahrgenommene Umwelt und nicht allein die dingliche Umgebung ist.

3.4.3 Lebensraum und Topologie

Lewin weist darauf hin, dass es in der Umgebung einer Person viele Gebilde und Ereignisse von quasiphysikalischer und quasisozialer Natur gibt, etwa Zimmer, Flure, Tische, Stühle, Messer, Freunde, Nachbarn usw. Das Kind erfährt die Eigenschaft dieser Gebilde in früher Kindheit: Gegenstände kippen um, fallen herunter, manche Erwachsene sind freundlich, andere streng. Es gibt Stellen, an denen man vor Regen geschützt ist, andere, an denen man vor Erwachsenen sicher sein kann usw. Dabei sind es nicht die physikalischen Eigenschaften der Dinge, die für das Kind ausschlaggebend sind, sondern die *funktionellen Möglichkeiten*. Manche Dinge reizen zum Essen, andere zum Klettern. Diese fordernden Umwelttatsachen nennt Lewin *Aufforderungscharaktere* oder *Valenz*. Die Art (Vorzeichen) und Stärke eines Aufforderungscharakters werden wesentlich durch die momentanen Bedürfnisse der Person bestimmt. Man muss sich daher den *Lebensraum* des Individuums in steter Veränderung vorstellen: Dinge gewinnen ihren Reiz, andere verlieren ihn; manche positiven Regionen des Lebensraums sind nur zu erreichen, wenn Regionen mit negativen Valenzen durchschritten werden. So ist der akademische Grad (positiver Aufforderungscharakter) nur zu erreichen, wenn eine Region mit negativer Valenz (Arbeit und Entbehrungen im Studium) durchlaufen wurde.

Der mathematisch-topologische Teil der Lewinschen Arbeiten wird heute viel weniger beachtet als etwa Lewins praktisch-psychologische Ausführungen. Jedoch war es Lewins Ziel, mit Hilfe der Mathematik, insbesondere der Topologie, einen größeren Grad an Genauigkeit in seine Theorie und damit in die Psychologie überhaupt einzubringen. So stellt Lewin den Lebensraum vorzugsweise als sog. *Jordankurve* (ovale, begrenzte Fläche) dar, wobei dieser Lebensraum die Person – dargestellt als Punkt – umfasst. Veränderungen im Lebensraum sind das Ergebnis von Feldkräften. Regionen des Lebensraums mit positiven Valenzen veranlassen die Person, diese Region als Zielregion anzustreben und dabei Regionen mit negativem Aufforderungscharakter zu meiden. Dieses »Durchschreiten« des Lebensraums – keineswegs immer eine physikalische Bewegung – wird von Lewin *Lokomotion* genannt. Konflikte, wie sie eben benannt wurden, können nun als Lokomotion im Lebensraum besser verstanden werden.

Lewins *universelle Verhaltensgleichung* $V = f(P, U)$, nach der das Verhalten (V) eine Funktion (f) der Person (P) und der Umwelt (U) ist, darf nicht als streng mathematische Gleichung missverstanden werden. Sie betont aber, dass die Umwelt stets kognitiv repräsentiert ist. Da der Lebensraum die Umwelt und die Person umfasst, kann auch geschrieben werden: $V = f(Lr)$, d. h., das Verhalten ist nach Lewin eine Funktion des Lebensraums.

Ein wichtiger Gesichtspunkt dieser Betrachtungsweise ist die Betonung der Gegenwart – etwa im Gegensatz zur historischen Methode der Psychoanalyse. Lewins Auffassung von der Historizität zeigt sich in seiner *Unterscheidung von aristotelischem und galileischem Denken:* »Es war typisch für die aristotelische Denkweise, nicht genügend zwischen historischen und systematischen Fragen zu unterscheiden. Die Folge war, dass man vergangene oder zukünftige Fakten als Ursachen gegenwärtiger Ereignisse ansah. Im Gegensatz zu dieser Annahme wollen wir hier nachdrücklich die These vertreten, dass weder vergangene noch zukünftige psychische Fakten, sondern nur die gegenwärtige Situation gegenwärtige Ereignisse beeinflussen kann« (Lewin, 1936a, S. 34–35).

Das heißt, für Lewin müssen psychische Ereignisse in Bezug auf die Eigenschaften des sozialen Systems, das zur Zeit des Eintretens dieser Ereignisse besteht, erklärt werden. Die Analyse früherer historischer Ereignisse wirft nur wenig Licht auf die Kausalität und hat nur wenig Erklärungs- und Prognosewert. Frühere Ereignisse sind für Lewin jedoch nicht bedeutungslos, sie sind nur insofern wichtig, als sie die gegenwärtige psychische Verfassung und gegenwärtiges Verhalten bestimmen: »Wirklich ist, was wirkt«.

3.4.4 Feldtheorie und Entwicklung

Entwicklungspsychologisch ist bedeutsam, dass der Lebensraum des Kindes kleiner und weniger differenziert ist. Im Vergleich zum Erwachsenen stößt das Kind eher an Grenzen, im Vergleich zum normalbegabten Kind ist der Bewegungsspielraum des schwachbegabten Kindes kleiner.

Am Beispiel der Situation des Jugendlichen lässt sich die Plausibilität der feldtheoretischen Betrachtung gut zeigen: Bereiche des Lebensraums, die bislang nicht zugänglich waren, öffnen sich (z. B. Rauchen in der Öffentlichkeit), andere, die eindeutig zum Lebensraum des Kindes gehören (z. B. Daumenlutschen, mit Puppen spielen), verschließen sich. Die erhebliche Umstrukturierung der Valenzen und Barrieren im Lebensraum zur Zeit des Jugendalters führt zu Unsicherheiten und Konflikten.

Wie die Integration eines psychoanalytischen Konzeptes in die Feldtheorie aussehen kann, zeigt Lewin am Beispiel der *Regression*. Regression als die Rückkehr von einem differenzierten zu einem weniger differenzierten Punkt der psychischen Entwicklung bezieht sich auf Unterschiede in der psychischen Verfassung zwischen einem Erwachsenen und einem Kind. Unter hoher Belastung, z. B. unter der Bedingung starker einwirkender Kräfte, ist eine Person ein weniger differenziertes System, d. h., dass sie unter Belastung auf ein »primitiveres« Niveau »regrediert«. Experimentelle Arbeiten von Lewins Mitarbeitern konnten diese Annahmen bestätigen. (Zum Verhältnis von Feldtheorie und Psychoanalyse vergl. Lück und Rechtien, 1989.)

In mehreren, meist entwicklungspsychologischen Veröffentlichungen hat Lewin auf seine eigenen Filmaufnahmen Bezug genommen. Auf zahlreichen Vortragsveranstaltungen benutzte Lewin seine Filme als integrierten Bestandteil seiner entwicklungspsychologischen Referate (Lewin, 1987), so auf dem 9. Internationalen Psychologen-Kongress 1929 in Yale, wo Lewin mit seinen Filmen Aufmerksamkeit und Anerkennung gewinnen konnte.

Lewins Filme (Lück, 2007) zeigen durchweg Kinder in natürlichen oder experimentell geschaffenen Konfliktsituationen, so z. B. ein Kleinkind, das von einem Ziel durch eine Barriere getrennt ist. Lewins Tonfilm »Das Kind und die Welt« aus dem Jahr 1931 zeigt die Entwicklung des Kindes von der Geburt bis etwa zum achten Lebensjahr. Der Aufforderungscharakter von Gegenständen in der kindlichen Umwelt wird durch geschickte Kameraführung sichtbar gemacht. Sehr deutlich wird auch die Ausweitung und Differenzierung des Lebensraums beim heranwachsenden Kind.

Der Begriff des Lebensraums hatte interessanterweise nicht nur für Lewin, sondern auch für William Stern und seine Schüler zentrale Bedeutung. Stern arbeitete zur Zeit der Entstehung des Lewin-Films im Rahmen seiner Differentiellen Psychologie über das Problem des »personalen Raumes« und der »personalen Zeit«. Ganz besonders ist Martha Muchow zu erwähnen, jene Stern-Schülerin und -Mitarbeiterin, die schon 1931 erste empirische Daten zum Lebensraum des Großstadtkindes erhoben hatte. Erst 1935, nach ihrem Suizid im Jahr 1933, erschien ihr Buch »Der Lebensraum des Großstadtkindes«, mit dem ihr Versuch einer epochaltypischen Entwicklungspsychologie des großstädtischen Lebensraums begründet wurde.

3.4.5 Aktionsforschung, Minderheitenprobleme und Gruppendynamik

Lewins Arbeiten in den USA wurden gegenüber seinen früheren Publikationen in Deutschland auffällig politischer. Eine Reihe von Lewins Arbeiten in den USA befassen sich direkt mit den Fragen des Judentums, andere befassen sich mit Fragen der jüdischen Minorität, der politischen Führungsstile, der Re-Demokratisierung des kurz vor dem Zusammenbruch stehenden Nazi-Deutschland usw.

Lewin setzt sich für eine jüdische Erziehung ein, die an der Realität orientiert ist. So lehnt er es ab, wenn Eltern ihren Kindern aus Rücksichtnahme verheimlichen, dass sie Juden sind. Lewin präsentiert Befragungsergebnisse (1947), die zeigen, dass die jungen zionistischen Juden in den USA positivere Identifikationen mit dem Judentum (und interessanterweise auch geringeren Leidensdruck unter Antisemitismus) aufweisen als junge nichtzionistische Juden.

Zumindest die späteren Arbeiten Lewins zum Judentum sind aus seiner direkten Zusammenarbeit mit jüdischen Organisationen entsprungen. So konnte Lewin den Kongress Amerikanischer Juden (AJC) zu Einrichtung der Commission of Community Interrelations (CCI) bewegen (vgl. Marrow, 1969, deutsch 1977, Kap. 18ff.). Bei der CCI handelte es sich um eine Gruppe von Sozialpädagogen und Psychologen, die in New York die verschiedensten sozialen Probleme bearbeiteten, die an sie herangetragen wurden. Lewin wollte verantwortungsbewusste soziale Intervention; aber als Wissenschaftler konnte er diese nur als sinnvoll ansehen, wenn Intervention auf Forschungsergebnissen beruhte und wenn sie mit Begleitforschung (Evaluation) gekoppelt war. Schließlich ließen sich dauerhafte Veränderungen nur durch Lernprozesse bewirken. So betrachtete Lewin Forschung, Intervention und Training als die drei Säulen der *Aktions- oder Handlungsforschung* (action research). Die Idee der Aktionsforschung fand in der Bundesrepublik erst 25 Jahre später Verbreitung. Gegenwärtig zählt die Feldtheorie in der Sozialpsychologie nicht zu den besonders »populären« Theorien – vermutlich wegen ihres eher allgemeinen Charakters.

Als sehr »praktisch« hat sich die Feldtheorie jedoch im Bereich der Sozialpädagogik/Sozialarbeit erwiesen. Hege (1974) fordert in Abhebung von psychoanalytischer Praxis und nichtdirektiver Gesprächsführung den »engagierten Dialog« unter Berücksichtigung des Lebensraums des Klienten.

In Lewins letztes Lebensjahr fällt die Begründung der Gruppendynamik als Methode der gesteuerten Selbsterfahrung in Form des sog. Sensitivity Trainings (vgl. Back, 1972). Wenngleich das Sensitivity Training nicht im direkten Zusammenhang zur Feldtheorie steht, so ist es doch als Versuch zu begreifen, der ganzheitlichen Betrachtung des Individuums und seines Lebensraumes Beachtung zu schenken.

Abschließend sei noch erwähnt, dass sich Lewins feldtheoretische Sichtweise in vielen sozialpsychologischen Experimenten, Hypothesen und Theorien wiederfinden lässt, ohne dass die jeweiligen Autoren stets auf Lewin verweisen. Als Beispiel seien die Handlungstheorien erwähnt (Kap. 4.1.3), denen bei aller

Unterschiedlichkeit doch das Axiom eines aktiv handelnden Menschen mit zielgerichtetem Verhalten gemeinsam ist.

Literaturempfehlungen zu Kap. 3.4

Lück, H. E. (2001). *Kurt Lewin. Eine Einführung in sein Werk.* Weinheim: Beltz Taschenbuch Verlag.

Schönpflug, W. (Hrsg.). (2007). *Kurt Lewin – Person, Werk, Umfeld. Historische Rekonstruktionen und aktuelle Wertungen.* 2. Aufl., Frankfurt am Main: P. Lang.

3.5 Psychoanalyse

Fragt man den oft benannten »kleinen Mann auf der Straße« nach seinen Vorstellungen von Psychologie, so erfährt man sehr schnell, dass auch heute noch von vielen Menschen die Psychologie mit der Psychoanalyse gleichgesetzt wird. Bei dem Stichwort »Psychologie« denken die Menschen an Freud; und Psychologie, Psychotherapie, Psychoanalyse und Psychiatrie werden gar nicht oder nur vage unterschieden. Dies steht in scharfem Kontrast zur Tatsache, dass sich die Psychologenausbildung an Universitäten in merkwürdiger Weise zur Psychoanalyse distanziert verhält: So gibt es kein entsprechendes Prüfungsfach und nur ganz wenige Lehrstühle für Psychoanalyse. Diese befinden sich außerdem oft in medizinischen Fakultäten. Ein Psychologiestudent wird möglicherweise in dieser Hinsicht gleich in den ersten Semestern sehr enttäuscht, wenn er von seinen akademischen Lehrern vielleicht erfährt, die Psychoanalyse sei – ähnlich wie die Graphologie – als Spekulation anzusehen.

Dessen ungeachtet macht der Student während seines Studiums aber die Erfahrung, dass die tiefenpsychologischen Richtungen sehr wohl Bedeutung haben: Keineswegs nur die Klinische Psychologie, sondern auch die Entwicklungspsychologie, Persönlichkeitspsychologie, Sozialpsychologie und Pädagogische Psychologie haben jahrzehntelang bis heute Impulse durch die tiefenpsychologischen Richtungen erhalten. Der Student tut also gut daran, sich mit Freud, Adler und Jung zu befassen.

Alle Gründe für das merkwürdige Missverhältnis zwischen populärer Meinung und akademischer Tradition können wir hier nicht aufarbeiten; wir können aber mit guten Gründen annehmen, dass dieses Verhältnis von den Beteiligten, d. h. von den Begründern der tiefenpsychologischen Richtungen und von der akademischen Psychologie geprägt wurde, historisch gewachsen ist, und auch nur so angemessen beurteilt werden kann.

3.5.1 Zur Biographie Sigmund Freuds

Über Sigmund Freud gibt es eine große Literaturfülle, mehr als 20 größere Biographien und viele spezielle historische Abhandlungen. Der Grund für dieses Interesse an Freud liegt sicher zum großen Teil an der Faszination, die von dieser Person ausgeht. Oft ist der Einfluss von Freud mit dem von Marx und Darwin verglichen worden. Freud selbst hat nicht unbescheiden den revolutionären Charakter seiner Psychoanalyse mit dem des Galileischen Weltbildes verglichen. Einflüsse der Psychoanalyse sind inzwischen nicht nur in allen Bereichen der Psychologie und Psychiatrie, sondern auch in Soziologie, Kulturanthropologie, Pädagogik und allen Geisteswissenschaften erkennbar. Oft totgesagt oder als in sich widersprüchlich erkannt (z. B. Eschenröder, 1984), erfreut sich die Psychoanalyse nach wie vor nennenswerter Beachtung.

Wer sich mit der Biographie Freuds beschäftigt, stößt schnell auf einen zunächst merkwürdig erscheinenden Sachverhalt: Es gibt zwar eine Fülle an Literatur über Freud, diverse Gesamtausgaben seiner Schriften, zahlreiche Ausgaben vieler seiner noch erhaltenen Briefe, Sitzungsprotokolle der Wiener Psychoanalytischen Vereinigung und vieles mehr, aber: Zeit seines Lebens wehrte sich Freud gegen jede Art von Freud-Biographie und er verfasste nur recht nüchterne autobiographische Darstellungen. Freud vernichtete ferner mehrfach in seinem Leben alle Aufzeichnungen, und die Familie Freud im Verein mit der amerikanischen Psychoanalytischen Gesellschaft hat lange wichtige Dokumente (insbes. Briefe) unter Verschluss gehalten, wohl um dem Bild Freuds keinen Schaden zufügen zu lassen. Jeder, der sich mit der Biographie Freuds und der Geschichte der Psychoanalyse beschäftigt, muss sich dieser merkwürdigen Sachverhalte bewusst sein.

Sigmund Freud wird 1856 in Freiberg in Mähren, heute Příbor, Tschechische Republik, geboren. Freud erhält die Vornamen Sigismund Schlomo. Mit 22 Jahren ändert er den ersten Vornamen in Sigmund. Der Vater Jacob Freud ist Stoffhändler. Als Sigmund in dritter Ehe des Vaters geboren wird, sind der Vater 41 Jahre und die Mutter 21 Jahre alt. Der Vater hat zwei Kinder aus erster Ehe, von denen eines der Kinder bereits einen Sohn hat, der ein Jahr älter ist als Sigmund. Dieser Sohn, also Sigmund Freuds Neffe, ist Freuds Spielkamerad. (Psychoanalytiker haben später diese etwas ungewöhnlichen Familienverhältnisse zum Anlass zu Spekulationen über Freuds Theorien und seine eigenen Kindheitserlebnisse genommen.) Der väterliche Betrieb wird durch eine Wirtschaftskrise ruiniert, 1860 siedelt die Familie nach Wien um.

Sigmund Freud besucht das Gymnasium und wird zum Primus; seinen Lehrern fällt Freuds stilistische Sicherheit auf, die auch für seine späteren Arbeiten typisch ist. 1873 beginnt er das Medizinstudium in Wien, promoviert 1881 – also relativ spät – und habilitiert sich 1885 für das Fach Neuropathologie. 1885/1886 kann Freud durch ein Stipendium ein Gastsemester bei dem berühmten Pariser Psychiater Jean Martin Charcot (1825–1893) verbringen.

Jean Martin Charcot (1825–1893) war ein bedeutender französischer Neurologe, Abteilungsleiter der »Salpêtrière«. Charcot befasste sich mit der Trennung von Hysterie und Epilepsie. Er konnte schließlich zeigen, dass hysterische Symptome im hypnotischen Zustand herbeigeführt werden können. Damit verdichtete sich die Vermutung, dass nicht physiologische, sondern psychologische Ursachen für die Hysterie ausschlaggebend sind. Freud, der Charcots Vorlesungen über Hysterie ins Deutsche übertrug, wurde bei der Entwicklung seiner Neurosenlehre und seiner Behandlungsmethode von Charcot beeinflusst.

Freud arbeitet in verschiedenen Bereichen der Physiologie und Pharmakologie, experimentierte u. a. mit Kokain, dessen Gefahren er zunächst unterschätzt. Fachlich und materiell wird Freud einige Zeit lang von dem 14 Jahre älteren Joseph Breuer (1842–1925) unterstützt. Breuer macht eine Entdeckung, die auch Freud an anderen Patienten bestätigen kann: Hysterische Symptome können zum Verschwinden gebracht werden, wenn unbewusste, schockähnliche, sog. traumatische Erlebnisse, die den Symptomen zugrunde liegen, in der Hypnose erinnert und unter Gefühlsausbrüchen abreagiert werden. Im Jahr 1880 behandelt Breuer die spätere Sozialreformerin und Frauenrechtlerin Bertha von Pappenheim. Freud erfährt zwei Jahre später von dieser Behandlung und erkennt in der Patientin eine Hysterikerin. An diesem Fall, den Freud als den Fall der »Anna O.« bezeichnet, entwickelt Freud seine *kathartische Methode* (gr. kathársis = Reinigung). Wie weit die Behandlung durch Breuer in diesem Fall wirklich hilfreich war, ist nach neueren Recherchen sehr umstritten, jedenfalls veranlasste der Fall »Anna O.« Breuer und Freud, immer mehr auf Hypnosetechniken zu verzichten.

Nach dem Tod seines Vaters erlebt Freud eine persönliche Krise; er beginnt eine Selbstanalyse, in der er u. a. seine Träume aufschreibt und zu deuten versucht. Seine eigene Position als Außenseiter in der Wissenschaft erkennt Freud, ist jedoch von der Richtigkeit seines immer noch ganz unklaren Weges überzeugt.

Freuds Habilitation und Dozentur 1885 ermöglichen nicht den erhofften Schritt in die akademische Laufbahn. Erst 1902 wird Freud Titular-Extraordinarius. Zu diesem Zeitpunkt hat sich Freud längst weit von der akademischen Medizin und Psychologie entfernt. 1886 eröffnet Freud eine freie ärztliche Praxis, die 1891 in die Berggasse 19, unweit der Universität, verlegt wird. Hier wohnt und arbeitet Freud fast weitere 50 Jahre lang bis zur erzwungenen Emigration nach Einmarsch der Nationalsozialisten in Wien.

Heute befindet sich in der Berggasse 19 das Sigmund Freud Haus-Museum.

Zu Freuds Interessen zählen die Archäologie, mit der er gelegentlich seine psychoanalytische Methode vergleicht, die Lektüre schöngeistiger Literatur und Reisen. Im Herbst 1899 erscheint mit Druckdatum 1900 Freuds »Traumdeutung«, die erste große Darstellung der Psychoanalyse in Theorie und Methode. Die »Traumdeutung« kann sowohl gegenüber den früheren mythologischen Betrachtungen als auch gegenüber den im 19. Jahrhundert anzutreffenden physiologischen Erklärungen des Traums als wissenschaftlicher Fortschritt und zugleich wissenschaftsgeschichtlich als Durchbruch der Psychoanalyse zu Beginn des 20. Jahrhunderts gewertet werden. Freud war zwar vom Positivismus geprägt, nahm mit der Wunscherfüllungshypothese jedoch eine Akzentverschiebung von der physiologischen zur psychologischen Betrachtung vor. Die Beobachtung unverhüllter Wunscherfüllungsträume der Kinder, seine Selbstanalyse und die Anfänge psychoanalytischer Behandlung von Patienten brachten Freud zu der Annahme, dass auch bei dem Erwachsenen im Traum Triebregungen eine modifizierte Wunscherfüllung finden. Die zensurierende Instanz – von Freud viele Jahre später als *Über-Ich* bezeichnet – verhindert das unmittelbare Auftauchen dieser Wünsche und sichert ungestörten Schlaf. So wird der Traum bei Freud zum »Hüter des Schlafs«.

Kurze Zeit später erscheint Freuds Schrift »Zur Psychopathologie des Alltagslebens« (1901), in der er darlegt, dass Vergreifen, Versprechen und Vergessen nicht als Zufälligkeiten, sondern ebenfalls im Zusammenhang zu unerfüllten Wünschen gesehen werden können und daher neben der Traumdeutung wichtige Aufschlüsse über unbewusste Prozesse gestatten. Heute ist der Begriff der »Freud'schen Fehlleistung« oder des »Freud'schen Versprechers« Bestandteil unserer Umgangssprache.

In Schriften wie »Der Witz und seine Beziehung zum Unbewussten« (1905), und einer Reihe weiterer Arbeiten zeigt Freud, dass psychoanalytische Deutungen durchaus nicht auf Äußerungen der Patienten in der psychoanalytischen Behandlungssituation beschränkt sind. In seiner autobiographischen Darstellung bemerkt Freud mit unverhohlener Bitterkeit über diese Zeit:

»Durch mehr als ein Jahrzehnt nach der Trennung von Breuer hatte ich keine Anhänger. Ich stand völlig isoliert. In Wien wurde ich gemieden, das Ausland nahm von mir keine Kenntnis. Die »Traumdeutung«, 1900, wurde in den Fachzeitschriften kaum referiert« (Freud, 1925).

Die neuere wissenschaftsgeschichtliche Forschung hat gezeigt, dass diese Aussagen nicht der Realität entsprechen. Freud hatte eine Reihe von Kontakten, seine Publikationen wurden z. T. ausführlich und einige sogar von namhaften Rezensenten besprochen. Allerdings wurden viele Aspekte seiner Theorie als spekulativ abgelehnt.

1902 beginnt Freud, eine Reihe von interessierten Personen um sich zu versammeln, mit denen er seine Ergebnisse diskutiert. Die Gruppe trifft sich wöchentlich in Freuds Wartezimmer. Aus dieser Mittwochs-Gesellschaft entsteht später die Wiener Psychoanalytische Vereinigung.

Im Jahr 1909 folgt Freud einer Einladung von Prof. Stanley Hall an die Clark University, die ihm und C. G. Jung den Ehrendoktortitel verleiht. Die von Freud dort gehaltenen fünf Vorträge verhelfen der Psychoanalyse zur frühen Verbreitung in den USA. Bemerkenswert ist, dass im Gegensatz zum deutschen Sprachbereich dort auch eine Rezeption durch die akademische Psychologie erfolgt.

In dem von Freud gegründeten und geleiteten *Internationalen Psychoanalytischen Verlag* erscheinen Freuds eigene Schriften, mehrere psychoanalytische Fachzeitschriften und Schriftenreihen. Durch diesen Verlag sowie durch die reglementierte psychoanalytische Ausbildung und durch die Möglichkeit, Patienten an Schüler zu vermitteln, erhält Freud eine beträchtliche Macht. Freuds Schriften finden Verbreitung und Beachtung, werden z. T. in mehrere Sprachen übersetzt. Freud selbst ist sehr bemüht, »seine Sache«, die Psychoanalyse, als Lehre und Bewegung zu erhalten und Abweichungen zu verhindern. So kommt es zum Bruch mit einer ganzen Reihe von Schülern, unter ihnen Alfred Adler und Carl Gustav Jung.

Zum engsten Mitarbeiterkreis zählt auch Anna Freud, Sigmund Freuds Tochter, die die Psychoanalyse theoretisch erweitert, Kinderanalysen betreibt und für ihren Vater eintritt.

Anna Freud (1895–1982) war das jüngste der sechs Kinder Sigmund Freuds. Nach der Ausbildung als Lehrerin unterzog sie sich einer Lehranalyse bei ihrem Vater und war Sekretärin, wissenschaftliche Mitarbeiterin und Nachfolgerin ihres Vaters. Anna Freud arbeitete über die Abwehrmechanismen des Ich und zählt zu den ersten Kinderanalytikerinnen. In England leitete sie eine kindertherapeutische Klinik.

Etwa 1920 erkrankt Freud an Gaumenkrebs, er muss sich zahlreichen Operationen unterziehen, entwickelt – nunmehr schon über 60 Jahre alt – seine Strukturelle Theorie der Persönlichkeit mit den Bereichen Es, Ich und Über-Ich.

Bereits zu Beginn der Nazi-Herrschaft im Mai 1933 werden in Deutschland Freuds Schriften öffentlich verbrannt. Nazis wenden sich »gegen die Überschätzung des Trieblebens« und sehen die Psychoanalyse als jüdische Irrlehre an. Im Deutschen Reich betreiben Psychoanalytiker ihre Praxis und Ausbildung heimlich oder im Dienste der »Volksgesundheit« modifiziert unter anderen Bezeichnungen (s. hierzu Lockot, 1985).

Am 12. März 1938 marschieren deutsche Truppen in Österreich ein. Anna Freud wird kurze Zeit festgenommen, die Wiener Psychoanalytische Vereinigung wird liquidiert, der Verlag wird konfisziert. Mit Hilfe von Freunden kann Freud über Paris nach London fliehen. In London wird Freud begeistert aufgenommen; er kann praktizieren, soweit dies seine Krankheit zulässt. Freud stirbt 1939, also hochbetagt, an den Folgen seines schweren Leidens. Freud erfährt nicht mehr, dass seine vier Schwestern in Auschwitz ermordet werden. In Sigmund Freuds Haus lebt und arbeitet Anna Freud bis zu ihrem Tode im Jahr 1982. Inzwischen ist auch dieses Haus mit Freuds unverändertem Arbeitszimmer und mit seiner berühmten Couch als Museum eingerichtet.

3.5.2 Zur Problemgeschichte der Lehre

Es ist bereits deutlich geworden, dass der Begriff der Psychoanalyse in verschiedenen Bedeutungen verwendet wird. Zum einen ist sie eine Theorie vom menschlichen Erleben und Verhalten, zum zweiten ist die Psychoanalyse eine Methode zur Erforschung psychischer Prozesse sowohl beim Individuum, als auch außerhalb der Behandlungssituation – etwa in Form der Deutung dichterischen Schaffens. Drittens ist die Psychoanalyse eine Methode zur Behandlung psychischer Störungen. Schließlich ist die Psychoanalyse eine historisch-gesellschaftliche Bewegung, in der – vor allem zu Freuds Lebzeiten – scharf zwischen Anhängern und Dissidenten unterschieden wurde.

Aus heutiger Sicht mutet das Vorgehen Freuds gegen Abweichler deswegen als unangemessen an, weil die Psychoanalyse eigentlich nie ein statisches Lehrgebäude war und Freud selbst die psychoanalytische Lehre ständig weiterentwickelte, allerdings frühere Aussagen selten verwarf, so dass Überlagerungen verschiedener Modelle und Auffassungen entstanden. Es werden unter Bezug auf Freuds Biographie folgende *Phasen der psychoanalytischen Theorie* unterschieden:

1. *Voranalytische Zeit* von Freuds Promotion bis ca. 1894, dem Beginn der Selbstanalyse Freuds.
2. Zeit der *Traumatheorien* (ca. 1895–1899). Freud nimmt zunächst an, dass neurotische Störungen das Ergebnis von verdrängten Vergewaltigungserlebnissen in der Kindheit sind, revidiert dann seine Auffassung und nimmt frühkindliche Phantasien wie *Kastrationskomplex, Penisneid, Ödipuskomplex* an.
3. Die Zeit der *Topographischen Theorien* beginnt etwa mit der Veröffentlichung der »Traumdeutung« (1900). Freud unterscheidet zwischen bewusst (bw), vorbewusst (vbw) und unbewusst (ubw). Eine nunmehr differenzierte Behandlungstechnik soll dazu dienen, unbewusste bzw. vorbewusste Inhalte bewusst zu machen. Freud entwickelt ferner eine Theorie der frühkindlichen Entwicklung (Phasenlehre).
4. Mit der Schrift »Das Ich und das Es« (1923) beginnt die Lehre der sog. *Strukturellen Theorie*. Freud entwickelt seine bekannte Persönlichkeitstheorie mit *Es, Ich* und *Über-Ich* und sieht im (weitgehend unbewussten) Es (sprich: Ees) den Sitz der antagonistischen Triebe *Eros* (gr. Liebe) und *Thanatos* (gr. Tod), im Über-Ich die Gewissensinstanz und im Ich den »Kampfplatz« zwischen den Ansprüchen der Triebe und des Über-Ichs.

An sehr vielen verschiedenen Themen kann die ideengeschichtliche Entwicklung der Psychoanalyse beschrieben werden. Im Folgenden sollen exemplarisch die Wandlungen in den Auffassungen Freuds am Beispiel der Aggression studiert werden, da sich die Veränderungen in seinen theoretischen Modellen an diesem Thema besonders deutlich darstellen lassen und sogar in praktischen Konsequenzen niederschlagen.

Freuds Menschenbild seiner ersten größeren psychoanalytischen Abhandlungen (»Traumdeutung« 1900, »Zur Psychopathologie des Alltagslebens« 1901, »Der Witz und seine Beziehung zum Unbewussten« 1905) war durch das Vorherrschen libidinöser Energien gekennzeichnet. Das Kind durchläuft in seiner Entwicklung verschiedene Phasen, bei denen aber durchaus Aggressionen auftreten können. In seinen »Drei Abhandlungen zur Sexualtheorie« (1905) beschreibt Freud z. B. Wut- und Hassgefühle der Kinder bei der Reinlichkeitserziehung in der sog. analen Phase. Diese Gefühle können durchaus in Grausamkeiten ihren Ausdruck finden, da die Fähigkeit zum Mitleid beim Kleinkind noch wenig ausgebildet ist – wie Freud meint.

Der frühe Freud sieht Aggression *nicht* als eigenständigen Trieb neben der Libido, sondern er nimmt an, dass Aggression instrumentell als Begleiterscheinung der Libido zur Überwindung von Hindernissen auf dem Weg zum Lustgewinn auftritt. Aggression tritt nicht »von selbst« auf, sondern als Reaktion auf Hindernisse, Frustrationen. Freud denkt an einen »Bemächtigungstrieb« als Komponente des Sexualtriebes, die im Falle des Sadismus »an die Hauptstelle gerückt« ist. Im Falle des Masochismus sei diese Komponente durch Fehlentwicklungen auf die Person selbst gerichtet. Erst mehr als dreißig Jahre später wird Freuds These, Aggression sei das Resultat von Frustrationen, von einer Forschergruppe an der Yale University aufgegriffen und zur Frustrations-Aggressionstheorie erweitert (Dollard u. a. 1939, deutsch 1970, s. u.).

Einige Jahre nach seinen ersten Ausführungen über Sexualität und Aggression modifiziert Freud seine Persönlichkeitstheorie. In »Triebe und Triebschicksale« (1915) beschreibt er den menschlichen Hass, den er im »Ich« lokalisiert. Das »Ich« hasse, verabscheue und verfolge alle Objekte mit Zerstörungsabsichten, die ihm zur Quelle von Unlustempfinden werden. In dieser Schrift deutet sich bereits die Abspaltung eines nichtsexuellen Aggressionstriebes an.

Wenn heute von der psychoanalytischen Aggressionstheorie die Rede ist, dann ist in der Regel die dritte Triebtheorie gemeint, die Freud erst recht spät – vermutlich unter dem Eindruck der Grausamkeiten des ersten Weltkrieges – entwickelte. In »Jenseits des Lustprinzips« (1920) und »Das Ich und das Es« (1923) beschreibt er – zunächst zögernd und unsicher – die Struktur der Persönlichkeit. Das Es ist nunmehr der Sitz *zweier* Triebe, des Eros, der auf Lebenserhaltung und Fortpflanzung ausgerichtet ist, und des Todestriebes (Thanatos), der auf die Umwandlung des Lebendigen zur anorganischen Ruhe ausgerichtet ist. Eros und Thanatos sind nach Freud Gegenspieler, die als Grundmächte des menschlichen Daseins den Lebenslauf eines Menschen bestimmen.

Nach Freuds dritter Triebtheorie sind Eros und Thanatos in jedem Menschen als Energie vorhanden. Je nach gerade vorhandener Energiemenge sind Personen bereit, gegen Objekte ihrer Umgebung aggressiv zu handeln. Somit ist Aggression naturgegeben und unvermeidbar. Allerdings sind die Erziehungsprozesse für die Steuerung der Aggression wesentlich. Dass sich Aggressionen nur dort entladen sollten, wo sie gesellschaftlich gebilligt werden – z. B. beim Sport – muss nach dieser psychoanalytischen Lehre als Konsequenz einleuchten. In der Tat ist diese sog. Katharsis-Hypothese nicht nur in der späteren psychoanalytischen Literatur, sondern ähnlich z. B. auch bei Ethologen, wie z. B. Konrad Lorenz, zu finden. Die Bedeutung des Katharsis-Begriffs geht auf Aristoteles zurück, der damit die reinigenden Wirkungen, welche die griechische Tragödie auf die Zuschauer ausüben sollte, kennzeichnen wollte. Die Untersuchung der Katharsis-Hypothese ist von eminent praktischer Bedeutung bei Bemühungen um Vermeidung der Aggressionsbereitschaft, aber sie ist nach wie vor umstritten und kann keineswegs als erwiesen gelten.

Anhänger der Katharsis-Hypothese sprechen sich für das sozial gebilligte Ausleben von Aggressionen – z. B. im Sport – aus, um »Aggressionsstau« abzubauen, dagegen argumentieren Lerntheoretiker (s. u.), dass durch Aggression in gebilligten Bereichen möglicherweise nur Aggression *eingeübt* wird; das heißt, dass die Aggressionsbereitschaft nicht sinkt, sondern steigt. Selbst wenn man aus eigener Lebenserfahrung mit dem befreienden Gefühl des »Dampf-Ablassens« aus frustrierenden Alltagssituationen gut vertraut ist; ein Beweis für eine Reduktion aggressiven *Verhaltens* ist dies noch nicht. Viele Faktoren spielen eine Rolle: Der zeitliche Abstand, die Art der Aggressionsverursachung, Möglichkeiten zur Vergeltung, Schuldgefühle, Macht usw.

Inzwischen sind verschiedene experimentelle Untersuchungen zur Katharsis-Hypothese durchgeführt worden – durchweg von Nicht-Psychoanalytikern. Ein typisches Experiment sieht so aus, dass Versuchspersonen in einer Kontrollgruppe nicht frustriert werden, während Versuchspersonen in einer Experimentalgruppe durch Frustrationen, wie z. B. Beleidigungen, zu Aggressionen veranlasst werden. Es wird z. B. dann bei einer erneuten Frustration geprüft, ob Personen, die sich vorher aggressiv verhielten, dies bei erneuter Frustration nicht mehr tun. Durch die Mehrdeutigkeit der Ergebnisse, aber auch aus forschungsmethodischen Gründen wird sofort klar, wie wenig brauchbar derartige Experimente zur Bestätigung der Katharsis-Hypothese sind. »Eines erscheint sicher: Es gibt keine experimentellen Befunde, welche die Annahme von kathartischen Prozessen unbedingt erforderlich machen und anders nicht zu erklären sind. Ingesamt gesehen scheint es zumindest theoretisch sparsamer, auf diese Annahme zu verzichten« (Dann, 1972, S. 77).

3.5.3 Erkenntnistheoretische Grundlagen der Psychoanalyse

Kurz gefasst kann man sagen, dass Freud mit seiner physiologischen Ausbildung in der Tradition naturwissenschaftlichen Denkens stand und dass er annahm, seine psychoanalytische Methode sei gegenüber den üblichen naturwissenschaftlichen Methoden überlegen. Sein Bemühen war durchaus auch darauf gerichtet, der Psychoanalyse als Theorie, als Diagnose- und Behandlungsmethode sowie als Bewegung in der akademischen Psychologie zur Anerkennung zu verhelfen. Freud sperrte sich jedoch gegen experimentelle Untersuchungen, standardisierte Tests und sogar gegen Begleitforschung zur Überprüfung des Therapieerfolges.

In der therapeutischen Praxis deutet der Therapeut die vom Patienten dargestellten Erinnerungen. Dieser Deutungsprozess hat große Ähnlichkeit mit hermeneutischen Interpretationen, wie sie die Geisteswissenschaften entwickelt haben. Auch Freuds eigene geisteswissenschaftliche Neigungen und sein vorzüglicher Sprachstil legen zumindest die Hypothese nahe, dass die Psychoanalyse eher geisteswissenschaftliche Grundlagen hat. Gegen die Hermeneutik spricht allerdings, dass nicht vorliegende, sondern gesprochene Texte interpretiert werden und dass der Therapeut als Interpret am Zustandekommen der »Texte« aktiv beteiligt ist.

In den Lehren von Brentano, Fechner, Helmholtz und anderen hatten akademische Psychologie und Psychoanalyse die gleichen Wurzeln. Freud nahm jedoch auf die akademische Psychologie seiner Zeit kaum Bezug. Die Divergenz zwischen akademischer Psychologie und Psychoanalyse bestand aber kaum in den zentralen Konzepten – so war der für Freud zentrale Begriff des Unbewussten durchaus auch bei Psychologen wie Gustav Theodor Fechner, Carl Gustav Carus, Eduard von Hartmann, William Stern und anderen zu finden. Sie lag eher im methodischen Zugang: Nach Freud konnte die »psychische Realität« nicht im Experiment erfasst werden. Allein die psychoanalytische Behandlungssituation gestattete für ihn die Einsicht in die psychischen Mechanismen. Auch die Ausbildung in Psychoanalyse war für Freud nur durch diese Situation möglich, wenngleich er selbst hiervon Ausnahmen gestattete und die psychoanalytische Deutungsmethode selbst schon sehr früh auf Künstlerbiographien und dichterische Erzeugnisse anwandte.

In zwei Büchern mit praktisch gleich lautenden Titeln (Elliger, 1986; Nitzschke, 1989) ist das Verhältnis von Freud zur akademischen Psychologie beleuchtet worden. Diese Arbeiten zeigen zumindest zwei Dinge sehr deutlich: Zum einen wird die große Ähnlichkeit zwischen Freuds zentralen Konzepten und denen von Schopenhauer, Nietzsche, Fechner, Eduard von Hartmann und anderen so deutlich, dass das Bemühen vieler Psychoanalytiker, die Psychoanalyse als mehr oder weniger autarke Schöpfung Sigmund Freuds hinzustellen, unangemessen ist. Freud übernahm viele Begriffe, Ideen und Methoden von älteren Autoren, Kollegen und Schülern, freilich ohne immer korrekt auf die Quellen hinzuweisen.

Zum zweiten zeigt die Beschäftigung mit Freud und seinen akademischen Zeitgenossen, dass nicht nur Freud Vorbehalte gegenüber der Psychologie hatte, sondern diese ihrerseits auf Distanz zur Psychoanalyse ging. Während Freud in der Berggasse seine Schüler um sich versammelte, erlebte die Psychologie an der benachbarten Universität in den Jahren 1922–1938 mit Karl und Charlotte Bühler ihre große Zeit. Karl Bühler war zwar aufgeschlossen gegenüber der Geisteswissenschaftlichen Psychologie eines Eduard Spranger, seine Einstellung zur Psychoanalyse war aber differenziert-kritisch (Bühler, 1927, S. 162ff.). Mehrere Studenten und Studentinnen Bühlers haben berichtet, dass die psychoanalytische Theorie nie Gegenstand in Prüfungen war. Mehr noch: Es war sogar riskant, psychoanalytische Begriffe zu verwenden. Lotte Schenk-Danzinger (1905–1992), eine ehemalige Mitarbeiterin von Charlotte Bühler, erinnerte sich:

»Die Beziehungen zu den tiefenpsychologischen Schulen waren mehr als distanziert. Die Individualpsychologie, die großen Einfluß auf das Schulwesen hatte, weil ihre pädagogischen Postulate – positive Verstärkungen, Verständnis und Gemeinschaftserziehung – den Reformbestrebungen sehr entgegenkamen, wurde »geduldet« und eher ignoriert. Zur Psychoanalyse nahm man offiziell eine Abwehrstellung ein ...« (Schenk-Danzinger, 1983, S. 43).

Lotte Schenk-Danzinger hat aber auch darauf hingewiesen, dass es inoffiziell viele Kontakte zwischen der Universitäts-Psychologie und den Tiefenpsychologen gab, nur habe man davon natürlich im Psychologischen Institut nichts erzählen dürfen. Lieselotte Frankl z. B. studierte an der Universität, führte im Bühler-Institut eine Studie über albanische Kinder durch, stand aber zur gleichen Zeit in einer psychoanalytischen Ausbildung zur Therapeutin (sog. Lehranalyse) und schloss sich nach ihrer erzwungenen Emigration später dem Kreis um Anna Freud an (vgl. Schenk-Danzinger, 1983, S. 43).

Einer der wenigen akademischen Psychologen, der sich intensiv und differenziert mit Psychoanalyse und Individualpsychologie auseinandergesetzt hat, war William Stern. Stern und Freud sind sich persönlich mindestens zweimal begegnet. Im Jahr 1909 reisten sie mit dem gleichen Schiff, um an der Clark University Festvorträge zu halten, an die sie von Stanley Hall zusammen mit C. G. Jung eingeladen worden waren. Stern besuchte Freud im Jahr 1928 und schrieb an seinen Freund Jonas

3.5 Psychoanalyse

Cohn, er habe »ein 2stündiges Gespräch mit Freud, bei aller Gegensätzlichkeit in d. angenehmsten Formen« geführt. Stern hatte schon in seiner Rezension der Traumdeutung eine gewisse Anerkennung der Methode und der Ergebnisse Freuds erkennen lassen, jedoch lehnte Stern grundsätzlich ab, allen möglichen und unmöglichen Trauminhalten einen sexuellen Sinn zu unterlegen (vgl. Geuter und Nitzschke, 1989; Graf-Nold, 1991).

Wissenschaft wächst und reift durch Kontroversen. Bei einer der ersten größeren Kontroversen, die zwischen akademischer Psychologie und Psychoanalyse stattfand, war das Ergebnis allerdings in erster Linie eine Verhärtung der Fronten. Gemeint ist der Breslauer Aufruf gegen die Psychoanalyse unter Anführung von William . Bei der Jahresversammlung des »Deutschen Vereins für Psychiatrie« im Mai 1913 in Breslau sowie im Oktober des gleichen Jahres anlässlich des Dritten Deutschen Kongresses für Jugendbildung und Jugendkunde hatte Stern sich in Referaten und Diskussionsbeiträgen, schließlich in Form einer wohl von ihm initiierten Resolution gegen die Psychoanalyse ausgesprochen. Im Inhalt ging es um Warnungen vor der Kinder- und Jugendpsychoanalyse, veranlasst durch Fallanalysen wie die zum »kleinen Hans« und Arbeiten der ersten Kinderanalytikerin Hermine Hug-Hellmuth (vgl. Graf-Nold, 1988, S. 207ff.).

Hermine Hug-Hellmuth, geb. mit dem Namen Hermine Hug von Hugenstein (1871–1922), muss als erste Kinderanalytikerin angesehen werden. Sie war eine der ersten Frauen in Freuds Kreis und wurde bekannt durch die Herausgabe des für damalige Verhältnisse recht freizügigen »Tagebuchs eines halbwüchsigen Mädchens« (1919), das von Freud als »kleines Juwel« gelobt wurde. Dem Vorwurf der Tagebuchfälschung konnte Hug-Hellmuth nur unzureichend begegnen. Der Internationale Psychoanalytische Verlag zog das Buch schließlich vom Markt. Hug-Hellmuth wurde von ihrem Neffen, den sie selbst analytisch behandelt hatte, ermordet.

Es ging aber in diesem Angriff der Pädagogen und Psychologen gegen die Psychoanalyse auch um einen »professionellen Territorialstreit« (Geuter & Nitzschke, 1989, S. 113). Aus der Sicht der akademischen Psychologie (wie übrigens auch der Medizin) hatte sich die Psychoanalyse zu breit gemacht und viele Anhänger gewonnen. Bezeichnenderweise sprach Stern nicht nur von den Gefahren und vom unheilbaren Schaden durch die Psychoanalyse, sondern auch von »Übergriffen« der Psychoanalyse, die »mit Wissenschaft überhaupt nichts mehr zu tun« habe.

3.5.4 Grundzüge der Triebmechanik

Freuds Triebtheorien sind immer wieder scharf kritisiert worden. Während in den ersten Jahren der Psychoanalyse die Kritik eher aus weltanschaulichen Gründen erfolgte, stellten spätere Kritiker die prinzipielle Unbeweisbarkeit und Unwiderlegbarkeit von Triebtheorien heraus. Durch »kunstvolles Jonglieren« mit den beiden Triebkräften lässt sich tatsächlich alles »beweisen«, wobei es sich streng genommen nie um Beweise i. S. nomologischer Aussagen handelte, da die Freud'schen Begriffe – wie wir aus dem Beispiel der Katharsis ersehen haben – kaum operationalisiert und nur schwer empirisch untersucht werden können, ohne dass der psychoanalytischen Theorie zu viel Gewalt angetan wird.

Ein zentraler Begriff in Freuds Triebmechanik ist die *Verdrängung*; es ist ohne weiteres möglich, Freuds Lehre unter dem Leitthema der Verdrängung darzustellen (vgl. Pongratz, 1983, S. 13ff.). Freud hielt die Erkenntnis des Verdrängungsprozesses für seine eigene Entdeckung, obwohl der Vorgang des Verdrängens von bewussten Inhalten ins Unbewusste schon lange vor Freud von Herbart und von Schopenhauer beschrieben wurden. Als Freud von seinem Schüler Otto Rank auf eine entsprechende Textstelle in Schopenhauers Buch »Die Welt als Wille und Vorstellung« (1819) aufmerksam gemacht wurde, meinte Freud, er habe diese Stelle nicht gelesen, aber andere hätten sie gelesen und über sie hinweg gelesen, ohne diese Entdeckung zu machen.

In seinen frühen Arbeiten definiert Freud die Verdrängung als Erinnerungsabwehr; der Begriff der Abwehr wird eine Zeit lang synonym mit dem der Verdrängung verwendet, später erhält »Abwehr« die Bedeutung des Oberbegriffs. Verdrängung wird im Gegensatz zur Unterdrückung als unbewusster Vorgang und als wichtigste Form der Abwehr angesehen.

3.5.5 Grundzüge der psychoanalytischen Diagnostik

Bis heute hat die klassische Psychoanalyse seit Freud an der psychoanalytischen Gesprächssituation festgehalten: Der Patient liegt auf der Couch, berichtet über Träume, Kindheitserinnerungen, Konflikte und stellt in der Behandlungssituation früher erlebte Beziehungskonstellationen in der Beziehung zum Analytiker wieder her. Der Analytiker sitzt ohne Blickkontakt am Kopfende, macht Notizen, fragt nach, bietet Deutungen an. Diese Behandlungssituation sollte nach Freud nicht gestört werden, weder durch andere Personen, noch durch Telefon, Tonbandgeräte oder Ähnliches. Gegen therapeutische Kunstfehler gab es nach Freud nur einen Schutz: die langjährige Lehranalyse des zukünftigen Therapeuten.

Zugänge zum Vor- und Unbewussten erhält die psychoanalytische Behandlung durch Deutung von Fehlleistungen, Kindheitserinnerungen, besonders aber von Traumsymbolen. Die Deutung der freien Assoziationen des Patienten in psychoanalytischer Behandlung lässt einzelne Traumelemente als Symbole für Wünsche erkennen, die ins Unbewusste, oder zumindest ins Vorbewusste verdrängt wurden. Therapeutisch sieht Freud die Deutung dieser Trauminhalte als Weg zur Heilung. Wenngleich Freud in seiner »Traumdeutung« eine Fülle von Traumsymbolen liefert, wie z. B. Zimmer für Frauenzimmer, Schlüssel für Penis, Schwimmen für Wiederholen der Lust des Bettnässens usw., so muss hier doch auf die zeitlich-kulturelle Gebundenheit der Traumsymbolik und auf die Tatsache hingewiesen werden, dass die Deutung von Träumen nach Freud sinnvoll nur in der psychoanalytischen Behandlung erfolgen kann. Allerdings haben Freud und seine Schüler auch an historischem Material (Literatur, Dichtung, Märchen usw.) psychoanalytische Traumdeutung betrieben. Die neuere psychoanalytische Traumsymbolforschung nimmt gelegentlich auch Bezug auf Ergebnisse der experimentellen Schlafforschung.

Freud wehrt sich gegen die Verbindung von Therapie und psychologischer Diagnostik, wie sie seit Anfang des Jahrhunderts entwickelt worden war. Es waren daher jüngere Psychoanalytiker und psychoanalytisch interessierte Diagnostiker, die versuchten, auf der Grundlage (oder wenigstens in Kenntnis) der psychoanalytischen Theorie Tests zu entwickeln: Hermann Rorschach, Hans Zulliger, Leopold Szondi, Saul Rosenzweig und andere.

Literaturempfehlungen zu Kap. 3.5

Freud, S. (1971). »*Selbstdarstellung*«. *Schriften zur Geschichte der Psychoanalyse.* Herausgegeben und eingeleitet von Ilse Grubrich-Simitis, Frankfurt: Fischer Taschenbuch Verlag.
Nitzschke, B. (Hrsg.). (2011). *Die Psychoanalyse Sigmund Freuds. Konzepte und Begriffe.* Wiesbaden: Verlag für Sozialwissenschaften.
Pongratz, L. J. (1983). *Hauptströmungen der Tiefenpsychologie.* Stuttgart: Alfred Kröner.

3.6 Individualpsychologie

Die Individualpsychologie Alfred Adlers zählt neben der Psychoanalyse Sigmund Freuds und der Analytischen Psychologie C. G. Jungs zu den drei Hauptströmungen der Tiefenpsychologie. Der Begriff der Individualpsychologie verleitet leider zu Missverständnissen. Wird manchmal von »Individualpsychologie« als Gegensatz zur Sozialpsychologie gesprochen, so ist Individualpsychologie hier die Bezeichnung der von Adler begründeten Lehre.

3.6.1 Zur Biographie Alfred Adlers

Alfred Adler wurde 1870 in einem Wiener Vorort als zweites von sechs Kindern eines jüdischen Getreidehändlers, der sich in einer finanziell ungünstigen Lage befand, geboren. Die Familie kann zu den assimilierten Juden gerechnet werden. (Adler selbst ließ sich 1904 taufen.) Alfred Adler wuchs als wenig behütetes Kind auf und litt an Rachitis und Stimmritzenkrämpfen, mit fünf Jahren hatte er eine Lungenentzündung. Viele Autoren haben Adlers Kindheitserfahrungen und seine eher untersetzte Gestalt mit Adlers Lehre von der Organminderwertigkeit und deren Überwindung in Verbindung gebracht. Der Gedanke, dass eine psychologische Theorie auf ihren Begründer »passt«, ist für Adler besonders naheliegend: »Leben und Werk Adlers bilden

3.6 Individualpsychologie

eine Einheit« (Pongratz, 1983, S. 195). Adlers eigenes Bestreben, das Gefühl der Minderwertigkeit zu überwinden, kann natürlich auch auf seine Zugehörigkeit zur Gruppe der chassidischen Juden bezogen werden. Aufgrund der Herkunft und der Wohnlage der Familie hatte Adler als Kind allerdings weniger unter Benachteiligungen durch den allgemein stärker werdenden Antisemitismus zu leiden. So wuchs Alfed Adler nicht so sehr mit einer bewusst jüdischen Identität, sondern wohl eher als »waschechter« Wiener auf.

1888 schreibt sich Adler für das Studium der Medizin ein, absolviert sein Studium, leistet Wehrdienst, versucht sich als Augenarzt niederzulassen und eröffnet dann eine Praxis für allgemeine Medizin in der Nähe der Praterstraße (II. Bezirk), wo er die dort lebenden Menschen behandelt: Angehörige der Unter- und Mittelschicht, Juden und gelegentlich Artisten vom nahegelegenen Prater.

Schon als Student gehörte Adler zum Sozialistischen Studentenbund. Die direkten Kontakte mit Patienten aus einfacheren Verhältnissen prägten zusätzlich Adlers sozialreformerische Gesinnung. Von erheblichem Einfluss auf Adlers politisches Denken war seine Frau Raissa, eine überzeugte Sozialistin, die aus einer wohlhabenden Moskauer Familie stammte.

Adlers erste Veröffentlichung ist eine gut 30 Seiten umfassende Kleinschrift, die den anspruchsvollen Titel »Gesundheitsbuch für das Schneidergewerbe« (1898) trägt. Adler stellt die typischen Berufskrankheiten dar und fordert vielfältige gesundheitspolitische Maßnahmen zur Verbesserung der Situation im Schneiderberuf. Adler beginnt kurze Zeit später, Leitartikel mit verwandten Themen für eine medizinische Zeitschrift zu verfassen.

In diese Zeit fällt die Einladung Sigmund Freuds. 1902 wird Adler gebeten, an den Sitzungen der Mittwochsgesellschaft Sigmund Freuds teilzunehmen. Die Gründe für diese Einladung sind nicht ganz klar, doch hatte Adler Freud schon zuvor bei einem Vortrag in der Medizinischen Fakultät gehört und sich mündlich und schriftlich dafür ausgesprochen, man solle Freuds Thesen ernst nehmen.

Schon bald entwickelt sich Adler zu einem der aktivsten und eloquentesten Teilnehmer der Mittwochsgesellschaft. Freud schätzt Adlers abweichende Ideen, schließlich erweist sich Adler als belesen, mit vielen Strömungen vertraut und mit vielen Menschen bekannt. Die überlieferten Protokolle der kleinen Gruppe lassen vermuten, dass Adler mit seinen engagierten Referaten und Diskussionsbeiträgen die Sympathien vieler Mitglieder genoss. Adlers Schrift über Organminderwertigkeit fand Freuds Anerkennung. Adler wurde 1910 zum Präsidenten der *Wiener Vereinigung für Psychoanalyse* gewählt. Gleichzeitig wurde er zu einem der Schriftleiter des *Centralblattes für Psychoanalyse* ernannt. Doch war in dieser Zeit das Verhältnis zwischen Freud und Adler bereits sehr angespannt, so dass die Übergabe von Ämtern an Adler vielleicht eher als Versuch Freuds verstanden werden muss, Adler durch verantwortungsvolle Aufgaben stärker an die orthodoxe Psychoanalyse zu binden.

Differenzen mit Freud in grundlegenden Fragen führten bereits 1911 zur Trennung. In zwei Referaten hatte Adler die Sexualtheorie Freuds einer scharfen Kritik unterzogen; in den Sommermonaten trat Adler von allen Ämtern zurück, im Oktober schied er zusammen mit einigen ähnlich denkenden Mitgliedern aus der Psychoanalytischen Vereinigung aus. Noch im gleichen Jahr gründete Adler einen *Verein für freie Psychoanalyse,* zwei Jahre später zur Abhebung von Freud in *Verein für Vergleichende Individualpsychologie* umbenannt. Der Begriff der Individualpsychologie wurde gewählt, um im Gegensatz zu Freuds »zerlegender« (analytischer) Psychologie die Unteilbarkeit (lat. dividere = teilen) des einzelnen Individuums zu betonen. Jahre später soll Adler gesagt haben, er würde inzwischen eine Bezeichnung wie »Holistische Psychologie« vorziehen, um die Ganzheitlichkeit seines Ansatzes zu kennzeichnen.

Adler strebte – wie Freud – eine akademische Laufbahn an und scheiterte – wie Freud, wenn auch aus etwas anderen Gründen. Im Jahr 1912, also nach der Trennung von Freud, wollte Adler sich in der Medizinischen Fakultät der Universität Wien mit seinem Werk »Über den nervösen Charakter« für Neurologie habilitieren. Er scheiterte aber an einem negativen Gutachten des Psychiaters Julius Wagner von Jauregg (1857–1940). Dieses Gutachten enthält neben einigen anerkennenden Worten praktisch eine vernichtende Kritik an Adlers Lehre (vgl. Handlbauer, 1984, S. 103–106).

Adler setzte sich trotz – oder gerade wegen – dieses persönlichen Misserfolgs aktiv für die Verbreitung seiner Lehre ein. Sein wichtigstes Mittel hierzu waren Vorträge und Seminare, vor allem vor Lehrern und Erziehern. Es ist übereinstimmend berichtet worden, dass Adler ein begnadeter Redner war und seine Zuhörer fesseln konnte. Bemerkenswert war offensichtlich auch sein Einfühlungsvermögen; so konnte er in Beratungssituationen Konflikte und Probleme schnell erkennen, benennen und gezielt Rat geben. Einzelne Beratungsfälle waren wiederum Inhalt von Vorträgen und Veröffentlichungen.

Die Wiener Schulreform der zwanziger Jahre ist eng mit der Individualpsychologie verbunden. Hatte sich Adler stets gegen eine Verbindung der Individualpsychologie mit einer parteipolitischen Richtung gewandt, so war es doch die Sozialdemokratische Partei Österreichs, die im »roten Wien« den Ausbau der individualpsychologisch-praktischen Arbeit begünstigte. So entstanden allein in Wien bis zum Ende der zwanziger Jahre fast 30 Erziehungsberatungsstellen, die kostenfrei arbeiteten. Adler selbst führte regelmäßig Beratungen durch. Bemerkenswert ist, dass diese Beratungen öffentlich durchgeführt wurden. So saß der Berater/Therapeut z. B. mit Mutter und Kind vor einem Auditorium, aus dem durchaus Fragen und Ratschläge an die Betroffenen gerichtet werden konnten. Auf diese heute ganz unvorstellbare Art lernten viele Lehrer, Erzieher und Psychologiestudenten die individualpsychologische Praxis unmittelbar kennen und schätzen.

Adlers Publikationen sind z. T. aus diesen Beratungsgesprächen hervorgegangen. Die Schriften sind daher heterogen, in der Kasuistik oft fesselnd, aber doch oft unsystematisch. Es ist Adler nicht gelungen (und es war vielleicht auch nie sein Ziel), seine Lehre systematisch darzulegen. Seine späteren Buchpublikationen, wie »Menschenkenntnis« (1927) und »Der Sinn des Lebens« (1931) fanden allerdings weite Verbreitung.

Im Jahr 1932 erhält Adler in den USA eine Gastprofessur, 1936 emigriert er mit seiner Familie dorthin und stirbt 1937 während einer Vortragsreise in Aberdeen. In einem Brief an den

Schriftsteller Arnold Zweig schreibt Sigmund Freud am 22. Juni 1937:

»Aber ihr Mitleid für Adler begreife ich nicht! Für einen Juden aus einem Wiener Vorort ist ein Tod in Aberdeen, Schottland, eine unerhörte Karriere und ein Beweis, wie weit er es gebracht hat. Wirklich hat ihn die Mitwelt für das Verdienst, der Analyse widersprochen zu haben, reichlich belohnt« (Jones, 1960–1962, Bd. 3, S. 255).

3.6.2 Grundzüge der Lehre

Wenngleich in Adlers Schriften – ähnlich wie bei Freud – nicht immer genau die Quellen angegeben werden, auf die sich der Autor bezieht, so können doch neben den allgemein-kulturellen Einflüssen durch die Kulturmetropole Wien einige Richtungen und Autoren von Einfluss herausgestellt werden. Pongratz (1983, S. 202) nennt Friedrich Nietzsche (1844–1900), Hans Vaihinger (1852–1933) und Jan Christian Smuts (1870–1950) als zeitgenössische Philosophen, die Adlers Denken beeinflusst haben.

Tatsächlich finden sich bei Nietzsche Thesen in dichterischer, z. T. aphoristischer Form, die Adlers Lehre vom Minderwertigkeitsgefühl sehr nahe kommen. Der von Nietzsche beschriebene *Wille zur Macht* wird von Adler im Sinne einer Folge des Minderwertigkeitsgefühls interpretiert. Aber Adler übernimmt Nietzsches Vorstellungen nur zu einem gewissen Grad, da Nietzsches Betonung des Machtstrebens mit dem von Adler später immer stärker betonten Streben nach menschlicher Gemeinschaft nicht in ein Gleichgewicht zu bringen ist.

Hans Vaihingers Hauptwerk hat den etwas merkwürdig klingenden Titel »Die Philosophie des Als-Ob«. Vaihinger entwickelt darin unter Bezug auf Kant und Schopenhauer seine Lehre des *Fiktionalismus.* Menschliches Denken beinhaltet nach Vaihinger immer Fiktionen, d. h. falsche und z. T. widersprüchliche Vorstellungen und Empfindungen; in der Mathematik wird von der unendlich kleinen Zahl, in den Rechtswissenschaften von der juristischen Person und in der Psychologie von isoliert gedachten menschlichen Eigenschaften gesprochen. Solche Annahmen oder Vorstellungen lassen sich nicht beweisen, sie sind aber praktisch, d. h. nützlich. Überhaupt – so Vaihinger – könne die

3.6 Individualpsychologie

Menschheit ohne Fiktionen nicht existieren. Adler greift nun den Fiktionsbegriff auf und nutzt ihn in spezifischer Weise, nämlich in seiner Neurosenlehre. Für den Neurotiker hat die Fiktion die Bedeutung der Wirklichkeit selbst – ähnlich wie beim Kind oder beim Primitiven. Wenn heute Begriffe wie Hologramm, holistisch und Holismus in aller Munde sind, dann wird eher auf Autoren wie Ken Wilber Bezug genommen, als auf den südafrikanischen Philosophen und späteren Politiker Jan Christian Smuts (1870–1950). Smuts prägte jedoch in den zwanziger Jahren den Begriff »Holismus« und nahm ein kosmisches, ganzheitliches Prinzip an, von dem er alle Erscheinungen bis hin zur belebten Materie ableitete. Adler nimmt in seinem Buch »Der Sinn des Lebens« (1931) gelegentlich auf Smuts Bezug, wenn er von der organismischen Einheit des Menschen und von dem fortdauernden Bestreben des Menschen spricht,

»sich mit den Forderungen der Außenwelt siegreich auseinanderzusetzen, den Tod zu überwinden, einer idealen, dazu geeigneten Endform zuzustreben und gemeinsam mit den dazu in der Evolution vorbereiteten Kräften des Körpers, in gegenseitiger Beeinflussung und Hilfe, ein Ziel der Überlegenheit, der Vollkommenheit, der Sicherheit zu erreichen« (Adler, 1973, S. 54).

Sucht man neben der Philosophie nach Einflüssen der zeitgenössischen Psychologie auf Adlers Werk, so fällt auf, dass Adler wenig auf Psychologen seiner Zeit Bezug nimmt. Auch nach dem Zerwürfnis mit Freud bezieht sich Adler – gelegentlich kritisch-distanziert – auf Freud. Eine gewisse Wertschätzung der Gestaltpsychologie lässt sich hier und da bei Adler finden. Der Grund hierfür liegt in Adlers Versuch einer ganzheitlichen Sicht und in der mit Gestaltpsychologen übereinstimmenden Ablehnung elementaristischen Denkens. (So war es wohl kein Zufall, dass es ein Gestaltpsychologe war, der nach dem Zweiten Weltkrieg in der Bundesrepublik der Lehre Adlers zu Anerkennung und Verbreitung verhalf: Wolfgang Metzger.) Häufiger hat sich Adler anerkennend über William Stern geäußert; gemeinsam war dem Menschenbild von Adler und Stern die Betonung teleologischer Grundannahmen. Mit der Betonung des menschlichen Strebens nach Glück, Gemeinschaft und Vollkommenheit nimmt Adler Grundzüge der Humanistischen Psychologie vorweg, die erst

Jahrzehnte später weite Bereiche der Klinischen Psychologie in Abhebung von Psychoanalyse und Behaviorismus prägen sollten (vgl. Titze, 1984).

Gern wird Adlers Lehre mit einer Handvoll Schlagworten wie *Minderwertigkeitskomplex, Machtstreben* und *männlicher Protest* abgehandelt. Dabei geht oft unter, wo die geistigen Ursprünge für diese zentralen Begriffe zu suchen sind, wie sie von Adler entwickelt und modifiziert wurden. Dies kann leider im Folgenden nicht geleistet werden, lediglich einige Aspekte seien skizziert.

Adlers Menschenbild ist ganzheitlich (holistisch) und dynamisch-zielorientiert (final). Adler sieht die menschliche Entwicklung (nicht menschliche Eigenschaften oder Merkmale), er will nicht analysieren, zergliedern, sondern das Individuum ganzheitlich in den Lebenszusammenhängen erfassen. Der Organismus ist in ständiger Bewegung (Herzmuskel, Atmung usw.), er wird aber nicht von außen angetrieben, sondern ist aktiv, hat Ziele, zeigt Bewegung, die *Um-zu-Charakter* hat. Der Mensch möchte Mängellagen überwinden, möchte Macht, Anerkennung, Glück, Vollkommenheit erreichen, von einer *Minus-Lage* zu einer *Plus-Lage* wechseln. Natürlich sind nicht alle Ziele erreichbar; schnell stößt der Mensch an Grenzen, die z. T. naturgegeben durch die soziale Umwelt entstanden sind.

In seiner ersten größeren Schrift »Studie über die Minderwertigkeit von Organen« (1907) beschreibt Adler das Phänomen des Ausgleichs von Organminderwertigkeiten zunächst unter medizinischem Aspekt: Die Funktion einer schwächeren Niere wird durch die verstärkte Leistung der anderen ausgeglichen. In bestimmten engen Bereichen gibt es sogar die Übernahme von Funktionen durch andere Organe. So lässt sich bei Personen, die ohne Hände geboren wurden, eine erstaunliche Geschicklichkeit beim Gebrauch der Füße feststellen. Eine ursprüngliche Schwäche kann aber auch durch Anstrengungen im eigentlichen Gebiet ausgeglichen werden. Hierbei kann es durchaus zu Leistungen kommen, die über dem liegen, was bei einer normalen Konstitution zu erwarten gewesen wäre: Maler mit Sehfehlern, Musiker mit Hörfehlern, der griechische Politiker Demosthenes (383–322 v. Chr.), der trotz – oder gerade wegen? – seines Sprachfehlers zu einem der bedeutendsten Redner der Antike wurde. Solche Kompensationen, die zu überdurchschnittlichen Leistungen führen, werden als *Überkompensationen* bezeichnet.

Typisch für die Neurose ist nach Adler eine Form der Überkompensation, die unrealistisch, unnütz ist. Das Kind, das wegen Unfähigkeit oder ungenügender Leistungen ständig bestraft wird, flüchtet sich in eine Phantasiewelt, in der es begabt, tüchtig und den Eltern weit überlegen ist. Diese Überkompensation in Form der Selbsttäuschung, der Fiktion ist natürlich keine echte Überkompensation, man kann und sollte sie als Fehlkompensation bezeichnen.

Trotz dieser fiktiven Kompensationen ist für Adler das Gefühl der Minderwertigkeit die zentrale Quelle menschlichen Strebens. »Menschsein heißt, sich minderwertig fühlen« heißt es in einer von Adlers Schriften. Dem Gefühl der Minderwertigkeit kann niemand entgehen: Das Kind muss erkennen, dass es Dinge nicht kann oder noch nicht kann. Wenn Erwachsene weder ihre Überlegenheit ausspielen noch das Kind verwöhnen, wird es Kräfte zur Kompensation entfalten. Minderwertigkeitsgefühle haben ihren Ursprung also nicht nur in Organminderwertigkeiten oder in der biologischen Tatsache, dass das Kind kleiner, ungeschickter, unerfahrener ist als der Erwachsene; sie haben ihren Ursprung auch in der sozialen Umwelt, insbesondere in der Erziehung. Aus diesem Grund hat Adler sich – im Gegensatz zu Freud – immer wieder mit Erziehungsfragen befasst und in Lehrern und Erziehern eine interessierte Zuhörer- und Leserschaft gefunden.

Ein großer Teil individualpsychologischer Literatur ist auch für den psychologischen Laien leicht verständlich und praxisnah. Dies hat zu einer erheblichen Verbreitung individualpsychologischer Veröffentlichungen schon in den zwanziger und dreißiger Jahren geführt. Vor allem Fritz Künkel (1899–1956) ist hier zu nennen, der zwar nicht als orthodoxer Adlerianer gilt, jedoch individualpsychologisch argumentierte. Künkels zahlreiche Bücher erlebten viele Auflagen.

Wie die Psychoanalyse erlebte auch die Individualpsychologie unter dem politischen Druck des Nationalsozialismus eine Zeit der Unterdrückung und der Assimilierung an tolerierte Lehr-

und Behandlungssysteme. Führende Individualpsychologen wurden aufgrund der Rassengesetze zur Emigration gezwungen.

Dies war mit ein Grund für die schnelle Verbreitung individualpsychologischen Gedankengutes in den USA. In der Bundesrepublik setzte eine Rezeption der Individualpsychologie, verbunden mit Institutionalisierungen (Zeitschrift für Individualpsychologie, Deutsche Gesellschaft für Individualpsychologie, Tagungen und Fortbildungsveranstaltungen), erst in den sechziger Jahren des 20. Jahrhunderts ein (vgl. Titze, 1984). Wichtige Hilfestellung gaben Adlers Kinder Alexandra Adler (1901–2001) und Kurt Adler (1905–1997), Erwin Ringel (1921–1994), Manès Sperber (1905–1984), Walter Spiel (1920–2003) und andere Adler-Schüler. Begründet wurde so eine beachtliche Renaissance der Individualpsychologie im deutschen Sprachbereich.

Literaturempfehlungen zu Kap. 3.6

Bruder-Bezzel, A. (1983). *Alfred Adler. Die Geschichte einer Theorie im historischen Milieu Wiens.* Göttingen: Vandenhoeck & Ruprecht.
Bruder-Bezzel, A.(1991). *Die Geschichte der Individualpsychologie.* Frankfurt a. M.: Fischer.
Handlbauer, B. (1984). *Die Entstehungsgeschichte der Individualpsychologie Alfred Adlers.* Wien; Salzburg: Geyer-Edition.

3.7 Analytische Psychologie

3.7.1 Zur Biographie C. G. Jungs

Carl Gustav Jung wurde 1875 als Sohn eines Pfarrers in Kesswil am Bodensee geboren. Wie Freud und Adler studierte Jung Medizin. Nach dem Staatsexamen im Jahr 1900 ging Jung an das heute noch bestehende psychiatrische Krankenhaus Burghölzli in Zürich. Leiter war dort Eugen Bleuler.

Eugen Bleuler (1857–1939) war Professor der Psychiatrie in Zürich und Leiter des Burghölzli. Die heute gängigen psychiatrischen Begriffe »Autismus« und »Schizophrenie« stammen von ihm. Bleuler stand der

Psychoanalyse lange Zeit aufgeschlossen gegenüber, zählt jedoch nicht zu den Freud-Schülern.

1902 promoviert Jung mit einer Arbeit über okkulte Phänomene, studiert dann anschließend ein Jahr lang bei Pierre Janet in Paris. Im Jahr 1903 heiratet Jung Emma Rauschenbach, die seine Schülerin und Mitarbeiterin wird. Jung arbeitet als Stationsarzt und führt Experimente über pathologische und normale Wortassoziationen durch. Auf ein Reizwort sollen Probanden im Einzelversuch mit einem anderen Wort reagieren; z. B. Reizwort »Meer«, Reaktion »blau«. Die Reaktionszeit wird gemessen und die Art des Reaktionswortes wird registriert. Jung erkennt einige wichtige Zusammenhänge, so werden unter Müdigkeit Klangassoziationen, wie kaum – Baum, Tisch – Fisch häufiger. Jung spricht von gefühlsbetonten Komplexen, später nur noch von Komplexen; Jahre später geht dieser Begriff mit veränderter Bedeutung in die Fach- und Alltagssprache ein.

1905 habilitiert sich Jung, lernt Freuds Schriften kennen, nimmt mit ihm Kontakt auf, 1907 lernt er Freud persönlich kennen.

»Die Jahre am Burghölzli, der Psychiatrischen Universitätsklinik von Zürich, waren meine Lehrjahre. Im Vordergrund meines Interesses und meines Forschens stand die brennende Frage: was geht in den Geisteskranken vor? Das verstand ich damals noch nicht, und unter meinen Kollegen befand sich niemand, der sich um dieses Problem gekümmert hätte. (...) In dieser Situation wurde Freud wesentlich für mich, und zwar vor allem durch seine grundlegenden Untersuchungen über die Psychologie der Hysterie und des Traumes. Seine Auffassungen zeigten mir einen Weg zu weiteren Untersuchungen und zum Verständnis der individuellen Fälle. Freud brachte die psychologische Frage in die Psychiatrie, obwohl er selber kein Psychiater, sondern Neurologe war« (Jung, 1963, S. 121).

Jung ist Schweizer und einer der wenigen »Arier« in Freuds Gefolgschaft und gehört zur Burghölzli-Gruppe; wohl nicht zuletzt aus diesen Gründen wird Jung von Freud als »Kronprinz« ausersehen. Zwischen dem 19 Jahre älteren Freud und C. G. Jung entsteht eine Vater-Sohn-Beziehung; Selbständigkeit in der Theorieentwicklung wird von Freud ignoriert bzw. widerwillig toleriert, um Jung nicht zu verlieren.

»Es interessierte mich, Freuds Ansichten über Praekognition und über Parapsychologie im allgemeinen zu hören. Als ich ihn im Jahr 1909 in Wien besuchte, fragte ich ihn, wie er darüber dächte. Aus seinem materialistischen Vorurteil heraus lehnte er diesen ganzen Fragekomplex als Unsinn ab und berief sich dabei auf einen dermaßen oberflächlichen Positivismus, daß ich Mühe hatte, ihm nicht allzu scharf zu entgegnen« (Jung, 1963, S. 159).

Im Herbst 1909 nehmen Jung und Freud die Einladung von Stanley Hall an die Clark University an, wo ihnen die Ehrendoktorwürde verliehen wird. Freud, Jung und Ferenczi deuten sich während der sechs Wochen dauernden Reise gegenseitig ihre Träume. Jung erkennt, dass Freud nicht in der Lage ist, Jungs Träume mit vielen symbolischen Inhalten richtig zu deuten.

Jung verlässt nach Differenzen mit Bleuler das Burghölzli und zieht sich nach Küsnacht am Zürichsee zurück, wo er in einem z. T. selbst erbauten Haus bis zu seinem Lebensende wohnt und arbeitet. 1911 wird Jung Präsident der Internationalen Psychoanalytischen Vereinigung. Sein Buch »Wandlungen und Symbole der Libido« (1912), in dem er die von Freud abweichenden Anschauungen formuliert, führt zum Bruch mit Freud. 1913 tritt er nach schweren Differenzen mit Freud aus der Internationalen Psychoanalytischen Vereinigung aus und entwickelt nach Jahren der Versenkung in Tagträume und Selbstbefragung seine eigene Richtung der Tiefenpsychologie, die er – soweit sie das praktische Verfahren der Analyse betrifft – als Analytische Psychologie bezeichnet. Später verwendet Jung den Begriff »Komplexe Psychologie« zur Kennzeichnung seiner Theorie.

In den Jahren 1933–1940 hat Jung eine Professur in Zürich, er unternimmt Auslandsreisen, wird 1933 nach Ernst Kretschmer Präsident der »Allgemeinen Ärztlichen Gesellschaft für Psychotherapie« und Herausgeber des »Zentralblattes für Psychotherapie und ihre Grenzgebiete«. Zur Zeit des Nationalsozialismus greift Jung, ohne als Schweizer dazu gedrängt zu werden, die Freud'sche Psychoanalyse als jüdische Irrlehre an. Dies trägt ihm scharfe Kritik des Philosophen Ernst Bloch und anderer ein. Jungs Veröffentlichungen umfassen viele Themen: Mystik, Alchemie, Märchen, Religion, Erziehung und vieles mehr. Jung stirbt hochgeehrt 1961 in Küsnacht.

3.7.2 Grundzüge der Lehre

Es ist nicht einfach, in gedrängter Form einen Überblick über Jungs Lehre zu geben, da Jung immer wieder auf Mystik, fremde Kulturen, eigene Träume usw. Bezug nimmt, er selbst sich jedoch gegen Dogmatismus wendet und keinen systematischen Überblick verfasst hat. Einen guten, von Jung autorisierten Überblick gibt jedoch seine Mitarbeiterin Jolande Jacobi (1977). An dieser Stelle sollen nur einige wenige zentrale Konzepte herausgestellt werden. Stellen Jungs frühe assoziationspsychologische Experimente noch keinen Gegensatz zu Freuds Psychoanalyse dar, so bereitet Jung jedoch mit der Ausweitung des Libidobegriffs eine eigene Theorie vor. *Libido* ist für Jung allgemeine Lebensenergie und keineswegs nur sexuelle Triebenergie, die durch Mechanismen wie Triebverschiebung in akzeptable Bahnen gelenkt wird. Gerade in diesem Punkt war es zum Bruch mit Freud gekommen:

> »Ich erinnere mich noch lebhaft, wie Freud zu mir sagte: Mein lieber Jung, versprechen Sie mir, nie die Sexualtheorie aufzugeben. Das ist das Allerwesentlichste. Sehen Sie, wir müssen daraus ein Dogma machen, ein unerschütterliches Bollwerk. Das sagte er mir voll Leidenschaft und in einem Ton, als sagte ein Vater: Und versprich mir eines, mein lieber Sohn: geh jeden Sonntag in die Kirche! (…) Freud, der stets mit Nachdruck auf seine Irreligiosität hinwies, hatte sich ein Dogma zurechtgelegt, oder vielmehr, anstelle eines ihm verlorengegangenen, eifersüchtigen Gottes hatte sich ein anderes zwingendes Bild, nämlich der Sexualität, untergeschoben; ein Bild, das nicht weniger drängend, anspruchsvoll, gebieterisch, bedrohlich und moralisch ambivalent war. (…) Gegen diese Einseitigkeit Freuds war nichts zu machen. (…) Er blieb dem einen Aspekt verfallen, und eben darum sehe ich in ihm eine tragische Gestalt …« (Jung, 1963, S. 155ff.).

Das individuelle Unbewusste ist für Jung in ein umfassenderes *kollektives Unbewusstes* eingebettet, in einen allen Menschen gemeinsamen seelischen Grund. In Carl Gustav Jungs Theorie vom *kollektiven Unbewussten* nehmen Traumsymbole eine zentrale Stellung ein. Jung entwickelte seine Lehre vom kollektiven Unbewussten auf der Grundlage von Freuds »Traumdeutung«, in der bereits unter Verweis auf Friedrich Nietzsches Wort, dass sich im Traum »ein uraltes Stück Menschtum fortübt, zu dem man auf direktem Weg kaum mehr gelangen kann« vom ontogenetischen Unbewussten auf das phylogenetisch Unbewusste geschlossen wurde. Weitere Anlässe waren Jungs eigene Träume sowie seine Beobachtungen der sog. *Übertragung* im therapeutischen Prozess, aufgrund derer Patienten im Therapeuten nicht nur – wie Freud annahm – reale Personen wie Vater und Mutter, sondern den Riesen, Heiland, Zauberer und Alchemisten sehen. Zentraler Begriff in Jungs Lehre ist der *Archetypus,* ein keineswegs eindeutig definierter Begriff, der vererbte Möglichkeiten von Vorstellungen, Urbilder o. ä. beschreibt, die in Träumen und im künstlerischen Gestalten ihren Ausdruck finden.

Das von dem Zoologen Adolf Portmann (1897–1982) im Kontakt mit Jung hier in die Diskussion gebrachte, bei Tieren festgestellte »angeborene auslösende Schema« (z. B. Fluchtreaktion bei Feindattrappe) ist durchaus mit Jungs Position vereinbar, da auch er Archetypen als vererbte Instinkte ansieht. Die Archetypen werden aber nicht nur biologisch gesehen, sondern gelten auch als Bestandteile tradierter Kulturwerte, die dem Unbewussten eingeformt werden. Der Zugang zu ihnen eröffnet – in Erweiterung der klassischen Psychoanalyse Freuds – den Zugang zum Allgemein-Menschlichen, Phylogenetischen. Sie sind »Kernstücke menschlicher Lebensbewältigung«.

Eine besondere archetypische Figur ist der sog. *Schatten,* eine Art Abspaltung des menschlichen Wesens, die wie der Lichtschatten zum Menschen untrennbar hinzugehört, aber seine dunklen Züge offenbart. Wutausbrüche, Kleinlichkeit oder andere, z. T. gegen den Willen hervortretende Verhaltensweisen geben solche Hinweise auf den Schatten der Person.

Literaturempfehlungen zu Kap. 3.7

Jacobi, J. (1977). *Die Psychologie von C. G. Jung.* Eine Einführung in das Gesamtwerk, mit einem Geleitwort von C. G. Jung, Frankfurt: Fischer Taschenbuch Verlag.

Jung, C. G. (1963). *Erinnerungen, Träume und Gedanken von C. G. Jung.* Aufgezeichnet und herausgegeben von Aniela Jaffé, Zürich und Stuttgart: Rascher.

3.8 Der Behaviorismus

Heute wird es nur wenige Psychologen geben, die sich explizit dem Behaviorismus zurechnen würden. Manche Autoren benutzen den Begriff inzwischen sogar als Schimpfwort, doch war diese Richtung viele Jahrzehnte lang in der Psychologie dominierend; insbesondere in den USA konnte der Behaviorismus aus vielfältigen Gründen zur vorherrschenden und außerordentlich erfolgreichen Richtung innerhalb der Psychologie avancieren und die Vorrangstellung der amerikanischen Psychologie mitbegründen.

Im Jahr 1956 führte das Psychologische Institut der Universität Bonn eine Umfrage bei den »Departments of Psychology« der Amerikanischen Universitäten und Hochschulen durch, um u. a. einen Eindruck von den bevorzugten theoretischen Richtungen zu erhalten (Holzner, o. J., S. 371ff.). Die 68 Antworten auf die Frage »Welcher der klassischen ›Schulen‹ der Psychologie fühlen Sie sich am engsten verbunden?« ließen sich wie folgt ordnen:

18 Departments Behaviorismus
18 Departments Eklektizismus
7 Departments Funktionalismus
6 Departments Gestaltpsychologie
4 Departments Psychoanalyse
2 Departments Neoscholastik

Der Begriff »Eklektizismus« darf in der damaligen Bedeutung getrost mit »Neo-Behaviorismus« übersetzt werden. Selbst wenn man 13 Antwortverweigerungen berücksichtigt, ist das Ergebnis eindeutig: Der Behaviorismus dominiert und die Departments bekennen freimütig, dass sie sich ihm am engsten verbunden fühlen. In Europa, vor allem im deutschen Sprachbereich, hat es diese absolute Dominanz des Behaviorismus nie gegeben; nur in Teilbereichen und nur relativ kurze Zeit war behavioristisches Denken vorherrschend. Die Unterschiede zwischen der US-Psychologie und der deutschen Psychologie fordern zu einem historischen Vergleich geradezu heraus, wobei vieles schon in anderen Zusammenhängen gesagt wurde, denn die Gegner des

Behaviorismus fanden sich an verschiedensten Stellen: Ursprünglich im Strukturalismus, in der geisteswissenschaftlichen Psychologie, ganz besonders in der Gestaltpsychologie, aber auch in der Ausdruckspsychologie und Charakterkunde.

Der Einfluss des Behaviorismus ist heute in der psychologischen Methodologie vor allem im Bereich der Lerntheorien und deren Nutzanwendung, z. B. in der orthodoxen Verhaltenstherapie, so sehr präsent, dass das behavioristische Erbe leicht übersehen wird, obwohl – wie gesagt – kaum noch jemand »Behaviorist« genannt werden möchte.

Der Begriff »Behaviorist« stammt möglicherweise von James R. Angell, der des Behaviorismus (behaviorism, englische Schreibweise: behaviourism) wurde jedoch von dessen Schüler John B. Watson (1878–1958) erstmals 1913 in programmatischer Weise verwendet. Die Wurzeln des Behaviorismus reichen weit in die Vergangenheit zurück und sind vor allem in der deutschen und russischen Physiologie des 19. Jahrhunderts sowie in amerikanischen Philosophieströmungen zu suchen.

3.8.1 Experimentelle Tierpsychologie und Reflexologie

Iwan Petrowitsch Pawlow (auch Pavlov geschrieben) hat schon seinen Ruf als Physiologe begründet, als er um die Jahrhundertwende (1901) mit seinen Reflexversuchen beginnt. Die Bedeutung dieser Versuche für die Psychologie ist zunächst nicht abzusehen, wird jedoch kurze Zeit später durch das Programm der Reflexologie in Russland und mehr noch durch den Behaviorismus in den USA deutlich.

Iwan Petrowitsch Pawlow wurde 1849 in Rjassan, einer Provinzstadt in Mittelrussland, als Sohn eines Priesters geboren. Er besuchte das örtliche Theologieseminar, 1870 setzte er sein Studium an der Universität Petersburg fort. Unter den Lehrern, die Pawlow besonders prägten, war Ilja Zion, Professor für Physiologie. 1883 promovierte Pawlow in Medizin. Bis etwa 1902 arbeitete Pawlow über die Nerventätigkeit des Verdauungssystems, ab ca. 1901 bis zu seinem Tode 1936 über die Funktion der höheren Nerventätigkeit.

3.8 Der Behaviorismus

Pawlows klassisches Hundeexperiment, das heute fast in jedem Lehrbuch der Psychologie zu finden ist, wurde 1905 durchgeführt. Im Jahr 1903 hatte Pawlow aber schon auf dem 14. Internationalen Medizinischen Kongress in Madrid einen ersten Bericht über experimentelle Psychologie und Psychopathologie an Tieren gegeben. Pawlow erhielt 1904 als erster russischer Wissenschaftler für seine Arbeiten den Nobelpreis. In seiner Rede anlässlich der Preisverleihung stellte Pawlow den Unterschied zwischen einem unbedingten Reflex und einem bedingten Reflex heraus. Wird z. B. etwas Säure in das Maul eines Hundes gegossen, reagiert dieser mit vermehrtem Speichelfluss. Nach Pawlow ist dies ein sog. *unbedingter Reflex,* vergleichbar etwa dem Lidschlagreflex bei starkem Licht oder Staub.

Speichelfluss stellt sich aber beim Hund auch ein, wenn das Tier Nahrung nur sieht. Die Nahrung ist das optisch wahrgenommene Signal, das den Reflex auslöst. Doch wie ist dieser zu erklären? Nach Pawlow ist dieser Reflex als bedingt zu bezeichnen, denn er ist nicht angeboren. Zum Beispiel zeigen nämlich Welpen, die bisher nur durch Muttermilch ernährt wurden, zunächst kein nennenswertes Interesse an rohem Fleisch. Die Verbindung vom Anblick des Fleisches zum Fressen und zum Speichelfluss muss erst erworben werden.

Pawlows klassisches Experiment belegt die Entstehung des *bedingten Reflexes* in eindrucksvoller Weise: Ein Hund wird stehend angeschnallt, eine Fistel wird in die Speichelkanäle eingeführt, so dass der Speichel abgeführt und die Speichelmenge gemessen werden kann. Nach einer Eingewöhnungszeit wird die Speichelreaktion auf den Anblick von Futter gemessen. Das Futter ist der unbedingte Reiz oder UCS (unconditioned stimulus). Auf einen Glockenton hin reagiert der Hund nicht mit Speichelabsonderung. Der Glockenton steht also mit der Nahrungsaufnahme in keiner erkennbaren Verbindung. Dann folgt eine Reihe von Versuchen, in denen unmittelbar vor Futterdarbietung die Glocke läutet. Natürlich sondert das Tier auch jetzt Speichel ab. Nach einer Reihe solcher Kombinationen folgt das eigentliche Experiment: Pawlow lässt die Glocke ertönen, ohne dem Tier Futter zu zeigen. Es zeigt sich nun, dass das Tier nur auf dieses Signal hin mit Speichelfluss reagiert.

Diesen Prozess nennt Pawlow Konditionierung. Der zunächst neutrale Reiz, der Glockenton, ist der bedingte Reiz (CS), dessen Darbietung die bedingte Reaktion (CR) auslöst, welche zuvor nur durch Darbietung des unbedingten Reizes (UCS) möglich war. Die Verbindung zwischen bedingtem Reiz und Reaktion kann durch mehrmalige Wiederholung der letzten beiden Versuchsphasen verfestigt werden. Wird allerdings der konditionierte Reiz sehr häufig dargeboten, ohne dass Futtergaben erfolgen, so verschwindet die CR allmählich. Pawlow nennt diesen Prozess *Löschung*. Diese Löschung ist nicht mit »Vergessen« identisch, da die Tiere nach einiger Zeit auf den Glockenton wieder mit Speichelfluss reagieren, sie haben das Signal offensichtlich nicht vergessen. Diesen Prozess nennt man *spontane Erholung*. Zur erneuten Konditionierung ist auch nur eine kürzere Phase der kombinierten Darbietung erforderlich.

Pawlow stellt durch Serien weiterer Experimente fest, dass alle möglichen zuvor neutralen Reize als konditionierte Reize dienen können: ein Summton, das Klicken eines Metronoms usw. Reagiert ein Hund auf einen Glockenton mit einer CR, so wird er vermutlich auch reagieren, wenn eine etwas anders klingende Glocke angeschlagen wird. Dieses Phänomen der *Reizgeneralisierung* gibt Hinweise darauf, welche Reize von Tieren als ähnlich »angesehen« werden. Auch die Fähigkeit eines Tieres, zwischen verschiedenen Reizen unterscheiden zu können, konnte Pawlow leicht überprüfen, indem er zwei verschiedene Reize darbot, von denen nur einer mit Futter gepaart war. Durch systematische Veränderung der Reize ließ sich nun die *Diskriminationsleistung* von Tieren ermitteln.

Schon ein paar Jahre früher hatte in den USA unabhängig von Pawlow Edward Lee Thorndike eine Reihe von Tierexperimenten durchgeführt, die ganz anders als die von Pawlow angelegt waren, in denen es aber auch um Lernvorgänge ging.

Edward Lee Thorndike (1874–1949) studierte u. a. bei William James an der Columbia Universität in New York und lehrte von 1899 bis zu seiner Emeritierung am Teachers College der Columbia University. Thorndikes Tierexperimente führten ihn zur Theorie vom Lernen durch Versuch und Irrtum.

Bereits in seiner Doktorarbeit hatte Thorndike versucht darzustellen, welche Bedeutung der Versuch für das Lernen hat. Thorndike hatte sich aus alten Kistenbrettern kleinere Käfige gebastelt, die nach Betätigung von Hebeln, Zugseilen usw. von innen zu öffnen waren. Nun untersuchte er, wie lange z. B. eine Katze benötigt, um sich aus einem solchen Käfig zu befreien. In der Regel fanden die Tiere nach einiger Zeit mehr oder weniger zufällig die richtige Lösung. Wurde der Versuch nun mehrfach wiederholt, konnte Thorndike feststellen, dass die Zeit bis zur Befreiung immer kürzer wurde. Das Tier hatte gelernt, welche Hebel in welcher Reihenfolge zu betätigen waren, um die Tür öffnen zu können. Eine befriedigende (zum Erfolg führende) Reaktion musste also den Lernerfolg verstärkt haben, eine unbefriedigende (nicht zum Ziel führende) geschwächt haben. Dies nannte Thorndike das *Effektgesetz* (law of effect). Thorndikes Bezeichnung »trial and error« (Versuch und Irrtum) ist sowohl in der Psychologie als auch im alltäglichen Sprachgebrauch für diese Art des Lernens gebräuchlicher.

In seinen Untersuchungen über intelligentes Verhalten von Menschenaffen hatte Wolfgang Köhler auf Thorndike Bezug genommen (Kap. 3.3.2). Köhler kritisierte, Thorndike habe die Versuchsanordnung so gewählt, dass intelligentes Verhalten der Tiere nicht feststellbar sei und es daher auch schwer beurteilbar sei, wie Tiere wirklich lernen. Dies war gewiss richtig. Köhlers eigene Versuchsreihen sahen daher einfachere Aufgaben vor, die nicht immer von allen, aber doch von einigen Tieren gelöst wurden, so z. B. der Werkzeuggebrauch, um an entferntere Ziele (Futter) heranzukommen. Köhler benutzte zur Erklärung des Verhaltens den Begriff der Einsicht. Einsicht war für die Tiere in den Kisten von Thorndike allerdings kaum möglich, auch hätte Thorndike einen solchen Begriff grundsätzlich abgelehnt.

Thorndikes Versuche liegen zeitlich vor Watsons Programm des Behaviorismus. Watson selbst bezog sich aber viel stärker auf Pawlow als auf Thorndike; offensichtlich störte sich Watson daran, dass die angenommene Triebkraft bei Thorndike das Luststreben und nicht die Physiologie der Reflexe war.

3.8.2 Programm und Utopie des Behaviorismus

John B. Watson wird 1878 in einem kleinen Dorf im US-Staate South Carolina als viertes Kind einer armen Farmerfamilie geboren. Er wird als handwerklich geschickter junger Mann beschrieben, aber auch als »Feuerkopf«. Wegen Prügeleien und Schusswaffengebrauch bekommt er als junger Mann mehrmals Ärger mit der Polizei (Schwartz, 1988, S. 49). Nach seinem Examen an der Furman-Universität beginnt er ein Graduiertenstudium an der Universität Chicago. Sein Studium finanziert er durch Arbeiten als Kellner. Überarbeitung führt zu einem Nervenzusammenbruch. »Das einzige, was von dieser Erfahrung übrig blieb, war ein – für einen Behavioristen ungewöhnlich großes – Interesse an Freuds Neurosenlehre« (Schwartz, 1988, S. 50). Nach nur drei Jahren Graduiertenstudium promoviert Watson, er ist zu dieser Zeit erst 24 Jahre alt. Watson arbeitet eine Zeit in Chicago, bis er 1908 eine Professur für Psychologie an der Johns Hopkins Universität in Baltimore erhält. Watson lehrt die damals übliche Psychologie, die ihn jedoch immer weniger überzeugt. Er erkennt die Bedeutung Pawlows für die Psychologie, wird aber auch von seinem Kollegen Adolf Meyer, einem Psychiater, der ebenfalls an der Johns Hopkins Universität lehrt, in psychoanalytische Theorien eingeführt (vgl. Schorr, 1984, S. 30ff.). Wie viele andere begrüßt Watson die Unvoreingenommenheit, mit der die Psychoanalyse an sexuelle Tabus herangeht; die Methoden der Psychoanalyse sieht er jedoch als sehr unvollkommen an. Watson ist überzeugt: Wenn die Psychoanalyse mit ihren unzureichenden Mitteln solche Erfolge hat, wie erfolgreich muss dann erst eine Psychologie sein, die sich auf streng wissenschaftliche, überprüfbare Methoden stützt!

Watson wendet sich nun, 1913, in seinem Aufsatz »Psychology as the Behaviorist views it« kämpferisch gegen die Methode der Introspektion, wie sie in der Bewusstseinspsychologie (Strukturalismus) des Wundt-Schülers Edward B. Titcheners (1867–1927) ihren Niederschlag gefunden hatte:

»Psychologie, wie sie der Behaviorist sieht, ist ein vollkommen objektiver, experimenteller Zweig der Naturwissenschaft. Ihr theoretisches Ziel ist die Vorhersage und Kontrolle von Verhalten. Introspektion spielt keine wesentliche Rolle in ihren Methoden, und auch der wissenschaftliche Wert ihrer Daten hängt nicht davon ab, inwieweit sie sich zu einer Interpretation in Bewußtseinsbegriffen eignen. Bei dem Bemühen, ein einheitliches Schema der Reaktionen von Lebewesen zu gewinnen, erkennt der Behaviorist keine Trennungslinie zwischen Mensch und Tier an. Das Verhalten des Menschen in all seiner Feinheit und Komplexität macht nur einen Teil der behavioristischen Forschungen aus« (Watson, 1913, deutsch 1968, S. 13).

Für Watson ist die Psychologie also zu einer Naturwissenschaft umzugestalten, die sich ausschließlich auf beobachtetes Verhalten beruft. Die erfrischende Hemdsärmeligkeit und ein erkennbares Bemühen um Reformen tragen Watson Anerkennung ein. 1915 wird er Präsident der *American Psychological Association.*

Nach psychodiagnostischer Tätigkeit als Militärpsychologe zur Zeit des Ersten Weltkriegs kehrt Watson an die Johns Hopkins Universität zurück und stellt die Grundlagen des Behaviorismus in seinem Lehrbuch »Psychology from the standpoint of a Behaviorist« (1919) dar. Es folgen umstrittene vorbereitende Arbeiten zum Sexualverhalten und seine klassischen Experimente über die Entstehung von Ängsten bei Kleinkindern. Ein Anstoß hierzu erfolgte offensichtlich durch Watsons Auseinandersetzung mit Sigmund Freuds Darstellung der Phobie des »kleinen Hans«. Der kleine Hans hatte eine Pferdephobie, die nach Freuds Auffassung seine wirkliche Angst, nämlich die vor seinem Vater, verdeckte. Phobien hatten nach Freud immer die Aufgabe, nicht akzeptable Gedanken zu vermeiden und in akzeptablere Bereiche zu kanalisieren.

Das bekannteste und heute aus ethischen Gründen sehr umstrittene Experiment von Watson und seiner Doktorandin und späteren zweiten Frau Rosalie Rayner wurde mit einem 11 Monate alten Kleinkind namens Albert B. durchgeführt (Watson & Rayner, 1920). Albert wurde als gesund, aber phlegmatisch beschrieben. Ziel des Experiments war die Erzeugung einer Phobie in diesem Kind, wobei die Pawlow'sche Konditionierungstechnik eingesetzt werden sollte. Als UCS wählten Watson und Rayner ein lautes Geräusch, indem sie unmittelbar hinter Alberts Kopf mit einem Hammer auf eine 2,5 cm dicke und ca. 90 cm lange Eisenstange schlugen. Dieses Geräusch erzeugte bei dem kleinen

Albert verständlicherweise Schrecken: Er fiel vornüber und vergrub seinen Kopf. Als CS wurde eine weiße Versuchsratte gewählt, vor der Albert vor den Versuchen keinerlei Furcht zeigte. Nun begann die Konditionierungsphase, die so verlief, dass Albert die Ratte gezeigt wurde und jeweils kurz darauf das laute Geräusch ertönte. Einige Tage später zeigte man Albert die Ratte; nun hatte Albert offensichtlich Angst, die Ratte zu berühren. Nach weiteren Konditionierungsphasen genügte es, Albert die Ratte zu zeigen, um ihn zu Furchtreaktionen zu bringen:

»In dem Augenblick, wo die Ratte gezeigt wurde, fing das Baby an zu schreien. Es drehte sich abrupt zur linken Seite, fiel vornüber, begab sich auf alle viere und krabbelte so schnell davon, daß man es noch gerade festhalten konnte, bevor es den Rand der Matratze erreichte« (Watson, 1968, S. 172).

Albert hatte nun eine Phobie, die aber nicht auf Ratten beschränkt war. Es zeigte sich nämlich, dass Albert auch ängstlich auf ein Kaninchen, einen Hund oder einen Pelzmantel reagierte, nicht dagegen auf Bauklötze.

Watson und Rayner sahen ihre Untersuchung als Beleg für das Entstehen von Phobien an und waren überzeugt, in dem experimentellen Befund eine Erklärung in der Hand zu haben, die als Alternative für die psychoanalytische Phobieerklärung gelten könne. Das Experiment wurde von den Autoren verfilmt; dieser Film trug sicher auch zur Bekanntheit des Experimentes bei.

Eine Einschätzung dieses Experimentes aus heutiger Sicht liegt nahe: Das Experiment war nicht repräsentativ, es gab keine Kontrollbedingung; erzeugt wurde keine Phobie im klinisch-psychologischen Sinn; die Konditionierung war grausam und ethisch nicht vertretbar, zumal Albert mit dieser »Phobie« wieder zurückgeschickt wurde. Trotz all dieser Kritik gilt dieses Experiment als klassische Studie. Fast jedes Lehrbuch der Psychologie enthält eine Beschreibung dieses Versuchs (oft allerdings in sehr verkürzter Form) und lange Zeit galt er wohl auch als experimenteller Beleg für die Bedeutung des Konditionierens. Inzwischen wird die Kritik an diesem Experiment gern exemplarisch betrieben, um damit die Schwäche des Behaviorismus oder gar der Lernpsychologie insgesamt vor Augen zu führen.

3.8 Der Behaviorismus

Dies ist natürlich unangemessen, weil der Behaviorismus nach 1920 eine ganze Reihe von Erweiterungen erfahren hat.

Obwohl Watsons Programm des Behaviorismus zunächst nur zu einem geringen Teil in überzeugende psychologische Experimente umgesetzt worden war, wurde der Behaviorismus in den zwanziger Jahren von akademischen Psychologen in den USA weitgehend rezipiert. Eine Weile schien es wohl so, als gebe es außer Titchener und seinen Anhängern nur noch Behavioristen.

Watsons eigene Laufbahn bekommt 1920 einen deutlichen Knick; nach seiner Scheidung und Gerüchten über seine sexualpsychologischen Versuche muss er die Hopkins Universität verlassen. Er ist finanziell ruiniert, arbeitet sich aber erfolgreich in der Werbebranche hoch und schreibt für illustrierte Zeitschriften wie *Harpers Magazine*.

Diese bislang weniger beachteten Illustrierten-Aufsätze geben Hinweise, wie Watson sich die Zukunft der Welt unter dem Regiment behavioristischer Techniken vorstellt (Schorr, 1985). Watson wendet sich gegen Korpulenz (zu der er selbst neigte), fordert handwerkliche Tätigkeit (die ihm selbst sehr lag) und warnt vor zu viel Mutterliebe, vor zu viel Zärtlichkeit zu den Kindern und lehnt z. B. Ernährung mit Muttermilch ab. In seinem Utopia sollen die Kinder von einem Elternpaar zum nächsten wechseln, so dass keine falschen Gewohnheiten und Bindungen entstehen. Hemmungslos trägt er Euthanasiepläne vor:

»Die wenigen sporadischen Fälle, in denen ein Kind mit dem einen oder anderen kranken Organ geboren wird, werden an die Ärzte weitergeleitet, die einen schmerzlosen Tod herbeiführen, es für Experimentation verwenden oder rehabilitative Maßnahmen einleiten« (Watson, 1985, S. 124, verfasst 1928/29).

Erziehung erinnert in Watsons Utopie an ein gigantisches psychologisches Experiment, in dem die Kinder die Versuchspersonen und die Eltern die Versuchsleiter sind:

»Jeder Haushalt ist mit einer Einwegscheibe ausgestattet, so daß die Eltern ab und zu einen Blick auf das Kind werfen können, ohne gesehen zu werden. Das Kind lernt tätig zu sein, ohne gesehen zu werden« (Watson, 1985, S. 127).

Trotz solcher Pläne haben Watsons utopische Entwürfe einer behavioristischen Gesellschaft konservative Züge, ablesbar an der von Watson vorgesehenen Rolle der Frau als Hausfrau und Mutter, die sich selbst »jung und schön und nützlich« zu erhalten habe. Watsons Utopie wird ihre Leser wohl unter Laien gefunden haben; aber reine Unterhaltungsliteratur war es nicht, denn längere Zeit galt Watson durchaus als Autorität in Erziehungsfragen. Der Grund für die große Popularität des Behaviorismus lag wohl zum großen Teil darin, dass Watson die Bedeutung der Umwelt für das menschliche Verhalten und damit auch für die Entwicklung herausstellte, wie keine andere Richtung der Psychologie. Oft zitiert wird eine Passage aus Watsons Buch »Behavior« (1913), in der er forderte, man solle ihm ein Dutzend gesunder Kinder geben, und er wolle sie ungeachtet ihrer Talente, Neigungen und ihrer Vorfahren zu Künstlern, Wissenschaftlern oder auch Bettlern und Dieben machen, wenn man ihn die Kinder nur in der spezifischen Umgebung entsprechend erziehen lasse.

Hatten Autoren wie Galton und andere die Bedeutung der genetischen Merkmale einer Person betont, so war mit Watson das Pendel zum anderen Extrem einer radikalen *Milieutheorie* ausgeschlagen. Die Vorstellung der Chancengleichheit für Menschen aller Herkunft und aller Rassen passten zur amerikanischen Lebensphilosophie und mussten als wissenschaftlich begründete Erfüllung jener Passage der Unabhängigkeitserklärung gelten, nach der alle Menschen gleich und von ihrem Schöpfer mit gleichen, unveräußerlichen Rechten ausgestattet sind. So fand Watsons Behaviorismus nicht nur unter Wissenschaftlern, sondern wohl vornehmlich in der Mittelschicht, die sich vom Ballast genetischer Vorbestimmungen nun endgültig befreit fühlte, begeisterte Anhänger. Seine eigenen beiden Söhne aus zweiter Ehe erzog Watson übrigens wirklich streng nach behavioristischen Prinzipien, schickte sie zum Ausgleich jedoch auf die konventionellsten Schulen, die er finden konnte (Schorr, 1985, S. 115).

3.8.3 Erweiterung und sozialtechnische Umsetzung

Der grundlegende Unterschied zwischen dem klassischen Konditionieren Pawlows bzw. Watsons und dem Effektgesetz Thorndikes führte vor allem in den USA zu theoretischen Überlegungen und zu neuen Experimenten. Der Einfluss Pawlows auf die amerikanische Psychologie war dabei beträchtlich. Seine Werke wurden ins Englische übertragen, 1926 gründete H. S. Liddell, der Pawlow in der UdSSR besucht hatte, an der Cornell University seine »Behavior Farm«; der Arzt W. Hersley Gantt eröffnete kurze Zeit später an der Johns Hopkins University ein »Pavlovian Laboratory«. Die Begeisterung für Reflexologie und Behaviorismus ist ohne das dominierende pragmatische Denken in den USA nicht vorstellbar. Es ging eben nicht nur um (heute umstrittene) Tierexperimente und Grundlagenforschung, im Vordergrund für die Institutionalisierungen behavioristischen Denkens waren die Nutzanwendungen für Erziehungsfragen und Psychotherapie (vgl. Schorr, 1984). Bei der theoretischen Auseinandersetzung über Lernvorgänge hätten Wolfgang Köhlers, aus gestaltpsychologischen Überlegungen heraus angestellten Tierversuche wertvoll sein können. Köhlers Affenversuche waren auch einigen Forschern in den USA bekannt, so z. B. dem Primatenforscher Robert Yerkes (1876–1951), der sogar geplant hatte, Köhler auf Teneriffa zu besuchen. Die Umstände, unter denen Köhler zu arbeiten hatte (Weltkrieg, Internierung, Inflation usw., s. o.) erschwerten bzw. verhinderten aber die frühe Rezeption seiner Ergebnisse in den USA. Köhlers Buch erschien erst in englischer Sprache, als er selbst keine Tierexperimente mehr durchführte und sich eine ganze Reihe von Tierpsychologen in den USA unter weit günstigeren Forschungsbedingungen um eine Integration der Befunde Pawlows und Thorndikes bemüht hatten.

Zu diesen Wissenschaftlern sind vor allem Clark L. Hull (1884–1952) und der stärker theoretisch als experimentell arbeitende Edwin R. Guthrie (1886–1959) zu zählen, wobei Hull eher Thorndike und Guthrie eher Pawlow zuneigte. Guthrie erkannte die Bedeutung der raumzeitlichen Nähe (sog. Kontiguität) von Reiz und Reaktion. Diese, und nicht das Effektgesetz, seien für

Lernvorgänge verantwortlich. Hull formulierte eine »Verstärkungstheorie des Lernens« in Form des Lernens am Erfolg. Mit Verstärkung ist die Bekräftigung gemeint, die durch (relative) Bedürfnisbefriedigung eintritt. Erfolgserlebnisse führen zu Verhaltenstendenzen, die den auslösenden Reiz beeinflussen. Damit hatte Hull herausgestellt, dass der Lernvorgang sowohl vom Auftreten des Reizes als auch vom Organismus (z. B. dessen Bedürfnissen) abhängt.

War das bevorzugte Erklärungsschema des Klassischen Behaviorismus das sog. S-R-Schema, nach dem Reiz (S) und Reaktion (R) in eindeutiger und zwingender Verbindung stehen, so hatte Robert S. Woodworth (1869–1962) im Jahr 1929 angeregt, dieses Modell durch das S-O-R-Schema zu ersetzen. Auch Hulls Verstärkungstheorie wies in die Richtung, einen Organismus (O) anzunehmen, dessen Reaktionsbereitschaft schließlich die Auswirkungen der Stimuli determiniert. Aber dieser Organismus war nicht wie Reiz und Reaktion messbar und manipulierbar. Für den Klassischen Behaviorismus im Sinne Watsons musste der Organismus die berühmte »black box« (schwarze Kiste) bleiben, in die man nicht hineinschauen konnte.

Als der betagte Pawlow 1929 die USA besuchte, war unter seinen Zuhörern ein junger Wissenschaftler, dessen Name heute mit dem Begriff des Behaviorismus eng verbunden ist: B. F. Skinner.

Burrhus Frederic Skinner wurde 1904 im US-Staate Pennsylvania geboren. Er studierte englische Literatur und Psychologie. Er promovierte und lehrte auch später an der Harvard Universität. Skinner starb 1990.

Skinners Position ist in der Geschichte der Psychologie nicht mit einem einfachen Etikett zu versehen. Er gehörte einerseits als jüngster zu den großen Lerntheoretikern Guthrie, Hull und Tolman; andererseits hat er in den Grundlagen und Anwendungen der Lerntheorien bis zur Gegenwart die Psychologie geprägt.

Hatten Guthrie und Hull versucht, die Ansätze von Pawlow und Thorndike zu integrieren, so unterschied Skinner Mitte der dreißiger Jahre scharf zwischen der sog. Typ-S-Konditionierung, von ihm auch respondente Konditionierung (heute meist Klassische Konditionierung) genannt, und der Typ R-Konditionierung, von Skinner auch Operante Konditionierung genannt. Waren Pawlow und Watson dem Klassischen Konditionieren zuzurechnen, gehörten Thorndikes Versuche zum Operanten Konditionieren. Von Hull übernahm Skinner das Konzept der Verstärkung (reinforcement). War das klassische Konditionieren ursprünglich an vorgefundene Reflexe gebunden, so erkannte Skinner die Möglichkeiten, die im Operanten Konditionieren steckten. Eine bekannte Versuchsanordnung Skinners ist die sog. Skinner-Box, ein abgeschlossener Kasten, in dem ein Versuchstier – meist eine Taube – für bestimmte Verhaltensweisen (z. B. Picken) nach einem bestimmten Schema mit Futter belohnt, verstärkt wird. Der Versuch hat Ähnlichkeit mit dem von Thorndike, ist aber sehr viel flexibler angelegt: einzelne, kleine Verhaltensschritte können verstärkt werden. Die Versuche können aus Hunderten und Tausenden von Einzelverstärkungen bestehen und die Wirkungen bestimmter Verstärkungsprogramme lassen sich genau erforschen, denn das Verhalten des Versuchstiers wird durch elektrische Kontakte und Zählwerke quantitativ erfasst.

Für die Begründung von Skinners Erfolg sind eine Reihe von Faktoren maßgebend: Mit seinem zunächst noch sehr kleinen Kreis begründet Skinner eine eigene Fachzeitschrift, das *Journal of Experimental Analysis of Behavior* (JEAB); es gelingt 1964 die Gründung einer Fachgruppe innerhalb der *American Psychological Association* und – was wohl noch wichtiger ist – Skinner wendet seine Erkenntnisse erfolgreich auf pädagogische und klinisch-psychologische Fragen an. So gilt Skinner heute als der Erfinder der *Programmierten Unterweisung*. Mit der sog. »Token Economy«, d. h. der Belohnung erwünschter Verhaltensweisen durch Rosinen, Bonbons, Zigaretten, Geld oder andere *tokens*, gelingen den Skinnerianern bei geistig Behinderten, psychisch Gestörten und Verhaltensauffälligen bemerkenswerte Verhaltensänderungen. Die Programmierte Unterweisung wird auch in der Bundesrepublik zunächst gefeiert, erweist sich aber nicht zuletzt aus Kostengründen als kaum einsetzbar. Erst gegen Ende des 20. Jahrhunderts ist durch die rapide Entwicklung der Mikroelektronik ein vielfältiger und kostengünstiger Einsatz möglich.

Bemerkenswert ist, dass diese doch eigentlich naheliegende Nutzanwendung der Lerntheorien in Form der Programmierten Unterweisung und der Verhaltenstherapie erst relativ spät erfolgt. In der Bundesrepublik findet eine Rezeption der Lerntheorien erst in den sechziger Jahren des 20. Jahrhunderts statt, stößt dann aber recht bald auf scharfe Kritik. Beim 26. Kongress der Deutschen Gesellschaft für Psychologie im Herbst 1968 in Tübingen wird eine Podiumsdiskussion zum Thema »Psychologie und politisches Verhalten« von ca. 20 Berliner Studenten lautstark unterbrochen; mit einem Megaphon werden von den Studenten 27 Thesen vorgetragen, die sich u. a. gegen die behavioristische Psychologie wenden. Psychologie entwickle sich zum Machtinstrument über Hilflose und Kinder (These 1), jede Wissenschaft perpetuiere irrationale Herrschaftsformen (These 5), psychologische Theorien seien daraufhin zu prüfen, ob sie nicht nur rattentauglich, sondern gesellschaftlich relevant seien (These 6) und Lerntheorie ignoriere ex definitione den gesellschaftlichen Möglichkeitsbereich, etwas zu lernen. Sie triumphiere vorschnell, wenn einige sinnlose Silben wiederholt werden können (These 15) (vgl. Holzkamp, 1972, S. 218f.). In der Tat hatte die Nachkriegspsychologie als ein Stück »Vergangenheitsbewältigung« sehr bereitwillig behavioristische Denkmuster übernommen, oft ohne ernsthafte Prüfung der Frage, für welche Zwecke dieses Wissen dienen kann.

Dass sich behavioristische Techniken (wie alle anderen wirksamen Techniken) zur Schaffung und Stabilisierung unbefriedigender gesellschaftlicher Verhältnisse eignen, ist keine Frage. Skinner selbst hat diesen Sachverhalt auch nicht bestritten und versucht, dieser Kritik am Behaviorismus zu begegnen. In seinem Buch »Jenseits von Freiheit und Würde« (1971) fordert Skinner, die geheiligten Ideale von Freiheit und Würde zu überdenken. Verhalten werde immer kontrolliert und wer sich als Bewahrer der Freiheit ausgebe, habe sich oft genug als Manipulator erwiesen. Auch der Behaviorismus stehe nach Skinner nicht außerhalb der sozialen Systeme. Um so wichtiger sei es, Zusammenhänge illusionslos zu durchschauen, sich von der Illusion des frei und würdig handelnden Menschen zu befreien und die Techniken der Verhaltensanalyse nutzbringend einzusetzen. Trotz Skinners brillanter Analyse bleibt letztlich auch bei ihm die Frage offen, wie die Kontrolleure in unserer Welt kontrolliert werden können.

3.8.4 Theorie sozialen Lernens

Hatte Watson versucht, eine Psychologie ohne Introspektion, allein auf der Grundlage sichtbaren Verhaltens zu gründen und Emotionen als weitgehend erlernte Reaktionsbereitschaften anzusehen, so war diese Position mit der neobehavioristischen Sicht der Dinge längst verlassen worden. Es war nur zu deutlich geworden, dass gleiche Reize eben nicht stets gleiche Reaktionen hervorrufen; Persönlichkeitsmerkmale, Erfahrungen, emotionale Zustände und andere Faktoren waren einzubeziehen, wenn sinnvolle Prognosen gewagt werden sollten. In einem provozierenden Artikel ging Albert Bandura 1974 noch weiter: Verstärkung wirke nicht automatisch, stets sei das Bewusstsein beteiligt, die konditionierte Reaktion sei »ein Mythos«; Menschen lernen nach Bandura nicht automatisch, sondern erst, wenn sie erkennen, dass Ereignisse zusammen auftreten. Dies bedeutet auch, dass Ereignisse von Individuen antizipiert werden, z. B. dadurch, dass sie Erfolg und Misserfolg bei anderen Personen beobachten und daraus ihre Schlüsse ziehen.

Albert Bandura wurde 1925 in Kanada geboren. Er arbeitet an der Stanford Universität als Experimentalpsychologe und Klinischer Psychologe. In seiner Theorie sozialen Lernens stellt Bandura die Bedeutung sozialer Modelle für Lernprozesse heraus.

Mit diesen antibehavioristischen Thesen wurde eine neue Phase der Lerntheorien begründet, wenngleich man trotz aller Verdienste von Bandura gleich darauf hinweisen muss, dass bereits im Jahr 1932 Edward C. Tolman (1886–1959) herausgestellt hatte, dass Verstärkungen nicht automatisch erfolgen, sondern kognitiv vermittelt seien. In seiner kognitiven Lerntheorie hatte Tolman daher auch nicht von S-R-Lernen, sondern von kognitiven Strukturen oder Plänen, sog. »cognitive maps« (wörtl.: kognitive Landkarten) gesprochen. Solche Strukturen werden nach Tolman durch Erfahrung gebildet und in den entsprechenden Situationen vom Individuum aktiviert. Nicht die Verhaltensweisen werden nach Tolman verstärkt, sondern diese Pläne, die ihrerseits das Verhalten steuern.

Edward C. Tolman (1886–1959) war Professor für Psychologie an der University of California in Berkeley. Im Gegensatz zum Klassischen Behaviorismus stellte Tolman die Bedeutung kognitiver Prozesse für Lernprozesse heraus. Aufgrund früherer Lernerfahrungen erhalten Reize in Form von »Zeichen« Bedeutung (»Zeichen – Gestalt – Theorie«). Verhalten ist so nur zu erklären, dass Individuen Ziele anstreben (»Purposivismus«).

Obwohl dies heute sehr plausibel klingt, hatte Tolmans Lehre weniger Anhänger gefunden als etwa die von Hull oder später von Skinner. Erst die sog. Kognitive Wende in der Psychologie seit Beginn der sechziger Jahre des 20. Jahrhunderts führte zur erneuten Würdigung der Theorie Tolmans.

Soziale Modelle eröffnen für den Beobachter Verhaltensmöglichkeiten; sie zeigen, wie man sich verhalten *kann*. Oft zeigen sie dazu auch, was dann dabei »herauskommt«, das heißt, ob sich das Verhalten für die Modelle »gelohnt« hat. Durch Einfühlung kann der Beobachter erfahren, ob ihm selbst dieses Verhalten nützen würde. Ferner machen Modelle soziale Normen bewusst bzw. können sie verändern. Jemand, der hilft, erinnert mit seinem Verhalten an die Norm der Hilfeleistung; jemand, der ohne negative Konsequenzen aggressiv ist, lässt beim Beobachter die Schlussfolgerung aufkommen, dass dies eine Handlungsform ist, die man auch selbst »ungestraft« wählen könnte.

Von Bandura und den Geschwistern Dorothea und Sheila A. Ross (1961, 1963, letztere deutsch 1973) stammen die ersten und inzwischen klassischen Experimente über die Wirkung aggressiver Modelle auf das Verhalten von Kindern. An diesen Studien kann man den beträchtlichen Fortschritt der Theorie sozialen Lernens gegenüber dem operanten Konditionieren besonders gut erkennen. In den Untersuchungen wurden Kindern in Fernsehfilmen aggressive Modelle vorgeführt, wobei verschiedene Modelle wirksam werden konnten. Die Autoren schreiben (1963):

»Die Ergebnisse der vorliegenden Untersuchung stützen die Annahme, daß Imitation teilweise von den Verhaltenskonsequenzen abhängig ist. Kinder, die die Belohnung aggressiver Modelle erlebten, zeigten mehr Aggressionsnachahmung und gaben auch häufiger an, daß sie dem erfolgreichen Aggressor nacheifern würden, als die Kinder der zweiten Experimentgruppe (Bestrafung aggressiven Verhaltens); letztere ahmten weder das Modellverhalten nach, noch zeigten sie eine Präferenz, dem Modell nachzueifern« (1963, deutsch 1973, S. 69).

Aus forschungsmethodischen Gründen ist die Studie von Bandura, Ross und Ross zu Recht kritisiert worden. Jedoch haben auch spätere Untersuchungen die Wirkung aggressiver Modelle auf das Verhalten von Beobachtern bestätigt. Diese Untersuchungen werfen ein besonderes Licht auf die Wirkung von Massenmedien. Ohne dass diese Forschungsrichtung hier dargestellt werden kann, ist deutlich geworden, dass durch die Hereinnahme kognitiver Prozesse in die Lerntheorien ein beträchtlicher Schub in der Forschung und Anwendung erreicht wurde.

Literaturempfehlungen zu Kap. 3.8

Bruder, K.-J. (1982). *Psychologie ohne Bewusstsein. Die Geburt der behavioristischen Sozialtechnologie.* Frankfurt a. M.: Suhrkamp.

Schorr, A. (1984). *Die Verhaltenstherapie. Ihre Geschichte von den Anfängen bis zur Gegenwart.* Weinheim: Beltz.

3.9 Die kulturhistorische Schule

Die Autoren, von denen im Folgenden die Rede ist, sind bis heute in vielen Lehrbüchern und psychologiegeschichtlichen Darstellungen nicht zu finden. Dies mag damit zusammenhängen, dass es um russische Autoren geht, die ihre Theorien in den Jahren nach der Oktoberrevolution entwickelt haben. Diese Autoren blieben im Westen relativ unbekannt, vielleicht begegnete man ihnen auch aus politischen Gründen mit Misstrauen.

In Russland war mit Iwan M. Setschenow (1829–1905), Wladimir M. Bechterew (1857–1927) und Iwan P. Pawlow (1849–1936) die Reflexologie entstanden. In den USA genoss Pawlow nicht zuletzt durch seine Vorträge im Westen und durch seine Untermauerung des Behaviorismus besondere Anerkennung. Aber die Reflexologie war keine Theorie, die inhaltlich direkt dem Marxismus verpflichtet war. Eine Verbindung zwischen Marxismus und psychologischer Theorie versuchte erst Mitte der zwanziger Jahre Konstantin N. Kornilow (1879–1957). Mit dessen Schülern beginnt die kulturhistorische Schule. Sie baute auf der Reflexologie auf bzw. setzte sich von ihr ab.

Mit der kulturhistorischen Schule ist in erster Linie die »Troika« (das Dreigespann) Alexej Nikolajevitsch Leontjew (1903–1979), Alexander Romanowitsch Luria (1902–1977) und Lev Semjenovitsch Vygotskij (1896–1934) gemeint. (Die Schreibweisen russischer Namen variieren in den westlichen Sprachen; so ist z. B. im Deutschen auch die Schreibweise Wygotski und im Englischen die Schreibweise Vygotsky üblich.)

Die kulturhistorische Schule setzte sich einerseits von einer elementaristischen Psychologie Wundts ab, andererseits auch von der verstehenden Psychologie. Ziel war die Verbindung des experimentellen und historischen Vorgehens, die Wundt noch für unmöglich gehalten hatte. Während er die Teilung der Psychologie in Physiologische und Völkerpsychologie festschreiben wollte, suchten diese russischen Autoren die Verbindung.

Alexander Romanowitsch Luria wurde 1902 in Kazan im Südosten Russlands geboren. Er studierte an der Universität seiner Geburtsstadt, befasste sich danach mit den Schriften verschiedener Psychologen und regte u. a. die Übersetzung einiger Schriften Freuds ins Russische an. 1923 wird Luria von Kornilow nach Moskau geholt, wo er bald mit den beiden anderen Mitgliedern des »Dreigespanns« zusammenarbeitet (vgl. Métraux, 1999).

Leontjew vertrat die Auffassung, dass man die gesamte Lebenstätigkeit des Menschen und die Entwicklung der Lebewesen berücksichtigen müsse, um menschliche Orientierungen zu verstehen. Stammesgeschichtlich frühe Lebewesen verfügten nur über einfache Mechanismen der Reizbarkeit (z. B. durch Licht). Hieraus habe sich die entsprechende Empfindung (hier für Helligkeit) entwickelt. Dies gelte auch für den Menschen: Frühe Formen des menschlichen Zusammenlebens, wie z. B. bei der Jagd, hätten die menschliche Wahrnehmung geprägt, Sprache habe sich durch den Zwang zur Abbildung von Sachverhalten herausgebildet. Und so seien auch heute noch Entwicklungsunterschiede manifest.

Konsequenterweise führten Mitarbeiter von Luria in den Jahren 1931 und 1932 Expeditionen nach Usbekistan und Kirgisien

3.9 Die kulturhistorische Schule

durch, um die psychischen Fähigkeiten der Menschen zu untersuchen, die (mutmaßlich) auf einer früheren soziokulturellen Entwicklungsstufe standen. Eine solche Expedition war für die Psychologie neu. Eingesetzt wurden Testbatterien, insbesondere Verfahren zur Erfassung von Wahrnehmungsprozessen und logischem Denken.

Lev Semjenovitsch Vygotskij wurde 1896 in Orsha, einer kleinen Stadt in Weißrussland geboren. Er arbeitete zuerst als Kunstkritiker und Lehrer. Vygotskij interessierte sich zunächst für Kunstpsychologie, dann für die Psychologie insgesamt und errichtete in Gomel bei Tschernobyl in der Ukraine ein kleineres psychologisches Laboratorium ein. Durch eine Vortragsreihe auf dem Zweiten Neuropsychologischen Kongress in Leningrad im Januar 1924 wurde man auf Vygotskij aufmerksam und lud ihn an die Moskauer Staatsuniversität ein. Vygotskij hatte dann in schneller Folge mehrere Professuren, publizierte Bücher und Aufsätze über verschiedene Themen und verstarb 1934, also schon mit 37 Jahren an Tuberkulose (van der Veer & Valsiner, 1991).

Vygotskij hat eine Vielzahl von Themen in fast hektischer Folge bearbeitet. Unter anderem setzte er sich für behinderte Kinder ein, studierte Theorien westlicher Psychologen und erarbeitete mit seinem 1934 posthum erschienenen Buch *Denken und Sprechen* (1974) eine eigene psycholinguistische Theorie. Unter Bezug auf die Tierexperimente von Köhler und Yerkes, auf die entwicklungspsychologischen Untersuchungen von Stern und Piaget entwickelt Vygotskij die These, dass Denken und Sprechen verschiedene phylogenetische Wurzeln haben. Diese beiden beim Kind biologisch angelegten Bewusstseinfunktionen treten im Verlauf der Sozialisation des Kindes in wechselseitige Beziehung. Anders als Piaget, nach dessen Auffassung die Entwicklung vom egozentrischen Denken des Kindes zum sozialisierten Kind verläuft, wird von Vygotskij die Entwicklung des kindlichen Denkens vom Sozialen zum Individuellen beschrieben. Kindersprache ist von vornherein sozial, eine »egozentrische« Sprache zeigt das Kind nach Vygotskijs Experimenten vor allem bei Problemen der Aufgabenbewältigung. Hierbei spricht das Kind nicht für sich, sondern mit sich selber quasi als einer anderen Person.

Ein Grund für die unzureichende Verbreitung und Rezeption der kulturhistorischen Schule ist in der russischen Politik zu sehen: Das Dekret des Zentralkomitees der KPdSU vom 4. Juli 1936 gegen die sog. pädologischen Perversionen (Pädologendekret) hatte weitreichende Folgen auch für die Psychologie in der Sowjetunion. Die kulturhistorische Schule war hiervon besonders betroffen. Ideologisch akzeptiert war nunmehr nur noch die Reflexologie, die später auch im Ostblock als naturwissenschaftliche Grundlage der materialistischen Weltanschauung gefeiert und als Waffe gegen Idealismus und Spekulationen angesehen wurde. In zwei längeren historischen Arbeiten zur DDR weist Busse (1998, 1999) darauf hin, dass die Ablösung vom physiologisch-mechanistischen Denken Pawlows in Biologie, Medizin, Psychologie und Pädagogik ein langwieriger schmerzhafter Prozess war. Als Kuriosum am Rande sei vermerkt, dass die DDR-Wissenschaften dem sowjetischen Befehl zur Pawlowisierung mit Pawlow-Lehrgängen und Pawlow-Kommisionen nachkamen als Stalin starb und in der Sowjetunion die Pawlow-Ideologie an Bedeutung verlor.

Das Pädologendekret führte zu einem Verbot der Schriften Vygotskijs kurz nach dessen Tod. So wurde sein Buch *Denken und Sprechen* bereits 1936, noch bevor es im Westen rezipiert wurde, aus dem Handel genommen. Erst nach Jahrzehnten wurde Vygotskij »neu entdeckt«. Hieran war in Deutschland die Studentenbewegung der sechziger Jahre beteiligt. In Italien war es vor allem Luciano Mecacci, der in Moskau studiert hatte und Arbeiten der kulturhistorischen Schule ins Italienische übersetzte (Mecacci, 1976).

4 Gegenwärtige Entwicklungen: Das Ende der Schulen?

»Welcher der klassischen ›Schulen‹ der Psychologie fühlen Sie sich am engsten verbunden?« Dies war die Frage, die das Psychologische Institut der Universität Bonn 1956 den amerikanischen Psychologischen Instituten stellte (vgl. 3.8). Würde man eine solche Befragung heute in den USA oder Deutschland wiederholen, dann erhielte man sehr viele Antwortverweigerungen. Psychologen und erst recht ganze Institute fühlen sich weit weniger einer bestimmten klassischen Schule zugehörig; ja, es fällt heute schwer, überhaupt markante Schulen in der Psychologie zu sehen und sich mit ihnen zu identifizieren.

Natürlich fühlen sich einzelne Psychologen zu bestimmten Richtungen hingezogen, die ihnen für ihre Lehr- und Forschungsaufgaben besonders wichtig und nützlich erscheinen; und natürlich gibt es auch einzelne Hochschullehrer, die für ihre Theorien oder Therapiepraktiken klangvolle Begriffe gewählt haben. Jedoch würde heute kaum jemand von einer Wuppertaler oder Lüneburger Schule sprechen, so wie man früher von einer Würzburger oder Berliner Schule sprach. Die Gründe für die rückläufige Bedeutung der Schulen sind vielfältig. Ein einfacher Grund ist, dass der Ausbau der Psychologischen Institute von meist einem zu mehreren spezialisierten Lehrstühlen zur Pluralität der Lehrauffassungen innerhalb eines Instituts geführt hat. Würde man eine Befragung unter Psychologen nach deren Psychologieverständnis durchführen, erhielte man Hinweise auf viele informelle Netze zwischen ähnlich interessierten und ähnlich denkenden Psychologen verschiedener Einrichtungen. Tagungen, Fachzeitschriften und direkte Kontakte zwischen Wissenschaftlern fördern diese Beziehungen in kleineren Forschergruppen. Interessenverlagerungen, die Politik der Drittmittelforschung, Wegberufungen usw. führen dabei zu Umstrukturierungen, so dass diese Netze selten längere Zeit Bestand haben.

Einige der neueren Richtungen sollen kurz dargestellt werden. Dabei ist eine psychologiegeschichtliche Betrachtung nur begrenzt möglich, denn noch fehlt die sichere Distanz, aus der eine wissenschaftsgeschichtliche Einordnung und Wertung möglich ist. Auffällig ist bei den meisten Richtungen, die sich in den letzten zwanzig bis dreißig Jahren gewisse Geltung verschafft haben, eines: Sie versuchen auf unterschiedliche Weise den Behaviorismus zu überwinden. Bei den neueren kognitiv-psychologischen Richtungen geschieht dies, indem auf Wahrnehmung, Denken und Informationsverarbeitung abgehoben wird; bei den kritisch-psychologischen Richtungen werden politisch-gesellschaftliche Einbindungen des handelnden Menschen herausgestellt; bei den humanistisch-psychologischen Richtungen soll die Überwindung des Behaviorismus durch die Suche nach Möglichkeiten der Selbstverwirklichung des Menschen geschehen.

Die Gruppierung der neueren Tendenzen in diese drei zeitlich parallele Richtungen mag etwas gewaltsam erscheinen, sie dient vielleicht aber der leichteren Zuordnung und soll daher in den folgenden Abschnitten beibehalten werden.

4.1 Kognitive Psychologie und psychologische Handlungstheorien

4.1.1 Die Computer-Metapher

Die Geschichte der Metaphern des Menschen (Draaisma, 1999) zeigt augenfällig, dass das Bild des Menschen sich über Jahrhunderte hinweg sehr geändert hat, innerhalb einer Epoche doch stets recht einheitlich war. Descartes hatte den Menschen mit einer Maschine verglichen, und die Vorstellung vom »Räderwerk der Seele« beherrschte lange Zeit das Denken. Ein solches mechanistisches Menschenbild sollte sich für viele Bereiche als außerordentlich nützlich erweisen. Prototypisch kann die Physiologie genannt werden: Gliedmaßen funktionieren nach Hebelgesetzen, das Herz ist eine Pumpe, Nervenbahnen sind Stromleitungen.

In der Romantik tauchten neue Metaphern des Menschen auf. So wurde die Seele des Menschen mit dem Wasser(dampf) verglichen. Bei Goethe heißt es, des Menschen Seele gleiche dem Wasser, »vom Himmel kommt es, zum Himmel steigt es, und wieder nieder zur Erde muss es, ewig wechselnd«.

Die Entdeckung der Nervenfunktionen legte Ende des 19., Anfang des 20. Jahrhunderts den Vergleich des Menschen mit dem Telefon und dann dem Radio nahe. (Ein populäres Buch des Mediziners Schleich aus der Zeit zwischen den zwei Weltkriegen hatte den damals zugkräftigen Titel »Vom Schaltwerk der Gedanken«.)

Auch der alltägliche Sprachgebrauch weiß davon, bei jemandem habe es gefunkt, es gehe ihm ein Licht auf; und im Spaß wird gesagt, jemand solle »vor Inbetriebnahme des Mundwerks das Gehirn einschalten«. Fragt man heute Kinder danach, mit welchem Gegenstand man einen Menschen besonders gut vergleichen kann, so wird die Antwort ziemlich eindeutig ausfallen: Mit dem Roboter. Er ist so sehr zur Metapher des Menschen und der Computer so sehr zur Metapher menschlicher kognitiver Fertigkeiten geworden, dass uns die eben erwähnten früheren Vergleiche als »hölzern« und unzureichend erscheinen.

Die Computer-Metapher ist zu einem Denk- und Sprechmuster in der Psychologie, der Linguistik und den Kognitionswissenschaften geworden. »Auch die alltägliche Weltanschauung hat sich gewandelt. Wir leben in einer *Informations*-Gesellschaft und in einem *Informations*-Zeitalter – mit dem Computer im Mittelpunkt.« (Drewer, 2003, S. 73).

»Heute betrachtet man völlig selbstverständlich das menschliche Hirn als Rechner, der mit Daten gefüttert wird und Ergebnisse auswirft, den Geist bzw. die Vernunft als die dazugehörige Software, die neuronalen Zustände des Hirns als interne Zustände eines Computers, mentale Denkprozesse als algorithmisch. Die menschliche Kognition wird zu einem Rechenvorgang« (Drewer, 2003, S. 73).

Da Metaphern nicht nur Bilder und Analogien sind, sondern implizit handlungsleitend sein können, liegt in der Computermetapher eine Gefahr: Der Mensch erscheint als programmierbar und menschliche Schwächen und Fehler sind dann nur Programmierfehler.

4.1.2 Die sogenannte Kognitive Wende

Die Analogie zwischen Mensch und Computer in unserer Zeit ist aber nicht nur ein mehr oder weniger bangloses Stück »Alltagspsychologie«. Sie ist auch nicht nur Ausdruck unseres Zeitgeistes, sondern sie hat erhebliche Bedeutung für die Psychologie selbst. Bereits am Anfang einer Richtung innerhalb der Psychologie, die beträchtliche Bedeutung erhielt, stand die Frage der Ähnlichkeit zwischen Gehirn und Computer.

George A. Miller, Eugene Galanter und Karl H. Pribram erhielten von der Ford Foundation 1958 ein einjähriges Forschungsstipendium, das ausgesprochen interdisziplinären Charakter hatte. Es sollte u. a. geprüft werden, welchen Nutzen die Kybernetik für die Psychologie hatte. Das Ergebnis der Arbeit war das 1960 erschienene Buch »Plans and the structure of behavior«. Dieses Buch fand schnell Beachtung.

Miller, Galanter und Pribram nehmen an, dass kybernetische Systeme Ziele (Sollwerte) haben, über Wissen (Speicher) verfügen und zur Zielerreichung Pläne (Computerprogramme) verwenden. So auch der Mensch, dessen Wissen von sich selbst und seiner Umwelt von den Autoren als Bild bezeichnet wird. Das kybernetische Modell des Regelkreises wird von den Autoren konsequent auf den Menschen angewendet. Der Mensch reagiert nicht nur auf Reize (Behaviorismus), sondern er hat Pläne, die er verfolgt; während des Handelns wird in einer Rückkopplungsschleife geprüft, ob der angestrebte Endzustand erreicht ist. Menschliches Handeln wird somit bei Miller, Galanter und Pribram als kompliziertes Netzwerk von Regelkreisen aufgefasst; zur Veranschaulichung werden kybernetische Blockschaubilder verwendet.

Der lange schwelende und durch experimentelle Untersuchungen nicht lösbare Streit, ob Verhalten eher als Resultat externer Bedingungen (vor allem Behaviorismus) oder interner Handlungsziele (vor allem Motivationstheorien und neuere Gestaltpsychologie) ist, schien hier auf elegante Art gelöst, indem interne Ziele *und* externe Bedingungen in ein anschauliches Modell integriert wurden. In jedem Fall musste es nun darum gehen, die Ziele und die Veränderung dieser Ziele im Verlauf

4.1 Kognitive Psychologie und Handlungstheorien

des Handelns zu erforschen. Diese Abkehr von der Modellvorstellung eines passiv reagierenden Menschen zu einem planenden, selbsttätig handelnden und wahrnehmenden Individuum wurde als »Kognitive Wende« in der Psychologie bezeichnet. Sie erfasst neben der Allgemeinen Psychologie alle Teilgebiete bis hin zu den Anwendungsbereichen. Die Kognitionspsychologie oder gar der »Kognitivismus« (vgl. z. B. Ulich, 1989, S. 102ff.) ist mit Beginn der siebziger Jahre zur dominierenden (wenn auch nicht sehr geschlossenen) Richtung innerhalb der Psychologie geworden.

Allerdings muss man aus psychologiegeschichtlicher Perspektive ergänzen, dass die Bezeichnung »Wende« für die amerikanische Psychologie eher zutrifft als für die europäische, insbesondere die deutsche, in der wahrnehmungs-, gestalt-, ganzheits- und denkpsychologische Strömungen stets stärkere Bedeutung hatten als in den USA. Es fällt uns nach der Beschäftigung mit der Psychologiegeschichte nicht schwer, andere und z. T. noch ältere Vorläufer der kognitiven Psychologie auszumachen: Wilhelm Wundts Bewusstseinspsychologie, die Willenspsychologie Narziss Achs, die Denkpsychologie der Würzburger Schule, Karl Bühlers Sprach- und Ausdruckstheorie, die Gestaltpsychologie, die unabhängig voneinander entstandenen Arbeiten von Albert Michotte und von Fritz Heider zur Wahrnehmung von Ereignisursachen, Lewins Feldtheorie, Dunckers Psychologie des Problemlöseverhaltens, Wertheimers und Metzgers Arbeiten über produktives und schöpferisches Denken, die sozialpsychologischen Balance- und Dissonanztheorien und viele mehr.

Wir sollten den revolutionären Charakter aber nicht verharmlosen. Viele traditionelle Bereiche der Psychologie erhalten durch die Hinzunahme kognitionspsychologischer Konzepte eine neue Qualität. Für die Lerntheorien zeigt sich dies ganz besonders. Bedenkt man z. B. beim operanten Konditionieren, dass die Person selbst nicht nur Verstärkung wahrnimmt, dass sie auch Reize in unterschiedlichem Maße als Belohnung oder Bestrafung erleben kann, dass sie auch Belohnungen antizipieren und sogar sich selbst materiell und immateriell bekräftigen kann, dann erkennt man schnell, wie begrenzt die frühen Lerntheorien sind.

Mit diesem Beispiel wird aber auch das forschungsmethodische Problem der Kognitionspsychologie deutlich: Kognitionen können nicht unmittelbar aus dem Verhalten ersehen werden, sie müssen erschlossen oder erfragt werden.

4.1.3 Psychologische Handlungstheorien

Ein Ansatz, der zur Kognitionspsychologie gezählt werden kann, weil er im engen Zusammenhang zu der Arbeit von Miller, Galanter und Pribram steht, ist die psychologische Handlungstheorie oder Handlungspsychologie (nicht zu verwechseln mit der Handlungsforschung i. S. von Lewin).

Russische Psychologen wie insbes. Sergej Rubinstein hatten auf der Grundlage marxistischer Gesellschaftstheorie die Bedeutung zielgerichteter Tätigkeit des handelnden Menschen im gesellschaftlichen Leben herausgestellt. Tätigkeiten lassen sich nach Rubinstein in einzelne zielgerichtete Handlungen aufteilen. Tätigkeit ist also hierarchisch organisiert und wird durch das Ergebnis bzw. Teilergebnisse reguliert. Damit hatte Rubinstein die Hauptgedanken vorgebracht, die erst in den siebziger Jahren von Winfried Hacker (Dresden) und von Walter Volpert (West-Berlin) nunmehr mit direktem Bezug auf Miller, Galanter und Pribram als Modell der hierarchisch-sequentiellen Handlungsregulation formalisiert und auf berufliche Tätigkeit angewandt wurden.

Gerade für die Psychologie der Arbeit, des Sports, aber auch für die Psychotherapie erwies sich die Vorstellung von Zielen, die von Menschen verfolgt werden, von Handlungsplänen, Teilzielen und Ergebniskontrollen als besonders geeignet, um die Struktur kognitiver Prozesse zu ermitteln und (z. B. durch Veränderungen im Arbeitsablauf) zu beeinflussen.

Diese Auffassung wird auch von der sog. Berner Schule der Handlungspsychologie (von Cranach u. a., 1980), auch Schule der naiven Handlungspsychologie genannt, geteilt. Anders als bei Hacker und bei Volpert wird hier von Handlungen jeder Art ausgegangen und der Versuch der Entwicklung einer universell gültigen, möglichst voraussetzungslosen Theorie unternommen. Zu den zahlreichen methodischen Neuerungen der Berner Schule zählt die sog. Selbstkonfrontationsmethode: Personen werden in einer Handlungssituation gefilmt, dieser Film wird ihnen anschließend in sehr kurzen Abschnitten mit der Aufforderung vorgeführt, Handlungsabsichten, erinnerte Gedanken während der Handlung usw. zu benennen. Diese Methode erinnert – wie die Verfasser selbst ausführlich diskutieren (von Cranach u. a., 1980, S. 205f.) – an die Vorgehensweise der Würzburger Schule. Jedoch gibt es nennenswerte Unterschiede in Zielsetzung, Art der Vpn, Instruktionen, Zeitpunkt der Befragung und Erfassungstechnik.

4.2 Kritische Psychologie

Natürlich gehört es zur psychologischen Forschung wie zur wissenschaftlichen Arbeit in jeder anderen Disziplin, gegenüber früheren Ansätzen, Theorien, Hypothesen und Befunden kritisch zu sein. Insofern wird sich kaum ein Wissenschaftler als »unkritisch« bezeichnen. Es darf daher nicht überraschen, dass Wissenschaftler ihre eigenen Richtungen als »kritisch« bezeichnet haben: Kritischer Rationalismus, Kritische Theorie, Kritische Psychologie usw. Für den Studienanfänger ist es nicht leicht, diese – z. T. ganz gegensätzlichen Richtungen – auseinanderzuhalten.

Gemeinsam ist den sog. kritischen Wissenschaftstheorien (von denen der Kritische Rationalismus zu trennen ist), dass sie sich explizit oder implizit auf die Gesellschaftstheorie von Karl Marx (1818–1883) beziehen.

Im Jahr 1923 wurde aufgrund von privaten Stiftungen das Institut für Sozialforschung an der Universität Frankfurt errichtet. Dieses Institut hatte es sich zur Aufgabe gemacht, Wechselwirkungen von Gesellschaft und Kultur (Philosophie, Literatur, Musik und Film) zu untersuchen. Hierzu kamen sehr bald Studien zu Autorität und Faschismus. 1933 wurde das Institut durch die nationalsozialistische Regierung geschlossen. Die führenden Mitglieder dieser Einrichtung wie Theodor W. Adorno (1903–1969), Erich Fromm (1900–1980), Max Horkheimer (1895–1973) und Herbert Marcuse (1898–1979) mussten ihre Studien in der

Emigration (Schweiz, Frankreich, vor allem USA) fortsetzen (vgl. auch 5.5).

Diese sog. Frankfurter Schule versuchte, auch nach der Wiedereröffnung des Instituts in Frankfurt im November 1951, die Gesellschaftstheorie von Marx philosophisch, historisch und psychoanalytisch neu zu interpretieren. Relativ spät, nämlich etwa 1961 bis 1965 kam es zu einer intensiveren wissenschaftstheoretischen Diskussion zwischen Vertretern der Frankfurter Schule wie Adorno, Marcuse und Jürgen Habermas (geb. 1929) mit Vertretern des Neopositivismus wie Karl R. Popper (1902–1994) und Hans Albert (geb. 1921). Diese Diskussion wird heute als Positivismusstreit bezeichnet. Popper und Albert bezogen sich in diesem Streit auf den Jahrzehnte früher von Max Weber (1864–1920) und Gustav Schmoller (1838–1917) ausgetragenen Werturteilsstreit, in dem Weber die Trennung von Werturteilen und wissenschaftlichen Sätzen gefordert hatte. Die Vertreter der Frankfurter Schule stellten dagegen heraus, dass jeder Theoriebildung ein Erkenntnisinteresse vorausgeht (Habermas) und dass Theorien von Herrschhaftsinteressen bestimmt und durchsetzt sind (Adorno). Forschung sei stets Teil der Gesellschaft. Der Forscher selbst könne sich daher nicht außerhalb seiner selbst stellen; es bleibe ihm nur die Möglichkeit, sein Verhältnis zu Gesellschaft, Forschung und Wissenschaft dialektisch mitzubedenken und emanzipatorisches Erkenntnisinteresse auf dem Wege des herrschaftsfreien Diskurses zu entwickeln (Habermas).

In der Psychologie war dieser Positivismusstreit wenig beachtet worden. Der Grund hierfür lag wohl hauptsächlich darin, dass Psychologen Anfang der sechziger Jahre vollauf damit beschäftigt waren, die geisteswissenschaftliche Psychologie mit dem Neobehaviorismus amerikanischer Prägung zu überwinden, empirisch-analytische Forschungsmethoden zu erarbeiten und zu verfeinern und dieses Wissen auf verschiedenste psychologische Fragen anzuwenden. Die Mehrheit der deutschen Psychologen war an wissenschaftstheoretischen Fragen weniger interessiert und fand sich implizit oder explizit auf der Seite von Popper und Albert wieder. Als typisch für die damals vorherrschende »liberale« Psychologieauffassung kann man einen Vor-

4.2 Kritische Psychologie

trag von Hans Hörmann über »Psychologie und Gesellschaft« ansehen, den Hörmann im Wintersemester 1962/63 in Berlin hielt. Dort hieß es, die Psychologie könne Wege aufzeigen zu Zielen, die sie nicht selbst setze, sondern die heteronom gesetzt würden.

»Wenn irgendeine Religion, eine Moral, eine Ideologie z. B. hohe Leistung als gut und damit als erstrebenswert erklärt, dann kann die Psychologie Auskunft geben über die Zusammenhänge dieses Leistungsstrebens mit dem Gefüge der übrigen Persönlichkeitseigenschaften, über den Einfluß von Erfolg und Mißerfolg auf diese Motivationsstruktur ... Das heißt, aus den Erkenntnissen der Psychologie kann – bestenfalls – abgeleitet werden, was man tun muß, um in einem Menschen ein hohes Leistungsstreben zu erzeugen. Aber die Psychologie sagt niemals, *ob* man in einem Menschen ein hohes Leistungsstreben erzeugen soll« (zitiert nach Holzkamp, 1972, S. 213).

Die Verbindung zwischen der Wissenschaft Psychologie und der Gesellschaft stelle nach Hörmann der Psychologe selbst dar, er habe frei und allein die Entscheidung zu fällen, welchem Ethos er sich verantwortlich fühlen solle.

Eine solche, für weite Bereiche der Psychologie typische Auffassung lockte die Gegenargumente, wie sie im Positivismusstreit von Vertretern der Frankfurter Schule vorgebracht wurden, geradezu hervor. Es war vor allem Klaus Holzkamp (1927–1995), der mit Mitarbeitern am Psychologischen Institut der Freien Universität in West-Berlin eine wissenschaftstheoretische Orientierung – zunächst von anderen als »Konstruktivismus« bezeichnet – erarbeitete, die heute allgemein als »Kritische Psychologie« bezeichnet wird. Holzkamp selbst hat die Entwicklung seiner Position in enger Beziehung zur damaligen Studentenbewegung gesehen und beschrieben (Holzkamp, 1972).

Ähnlich wie die Frankfurter Schule, aber z. T. noch radikaler, fordert Holzkamp mit Marx ein dialektisches Verhältnis von Mensch und Gesellschaft. Die Kritischen Psychologen etikettieren sowohl die geisteswissenschaftliche als auch die neopositivistische Position, wie sie z. B. Hörmann vertreten hatte, als »Bürgerliche Psychologie« und kritisieren diese in Grundlagen, Methoden und Anwendungen. (Wir lernten die Kritische Psychologie bereits im Zusammenhang mit psychologiegeschichtlichen Theorien kennen, vgl. Kap. 1.6.4.) Während Holzkamp die Auffassung vertrat, Psychologie sei als Einzelwissenschaft möglich, jedoch der marxistischen Gesellschaftstheorie unterzuordnen, gab es andere marxistisch orientierte Autoren, die die Psychoanalyse als brauchbare Theorie im Kontext marxistischer Gesellschaftstheorie ansahen. Diese Position lehnte Holzkamp ab.

Hatten wissenschaftstheoretische Diskussionen (z. B. in der »Zeitschrift für Sozialpsychologie«) Anfang der siebziger Jahre breiten Raum eingenommen, so ist diese Diskussion inzwischen abgeebbt. Vieles spricht für Annäherungen zwischen geisteswissenschaftlicher, kritischer und »bürgerlicher« Psychologie (vgl. Holzkamp, 1986; Mattes & Dege, 2008).

4.3 Humanistische und Transpersonale Psychologie

4.3.1 Humanistische Psychologie

Zur Humanistischen Psychologie sind Psychologen und Psychotherapeuten verschiedener Herkunft zu rechnen: Abraham Maslow, Charlotte Bühler, Carl Rogers, Fritz Perls, Sidney M. Jourard, Rollo May, Fred Massarik und andere. Gemeinsam ist den Humanistischen Psychologen die Kritik an einer behavioristischen Psychologie, die aus dem Menschen nur eine »größere weiße Ratte oder einen langsameren Computer« gemacht habe. Zu entwickeln sei eine Psychologie, die das aktive Streben des Menschen nach einem erfüllten Leben, nach Anerkennung und Selbstverwirklichung in den Mittelpunkt stelle. In bewusster Absetzung vom Behaviorismus, aber auch von der Psychoanalyse, versteht sich die Humanistische Psychologie als »dritte Kraft« oder »dritter Strom« der Psychologie.

Im Jahr 1961 wurde das *Journal of Humanistic Psychology* gegründet, ein Jahr später unter Vorsitz von Maslow die *American Association of Humanistic Psychology*. Die vier von dieser Vereinigung vertretenen Thesen verdeutlichen die Unterschiede zur damals wie heute vorherrschenden »akademischen« Psychologie:

4.3 Humanistische und Transpersonale Psychologie

»1. Im Zentrum der Aufmerksamkeit steht die erlebende Person. Theoretische Erklärungen und sichtbares Verhalten werden demgegenüber als zweitrangig angesehen.
2. Der Akzent liegt auf spezifisch menschlichen Eigenschaften wie der Fähigkeit zu wählen, der Kreativität, Wertsetzung und Selbstverwirklichung – im Gegensatz zu einer mechanistischen und reduktionistischen Auffassung des Menschen.
3. Die Auswahl der Fragestellungen und der Forschungsmethoden erfolgt nach der Maßgabe der Sinnhaftigkeit – im Gegensatz zur Betonung der Objektivität auf Kosten des Sinnes.
4. Ein zentrales Anliegen ist die Aufrechterhaltung von Wert und Würde des Menschen, und das Interesse gilt der Entwicklung der jedem Menschen innewohnenden Kräfte und Fähigkeiten« (gekürzt nach Bühler & Allen, 1982, S. 7).

Die Ursprünge einer so revolutionierenden, aber durchaus eingängigen Psychologie sind in den psychotherapeutischen und erziehungspsychologischen Erfahrungen der Begründer dieser Richtung zu sehen. Die Überzeugungen, der Mensch sei von Natur aus gut und verfüge über Selbstheilungskräfte (Rogers, vgl. Kap. 5.9, er strebe nach einem erfüllten Leben (Bühler) und nach Selbstverwirklichung (Maslow), sind typisch für die pluralistische amerikanische Gesellschaft, in der das Credo, der einzelne Mensch strebe nach Glück, sogar in der Verfassung verankert ist.

Die Phase der Begründung einer Humanistischen Psychologie fällt in eine Zeit, in der die vom Behaviorismus geprägte akademische Psychologie an sichtbare Grenzen stieß und das pessimistische Menschenbild des späten Freud ebenfalls nicht mehr überzeugte. Mehrere der Begründer dieser neuen Richtung hatten sich – von der Psychoanalyse herkommend – eine eigene Position erarbeitet. Ungewöhnlich und bemerkenswert ist Charlotte Bühlers Anteil an der Humanistischen Psychologie: Schon in ihrer Wiener Zeit hatte sie in ihrer Psychologie des menschlichen Lebenslaufs (1933) das Streben des Menschen nach einem erfüllten Leben herausgestellt (vgl. Kap. 5.3). Erst nach ihrer erzwungenen Emigration Ende der dreißiger Jahre beschäftigte sie sich mit Psychoanalyse und Psychotherapie. Nun wurde sie – selbst bereits fast siebzigjährig – zur Verfechterin einer revolutionär anmutenden neuen Strömung.

Bühler und Allen (1982, S. 19f.) haben als historische Wurzeln der Humanistischen Psychologie den Humanismus und den Existentialismus herausgestellt. Beide Bezüge überzeugen nicht ganz. Zwar protestierten die Humanisten in ähnlicher Weise gegen die Scholastik des Mittelalters wie die Humanistischen Psychologen gegen die traditionelle Psychologie opponierten, doch ist dies neben ein paar weiteren Analogien fast auch schon die einzige Übereinstimmung. Ähnlich verhält es sich mit dem Verweis auf den Existentialismus. Die Humanistische Psychologie weist kaum nennenswerte Beziehungen zu Autoren wie Martin Heidegger oder Jean Paul Sartre auf. Allerdings kann man Beziehungen zu Albert Camus entdecken, der z. B. in seinem Roman »Die Pest« das schöpferische Streben des Menschen nach sozial verantwortlichem Handeln in einfachen und widrigen Lebensbedingungen herausstellte.

Größere Ähnlichkeiten als zum Humanismus und zur Existenzphilosophie weist die Humanistische Psychologie zur Reformpädagogik und zur geisteswissenschaftlichen Psychologie auf. Gemeinsam ist diesen drei Richtungen die starke Betonung der Eigengesetzlichkeit menschlichen Denkens und Handelns, die Annahme dynamischer Kräfte im Individuum und nicht – wie beim Behaviorismus – außerhalb des Individuums. Hatten Reformpädagogen wie Georg Kerschensteiner, Peter Petersen, Maria Montessori und andere eine Pädagogik »vom Kinde aus« gefordert (und damit die Notwendigkeit der psychologischen Erforschung entwicklungspsychologischer Prozesse unterstrichen), so fordern Humanistische Psychologen in ähnlicher Weise eine Psychologie der erlebten Person.

Auch bei ihren Methoden greifen Humanistische Psychologen explizit und implizit auf ältere Ansätze zurück. Auffällig ist die Nutzung phänomenologischer Methoden, wie sie von Edmund Husserl, Theodor Lipps und Ludwig Klages entwickelt wurden. Der Psychologe soll allem Seelischen ohne voreilige Deutung, Wertung oder Kritik mit derselben Aufmerksamkeit begegnen. (Hier sei daran erinnert, dass sich nach Rogers der Gesprächspsychotherapeut aller Deutungen und Wertungen enthalten soll, vgl. Kap. 5.9.) Diese Haltung ist jedoch nicht mit distanzierter Gleichgültigkeit zu verwechseln. Im Gegenteil: Humanistische

Psychologen werfen der akademischen Psychologie Methodenfetischismus und eine damit verbundene Verweigerung der Auseinandersetzung mit Alltagsproblemen vor, wohingegen sie sich selbst um eine teilnehmend-besorgte (»concerned«) Erkenntnishaltung gegenüber der Welt bemühen. Neben der Fremdbeobachtung hat die Selbstbeobachtung in der Humanistischen Psychologie neue Bedeutung erlangt; von einigen Autoren wird sie als die wichtigste Methode der Humanistischen Psychologie bezeichnet.

Betrachtet man die Wirkungsgeschichte der immerhin 50-jährigen Humanistischen Psychologie, dann kann man sicher nicht von einem Durchbruch sprechen. Viele neuere Richtungen der Psychotherapie und Beratung haben von der Humanistischen Psychologie profitiert. Die psychologische Methodenlehre ist von der Humanistischen Psychologie nur wenig beeinflusst worden. Allerdings gibt es Tendenzen in der Psychologie, die nur bei näherer Betrachtung die Wirkungen der Humanistischen Psychologie erkennen lassen. Hierzu sind z. B. die Arbeiten des amerikanischen Psychologen Mihaly Csikszentmihalyi (1992, 1999) zu zählen. Sein Buch »Flow. Das Geheimnis des Glucks«, war aber nicht nur ein populärwissenschaftlicher Bestseller, sondern hat mehrere Bereiche der Forschung angeregt. Sein Vorgehen bezeichnet Csikszentmihalyi als *systematische Phänomenologie*. Neben empirisch-analytischen Studien bezieht er eigene Lebenserfahrungen und Einzelinterviews ein. Mit seiner Frage, wie jeder einzelne ein exzellentes, erfülltes Leben erlangen könne, steht Csikszentmihalyi den Zielvorstellungen der Humanistischen Psychologie sehr nahe. Nicht nur das. Auch sein Flow-Konzept weist unmittelbare Ähnlichkeit zu Konzepten der Selbstverwirklichung auf, wie sie z. B. bei Abraham Maslow zu finden sind, vielleicht ohne dass dies von der Leserschaft bemerkt wird.

4.3.2 Transpersonale Psychologie

Seit etwa Mitte der sechziger Jahre hat sich, ausgehend von den USA, eine psychologische Richtung entwickelt, die von ihren Vertretern als Weiterentwicklung der Humanistischen Psychologie und damit nach Behaviorismus, Psychoanalyse und Humanistischer Psychologie als »vierte Kraft« angesehen wird. Der von Abraham Maslow und Stanislaw Grof geprägte Begriff der Transpersonalen Psychologie scheint sich als Sammelbegriff für die sehr heterogenen Ansätze durchzusetzen, nachdem sich auch eine 1969 gegründete Zeitschrift mit dem Titel *Journal of Transpersonal Psychology* als führendes Sprachorgan herausgestellt hat.

Anliegen der Transpersonalen Psychologie ist die Erforschung des Bewusstseins einschließlich bewusstseinserweiternder und verändernder Prozesse, wie insbes. spirituelle Erfahrungen, Extase, Grenz- und Sterbeerfahrungen. Dabei werden Fragen berührt, die bislang ausschließlich religiösen Traditionen vorbehalten waren. Auch die verwendeten Techniken, insbes. die Meditation und die Verwendung bewusstseinsverändernder Stoffe (Drogen), gehörten bislang kaum zum Repertoire der klinisch-psychologischen Praktiken.

In ihren theoretischen Annahmen wird die Transpersonale Psychologie gespeist von den Zielen der Humanistischen Psychologie, von östlichen Religionen und Psychologiesystemen wie Zen-Buddhismus, Yoga und Sufismus. Somit hat die Transpersonale Psychologie im Gegensatz zur westlichen akademischen Psychologie interkulturelle Züge.

Bemerkenswerterweise schöpft die Transpersonale Psychologie aber auch aus den Arbeiten und Theorien einiger Vertreter der neueren Naturwissenschaften. Der Grund für diese Beziehung ist kurz gesagt – in dem Versuch der Abkehr der neueren Naturwissenschaften von einem kartesianischen Weltbild zu sehen. René Descartes (1596–1650) gilt als Begründer einer mechanistischen und rationalistischen Weltsicht. Descartes trennte zwischen Körperwelt (res extensa) und Bewusstsein (res cogitans) und nahm ein System von Wechselwirkungen zwischen diesen Welten an. Der »kartesianische Dualismus« ermöglichte enorme Fortschritte in den Naturwissenschaften, insbesondere der Medizin. Gegenwärtig stoßen die Naturwissenschaften aber auf Grenzen dieses dualistischen Bildes. War noch im 19. Jahrhundert die Bekämpfung großer Krankheiten durch Erforschung der Krankheitserreger möglich, so verweisen die heute besonders bedrohenden Krankheiten (Kreislaufkrankheiten, Krebs usw.) nicht mehr auf einen einzelnen Erreger, sondern auf ein kompliziertes Zusammenspiel physischer und psychischer Faktoren, wobei schon diese sprachliche Trennung zwischen physischen und psychischen Faktoren auf die alte Macht des dualistischen Denkens hinweist, aus der sich die Wissenschaften schwer befreien können. »Diejenigen, die hiermit keine persönlichen Erfahrungen und Kenntnisse verbinden, neigen dazu, die Transpersonale Psychologie insgesamt und pauschalierend als regressive Flucht ins Magisch-Mystisch-Spirituelle zu etikettieren und sie lediglich als Ausdrucksform der schillernden New-Age-Bewegung und ihres esoterisch eingefärbten Psychomarktes zu halten...« (Dorst, 1989, S. 324).

Diese Kennzeichnung ist sicher zutreffend. Hatte schon die Humanistische Psychologie keine Begeisterungsstürme der akademischen Psychologie bewirkt, so gilt dies für die Transpersonale Psychologie erst recht. Die Zukunft wird zeigen, ob es der Transpersonalen Psychologie mit ihrem interdisziplinären und interkulturellen Charakter gelingen wird, das kartesianische Denken in der Psychologie überzeugend zu überwinden.

5 Teildisziplinen der Psychologie im 20. Jahrhundert

Im Folgenden sollen einzelne ausgewählte Teilgebiete der Psychologie betrachtet werden. Diese Betrachtung kann im Rahmen dieser Darstellung nur einführend und kursorisch sein.

Am Beispiel des Behaviorismus ließ sich allerdings schon sehen, dass psychologische Schulen und Strömungen ihre Schwerpunkte in bestimmten inhaltlichen Gebieten, hier eben in den Lerntheorien hatten. Die Gründe dafür liegen zum Teil in den Theorieinhalten, zum Teil aber auch darin, dass die Themen, die zum Gegenstand von Schulen wurden, sehr oft aus der bewussten Abgrenzung zu anderen Schulen entstanden. Gestaltpsychologen befassten sich mit Wahrnehmung, weil sie eine andere Erklärung als die Wundt-Schule suchten. Freud schrieb seine »Massenpsychologie und Ich-Analyse«, weil er zwar von LeBons »Massenpsychologie« angetan war, aber Massenphänomene eben anders erklären wollte. Bandura wollte Lernvorgänge beschreiben, aber eben in weniger begrenzter Form als Skinner und andere.

So führt die Betrachtung psychologischer Teilgebiete zwangsläufig zur Betrachtung von Schulen und Richtungen. Wir werden trotz der gedrungenen Darstellung hier und da auf Ansätze stoßen, die uns aus der vorangegangenen Darstellung bekannt sind. Nicht zuletzt soll hierdurch ein klareres Gesamtbild der Psychologiegeschichte entstehen.

5.1 Biologische Psychologie und Neuropsychologie

In den letzten Jahrzehnten haben die Bio- und Neurowissenschaften einen beachtlichen Aufschwung erlebt. Hieran hatte die Psychologie nennenswerten Anteil. Zur Biologischen Psychologie und Neuropsychologie gehören nach heutiger Auffassung nicht nur die Physiologische Psychologie (einschließlich Psychophysiologie, Hormonpsychologie, Pharmakopsychologie, Psychoimmunologie), sondern auch jene Bereiche, die unmittelbar Teilbereiche der Biologie berühren, wie etwa Verhaltensbiologie, Ethologie und Genetik. Die Geschichte all dieser Gebiete kann hier nicht abgehandelt werden, zumal sie sehr weit zurückreicht.

Erinnert sei daran, dass die frühen experimentellen Erfolge der Psychologie bei Weber, Fechner, Wundt und anderen an die Forschungsergebnisse der Physiologie anschlossen. So hat die frühe Experimentalpsychologie des 19. Jahrhunderts sowohl ihre Fragestellungen als auch ihre Forschungsmethodik (wie z. B. die verwendeten Apparaturen) aus der Physiologie entnommen.

Ein Autor, der versucht hat, Physiologie und Psychologie theoretisch zu verbinden, war Hermann Rudolf Lotze (1817–1881). Lotze vertrat seinen eigenen Idealismus; sein Werk wurde vor allem zu seinen Lebzeiten eingehend diskutiert, weil er die mechanistische Naturauffassung seiner Zeit mit religiösen Auffassungen und der Teleologie Spinozas versöhnen wollte. In seinem Buch »Medicinische Psychologie oder Physiologie der Seele« (1852) behandelt er die Wechselwirkungen zwischen Leib und Seele und stellt sich u. a. die Frage nach dem Sitz der Seele. Er suchte sie z. B. »an der gemeinschaftlichen Endigungsstelle aller Nervenfäden« (S. 119). Dann wieder bezweifelt er einen festen Sitz der Seele und vermutet, dass sie »beweglich im Gehirn enthalten« sei (S. 121). Eine klare Antwort versprach er sich von zukünftiger Forschung. Wie bereits dargestellt, vertraten nachfolgende Wissenschaftler wie Helmholtz, Brücke, Du Bois-Reymond und andere eine materialistische Auffassung und verzichteten entgegen Lotze ganz auf die Annahme immaterieller Kräfte. Wegweisend für die Entwicklung einer Physiologischen Psychologie waren die Arbeiten von Helmholtz zur Nervenleitung und zur optischen Wahrnehmung Mitte des 19. Jahrhunderts. Arbeiten anderer Autoren folgten. »Die Physiologische Psychologie hat sich nach und nach sämtlicher großen Themen der rationalistischen Psychologie angenommen – Wahrnehmung und Vorstellung, Gefühl, Wille, Gedächtnis und Ästhetik (...)

Theoretisch haben ihre Verfechter sich zumeist vom Idealismus abgewandt und dem Empirismus zugewandt« (Schönpflug, 2000, S. 290).

Zwischen der Veröffentlichung von Lotze und der heutigen Biologischen Psychologie liegen mehr als 150 Jahre. Nach dem Sitz der Seele im menschlichen Körper würde heute kein Physiologe und kein Psychologe mehr suchen, was aber nicht bedeutet, dass das Leib-Seele-Problem gelöst ist.

Ein Themenkomplex, mit dem sich die Psychologie lange befasst hat, war die Frage, ob und in welchem Maße menschliches Verhalten instinktgeleitet ist. William James (1842–1910) vertrat die Auffassung, der Mensch verfüge über mehr als 30 evolutionär entstandene Instinkte; manche der instinktiven Reaktionen seien jedoch nutzlos geworden. In der Folge gab es eine Vielzahl von Autoren, die menschliche Instinktkataloge entwarfen. Einer dieser Autoren war der englisch-amerikanische Psychologe William McDougall (1871–1938), dessen »Introduction to social psychology« (1908) als eines der ersten Lehrbücher der Sozialpsychologie gilt, obwohl McDougall sich in diesem Buch vor allem mit den evolutionspsychologischen Grundlagen menschlichen Verhaltens befasst. Wulf-Uwe Meyer sieht daher McDougall als den Urheber der Idee einer Evolutionären Psychologie an (Meyer, 2002, S. 9). Nach McDougall sind die eigentlichen Antriebe zum Handeln die Instinkte als Bausteine der menschlichen Psyche. So vertrat auch McDougall einen Instinktkatalog mit Instinkten wie Flucht bei Furcht, Zurückweichen bei Abscheu, Neugier bei Erstaunen, Elterninstinkt, Gesellungsinstinkt, Nachahmungsinstinkt usw. An den vielen Auflagen seines Buches kann man die Entwicklung der Psychologie der ersten Hälfte des 20. Jahrhunderts ablesen: Immer mehr nahm McDougall den Instinktbegriff zurück, so dass schließlich in späteren Auflagen der Eindruck einer Motivationspsychologie statt einer Instinktpsychologie entstand.

Die frühe instinktpsychologische Position hatte sich nicht durchsetzen können. Dies hatte verschiedene Gründe. Zum Teil lag es am Behaviorismus eines John B. Watson, der Instinkte als Erklärungen ablehnte (und sich dementsprechend mit McDougall stritt), zum Teil aber auch daran, dass Instinktkataloge der verschiedensten Autoren sehr differierten. Sollte man einen Herdentrieb annehmen, oder nur einen Elterntrieb, oder gar nur den Trieb der mütterlichen Fürsorge? Die Zusammenstellung der Trieb- und Instinktkataloge war offenbar ein ziemlich willkürliches Geschäft. Grundlegender war die Kritik der zirkulären Argumentation: Durch die Bezeichnung einer bestimmten Verhaltensweise als »instinktiv« erfolgte keine wirkliche Erklärung, sondern das Problem wurde nur auf die Ebene der (nicht als erklärungsbedürftig erachteten) Triebe und Instinkte verschoben.

Interesse an einer Evolutionären Psychologie – allerdings nicht im Sinn von Instinktkatalogen – entwickelte die Psychologie erst Jahrzehnte später. Universalität im Bereich des mimischen Ausdrucks von Emotionen, universelle Verhaltensweisen (z. B. Bewertung der Attraktivität von Personen des anderen Geschlechts, Partnerwahlverhalten, Vermeidung von Inzest usw.) haben der Evolutionären Psychologie mit ihren spektakulären Befunden und Theorien in den letzten zwei Jahrzehnten einen unerwarteten Aufschwung verliehen. So, wie sich extrem lange Schnäbel mancher Kolibris im Zuge der Evolution entwickelt haben, haben sich nach Auffassung der Evolutionären Psychologie auch menschliche Verhaltensweisen entwickelt, die das Überleben sicherten: Angst vor Dunkelheit, Erregung bei Gefahr, Eifersucht usw. Gegenstand der Evolutionären Psychologie ist die Untersuchung und Erklärung dieser Evolvierten Psychologischen Mechanismen (EPM).

Die Anfänge der Neuropsychologie kann man in den frühen Arbeiten von Franz Josef Gall (1758–1828) zur Phrenologie sehen. Gall versuchte geistige Zustände und Fähigkeiten (von ihm »Fakultäten« genannt) bestimmten Hirnbereichen zuzuordnen und nahm an, dass die Ausbildung bestimmter Eigenschaften an der Schädelform ablesbar sei. Einbuchtungen oder Beulen des Schädels sollten Anzeichen für bestimmte Begabungen erkennen lassen. Obwohl sich sehr bald die Unhaltbarkeit dieser Annahme erwies, war die Phrenologie in allen möglichen Spielarten bis weit in das 20. Jahrhundert hinein populär.

Einen Schritt weiter als Gall ging der französische Arzt und Anatom Paul Broca (1824–1880). Broca hatte an seinem Krankenhaus einen Patienten namens Leborgne, der den Spitznamen »Tan« hatte, da er zwar ganz verständig schien, aber nur die Silbe »tan« sprechen konnte. Als Leborgne starb, wurde bei der Obduktion durch Broca eine Läsion im linken Frontallappen festgestellt, die sich bis in den hinteren Teil des Gehirns hinzog. Broca vermutete daraufhin, dass Sprachfähigkeit in der linken Gehirnhälfte lokalisiert sei. Dies bestätigte sich durch nachfolgende anatomische Untersuchungen. Dieser Befund führte erstens dazu, dass man sich von der bisher verbreiteten Annahme symmetrischer Funktionen der Gehirnhälften verabschieden musste, zweitens war hierdurch die Lokalisation bestimmter Funktionen – wie sie in gewisser Weise die Phrenologie erahnt hatte – empirisch belegt. Allerdings gab es einen Jahrzehnte dauernden Streit darüber, ob und wie bestimmte Funktionen im Gehirn lokalisiert sind. Erst mit bildgebenden Verfahren seit den sechziger Jahren des 20. Jahrhunderts gelang die genauere Lokalisierung bestimmter Funktionen und Emotionen.

Den Begriff Neuropsychologie hat man dem kanadischen Psychologen Donald O. Hebb zugeschrieben. »Tatsächlich aber geht der Terminus auf Sir William Osler zurück, der am 16. 04. 1913 bei der Eröffnung des Johns Hopkins Hospitals in einem Vortrag den Ausdruck Neuropsychologie verwendete« (Poeck, 2006, S. 1). Erst nach dem Zweiten Weltkrieg entwickelte sich die Neuropsychologie zu einem Fach mit Lehrstühlen, Fachzeitschriften und Fachgesellschaften. In jedem Fall ist Neuropsychologie ein interdisziplinäres Unternehmen, bei dem die Diagnose und Behandlung von Patienten mit Hirnschädigungen einen wichtigen Platz einnimmt (Goldenberg, 2007).

Literaturempfehlungen zu Kap. 5.1

Meyer, W.-U. (2002). *Zur Geschichte der Evolutionären Psychologie*. Zweite, überarbeitete Fassung. Online-Dokument. URL: http://www.uni-bielefeld.de/psychologie/ae/AE02/LEHRE/Evolutionaere Psychologie.html

Poeck, K. (2006). Die Entwicklung der modernen Neuropsychologie. In H.-O. Karnath und P. Thier (Hrsg.), *Neuropsychologie*. 2. Aufl. (S. 1–6). Berlin: Springer.

5.2 Psychodiagnostik und Persönlichkeitspsychologie

In der Ausbildung von Psychologinnen und Psychologen stellen die Diagnostische Psychologie und die Persönlichkeits- bzw. Differentielle Psychologie zwei verschiedene Fächer dar, doch sind diese Gebiete in ihrer Geschichte so eng verbunden, dass man sie mit gutem Recht im Zusammenhang behandeln kann.

Abgesehen von eineiigen Zwillingen unterscheiden sich Menschen schon äußerlich deutlich voneinander. Doppelgänger als auffällig ähnliche Menschen werden bei einer näheren Bekanntschaft miteinander ohne Mühe ganz erhebliche Unterschiede in ihren Interessen, Begabungen und Fähigkeiten feststellen. Das Bedürfnis, andere Menschen zu kennen, d. h., etwas über ihre Anlagen und Eigenschaften in Erfahrung bringen zu können, ist wohl ein ursprüngliches Bedürfnis, das mit dem Wunsch des Menschen, sich selbst mit anderen zu vergleichen, zusammenhängt.

Die Geschichte der psychologischen Diagnostik ist von praktischen Zielsetzungen geprägt: Für welchen Beruf ist das Kind geeignet, wer wird das Abitur schaffen, zu welcher Militärgattung soll der Rekrut, wer bekommt den Studienplatz für Psychologie? Fragen dieser Art kommen nur dann auf, wenn überhaupt Entscheidungsmöglichkeiten gegeben sind. Diese sind aber – historisch gesehen – nicht selbstverständlich. In einer mittelalterlichen Gesellschaft, bei der der Lebensweg durch Geburt, Eltern, Wohnort schon fast vollständig vorbestimmt war, entstanden solche Entscheidungskonflikte kaum. So ist die Entstehung der Psychodiagnostik auch in engem Zusammenhang zur Handlungsfreiheit des Menschen, aber auch mit Institutionen wie Militär und Industrie zu sehen, die unter Gesichtspunkten der Effizienz und Kosten an vorteilhaften Entscheidungen interessiert sind.

Eine der frühesten psychodiagnostischen Arbeiten ist die des spanischen Arztes Juan Huarte (ca. 1530–1592). Huarte greift die Temperamentlehren der Antike auf und möchte mit seiner »Prüfung der Köpfe zu den Wissenschaften« (1575) den Eltern Hilfen bei der Berufsentscheidung für deren Söhne geben. Das

Buch erreichte eine beispiellose Verbreitung: 77 Ausgaben in sieben Sprachen. Noch 175 Jahre nach Erscheinen nimmt der zweiundzwanzigjährige Gotthold Ephrahim Lessing die Mühe der Übersetzung ins Deutsche (1752) auf sich. Huarte glaubt, dass die meisten Menschen Berufe ausüben, die nicht ihren Fähigkeiten entsprechen und schlägt Auslese und Beratung durch geeignete Prüfer vor. Bei der Suche nach Ursachen für bestimmte Begabungen bezieht sich Huarte ausschließlich auf Texte der Antike, die auf humorale, klimatische und andere Faktoren hinweisen. Huarte ergänzt diese »diagnostischen« Erkenntnisse durch pädagogische und eugenische Empfehlungen, die zum großen Teil heute abenteuerlich anmuten. So verordnete Huarte zum Beispiel unter Berufung auf Hippokrates, die Frau müsse sich nach dem Geschlechtsakt auf die rechte Seite legen; denn falle der Same auf die rechte Seite des Uterus, so entstünden Söhne, falle er auf die linke Seite, entstünden Mädchen. (Am Rande sei vermerkt, dass Lessing diese Stelle genau vertauscht übersetzt hat: S. 408f.) Ferner heißt es zum Beispiel:

»Rindfleisch, Speck, schwarzes Brod, Käse, Oliven, rother Wein und schweres Wasser verursachen einen groben und übel beschaffenen Samen. Ein Sohn welcher von solchen Speisen gebohren wird, ist stark wie ein Ochse, ist wild und eines recht viehischen Geistes. Und daher kommt es, daß es ein Wunder ist, wenn sich unter den Bauernsöhnen ein scharfsinniger und zu den Wissenschaften aufgelegter Kopf befindet« (S. 418).

Manche Ideen Huartes finden sich aber (explizit oder implizit) durchaus in späteren Darstellungen wieder, so etwa in Johann Gottfried Herders (1744–1803) These, dass nur die gemäßigten Klimazonen höhere Kulturen entstehen lassen oder in Willy Hellpachs »Geopsyche« (1911), in der Zusammenhänge zwischen Klima und Landschaft mit menschlichen Temperamenten angenommen werden. Ohne große Mühe kann man Ähnlichkeiten zwischen Huartes Temperamentlehre und der Kretschmer'schen Konstitutionslehre (s. u.) erkennen. Gemeinsam ist allen die Annahme kausaler Beziehungen, durch die Unterschiede zwischen Menschen begründet sind.

Lessings Interesse an Huarte war nicht zufällig. Die Zeit der Aufklärung begünstigte eine unbefangenere Sicht menschlicher

Fähigkeiten. In die zweite Hälfte des 18. Jahrhunderts – und zwar in eine Spanne von nur wenigen Jahren – fallen eine Reihe bedeutsamer persönlichkeitspsychologischer und diagnostischer Ansätze: Lavaters »Physiognomische Fragmente« (1775–1778), die »Philosophischen Versuche über die menschliche Natur und ihre Entwicklung« von J. N. Tetens (1777), die Arbeiten von F. A. Mesmer zum Magnetismus (1779), Rousseaus »Confessions« (1781), der erste Band des »Magazins für Erfahrungsseelenkunde« von Karl Philipp Moritz (1783), Adolph Freiherr von Knigges »Über den Umgang mit Menschen« (1788) und die Arbeiten des Arztes F. J. Gall, aus denen die bereits erwähnte Phrenologie hervorging (1791).

Der Schweizer Theologe und Schriftsteller Johann Caspar Lavater (1741–1801) nannte seine vierbändige Darstellung der Physiognomik »Physiognomische Fragmente zur Beförderung der Menschenkenntnis und Menschenliebe« (1775–1778). Anhand vieler, meist ihm selbst bekannter Personen möchte Lavater zeigen, dass aufgrund einer natürlichen Analogie die äußere Erscheinung des Menschen ein Spiegel seiner Seele ist. Edle Charakterzuge finden nach Lavater ihre Entsprechung in edlen Gesichtszügen: Aufgabe der Physiognomik ist es, diese Entsprechungen zu erkennen und Zuordnungsregeln aufzustellen. Lavater lässt Zeichnungen anfertigen, beginnt mit Schädelmessungen, sammelt Personenbeschreibungen und bringt eigene Lebenserfahrungen – etwa die, dass Ehepartner sich im Laufe einer langjährigen Ehe in ihren Gesichtszügen ähnlicher werden – in seine physiognomische Lehre ein.

Die Physiognomik wird durch Lavater zu einer Modewissenschaft, seine »Fragmente« werden in verschiedene Sprachen übersetzt, finden Verbreitung und Epigonen. Herder, Goethe und andere zeigen anfänglich begeisterte Zustimmung, später wendet sich Goethe von Lavater ab. Grundsätzliche Kritik erfährt Lavaters Theorie schon sehr bald durch den Göttinger Physiker Georg Christoph Lichtenberg, der seinen beißenden Spott über Lavaters Physiognomik gießt und auch meint, an Mimik und Gesten könne man den Menschen viel besser erkennen als am Profil der Nase. Auch Knigges (1752–1796) Ratgeber »Über den Umgang mit Menschen« gehört durchaus in diese Bestrebungen, sich selbst und andere besser zu erkennen. (Die zahlreichen umgearbeiteten Neuauflagen im 19. und 20. Jahrhundert haben den »Knigge« zu einem Buch der Anstandsregeln degradiert und die ursprüngliche aufklärerische Absicht Knigges verblassen lassen.) Knigge knüpft – wie auch Lavater – an die Typenlehre der Antike an, nach der Choleriker, Phlegmatiker, Sanguiniker und Melancholiker zu unterscheiden sind. Er beschreibt Mischformen und gibt Empfehlungen, wie man diesen Menschen begegnen soll:

»Sanguinisch-Phlegmatische leben wohl am glücklichsten, am ruhigsten und ungestörtesten, genießen mit Lust, mißbrauchen nicht ihre Kräfte, kränken Niemand, vollbringen aber auch nichts Großes; allein dieser Charakter im höchsten Grade artet in geschmacklose, dumme und grobe Wollust aus (...) Melancholisch-phlegmatische Leute aber sind wol unter allen die unerträglichsten, und mit ihnen zu leben das ist für jeden vernünftigen und guten Mann Höllenpein auf Erden« (Nachdruck 1978, S. 89).

Ohne große Mühe kann man eine derartige Typenlehre in der Persönlichkeitspsychologie des 20. Jahrhunderts wiederfinden. Die auffälligste Übereinstimmung findet sich mit der Typologie von Hans Jürgen Eysenck (1916–1997), der aus den Dimensionen »Emotionale Labilität« versus »Emotionale Stabilität« und »Introversion« versus »Extraversion« ein Koordinatensystem entstehen lässt, das – wie er selbst erkennt – der Typenlehre der Antike und der Typologie, wie sie bei Lavater, Knigge und anderen zu finden ist, sehr gut entspricht. Eysencks Persönlichkeitstheorie stützt sich jedoch auf standardisierte diagnostische Verfahren, die den Haupttestgütekriterien Validität (Gültigkeit), Reliabilität (Zuverlässigkeit) und Objektivität entsprechen sollen.

Die Entwicklung der ersten psychologischen Tests, die an großen Stichproben gewonnen wurden, fällt in die Zeit der Wende vom 19. zum 20. Jahrhundert. Vorausgegangen waren allerdings psychophysiologische Experimente, die individuelle Differenzen in den Reaktionszeiten zum Gegenstand hatten. Der Anstoß zur Entwicklung solcher Experimente wird gern auf folgende Episode zurückgeführt: Am Ende des 18. Jahrhunderts entließ Nevil Maskelyne, Astronom in Greenwich, seinen Assistenten David Kinnebrook wegen vermeintlicher Unfähigkeit. Kinnebrooks Beobachtungen von Sterndurchgängen wichen nämlich ständig von denen seines Chefs ab. Der Königsberger Astronom F. W. Bessel erfuhr hiervon und begann nun, systematisch seine eigenen Beobachtungen mit denen seiner Kollegen zu vergleichen. Hierbei stellten sich Unterschiede heraus, die nicht zufällig, sondern personenspezifisch waren. So sprachen Astronomen von der »persönlichen Gleichung«, die nichts anderes als das Maß der individuellen Reaktionsgeschwindigkeit war.

In England hatte Sir Francis Galton (1822–1911) entsprechend seiner Devise, das Messbare zu messen und das Nicht-Messbare messbar zu machen, Daten an Versuchspersonen erhoben, die Hinweise auf die durchschnittliche Leistungsfähigkeit gaben. Galtons Plan war es, von einer Anthropometrie zu einer Psychometrie fortzuschreiten, d. h., aus physischen Eigenschaften des Menschen auf psychische zu schließen. In seinem kleinen Büro in der Londoner Innenstadt konnte sich übrigens ab 1882 jeder gegen eine geringe Gebühr auf seine Fähigkeiten hin untersuchen lassen. Diese »Tests« – der Begriff stammt von Galton – umfassten zwar im Wesentlichen die Ermittlung der Sinnesleistungen (Wahrnehmungsgenauigkeit, Reaktionsgeschwindigkeit usw.). Von hier war es aber nur ein kleiner Schritt zur Psychodiagnostik mit standardisierten Intelligenz- und Persönlichkeitstests. Der Amerikaner James McKeen Cattell (1860–1944) hatte in Leipzig bei Wundt studiert, als erster Assistent von Wundt gearbeitet und sich so ein gutes methodisches Rüstzeug zugelegt. Wundts Interesse galt jedoch nicht den interindividuellen Differenzen. Auf seiner Rückreise nach Amerika stattete Cattell Galton einen Besuch ab. Angeregt durch Galton veröffentlichte Cattell bereits 1890 in den USA ein Buch über Intelligenztests. Cattell wurde 1888 Professor für Psychologie an der Universität von Pennsylvania, 1891–1917 lehrte er an der Columbia Universität.

Alfred Binet (1857–1911) war es, der in Frankreich zusammen mit dem Mediziner Theodore Simon (1872–1961) die ersten kurzen Testreihen für Kinder zwischen 3 und 15 Jahren entwickelte. Bereits 1894 hatte Binet erste Tests an Schulkindern erprobt, 1903 eine Untersuchung an seinen beiden Töchtern veröffentlicht. Nach der Sammlung einer Vielzahl verschiedenster Tests und nach Durchführung an größeren Stichproben ordneten Binet und Simon die Aufgaben nach steigender Schwierigkeit an. Ein dreijähriges Kind sollte in der Lage sein, etwa die Hälfte aller Aufgaben richtig zu lösen. Es sollte z. B. auf Augen, Nase und Mund zeigen können, zwei einstellige Zahlen wiederholen, den Familiennamen angeben und einen sechssilbigen Satz wiederholen können. War ein fünfjähriges Kind nur in der Lage, die Durchschnittsleistung des typischen Dreijährigen zu erbringen, so hatte es nach Auffassung von Binet einen Entwicklungsrückstand von zwei Jahren. (Intelligenzalter und Lebensalter wurden also subtrahiert.) Die Arbeiten von Binet und Simon wurden weniger in Frankreich als in Deutschland und in den USA aufgegriffen und kamen der Entwicklungspsychologie wie der Diagnostik allgemein zugute. Es ist bemerkenswert, dass die Wundt-Schule in Leipzig sich dieses Themas trotz ihres Interesses an Erziehungsfragen nicht annahm. Wissenschaftler, die die Psychodiagnostik in Deutschland vorantrieben, fanden sich eher unter Psychiatern und unter jenen Wundt-Schülern, die nicht in der Psychologie, sondern in der Psychiatrie (Emil Kraepelin) oder Pädagogik (Ernst Meumann) arbeiteten, oder eben unter Nicht-Wundtianern wie Hermann Ebbinghaus und William Stern.

William Stern wurde am 29. April 1871 in Berlin als einziger Sohn des jüdischen Kaufmanns Sigismund Stern und seiner Frau Rosa geboren und hatte bereits im Alter von 17½ Jahren in seiner Heimatstadt mit dem Studium der Philosophie und Psychologie begonnen, 1892 promovierte er, bis 1916 lehrte er in Breslau. An der Universität Hamburg gelang Stern der Aufbau eines der bedeutendsten psychologischen Institute der Weimarer Zeit. Unter dem Druck der Rassengesetze emigrierte das Ehepaar Stern 1933 über die Niederlande in die USA. William Stern starb 1938.

William Stern war ein außerordentlich vielseitiger und aktiver Forscher, der neben empirischen Forschungsinteressen durchaus Neigungen zum Spekulativen zeigte – etwa in seiner Begeisterung für Fechners philosophische Schriften. Stern führte entwicklungspsychologische Untersuchungen durch, so u. a. gemeinsam mit seiner Frau Clara Stern (1878–1948). Hier interessiert uns besonders Sterns Begründung der *Differentiellen Psychologie*. In einer noch immer stark hierarchisch strukturierten Gesellschaft der Zeit vor dem Ersten Weltkrieg setzt sich Stern in enger Zusammenarbeit mit Lehrern für eine solide Psychodiagnostik ein, um den Begabtesten Ausbildung und Aufstieg zu ermöglichen. Auf Sterns Initiative erfolgt die Adaption des heute noch verwendeten Binet-Simon-Tests durch Otto Bobertag (1879–1934).

Stern schlägt 1912 vor, einen Quotienten aus Intelligenzalter und Lebensalter zu bilden. Diesen – gegenüber der bisherigen Methode der Subtraktion weit aussagekräftigeren – Quotienten nennt er »Intelligenzquotient«. In diesem Wert sieht er »einen Index, der prognostischen Wert beanspruchen und bei der Schulbahnberatung (sowie der späteren Berufsberatung) mitsprechen dürfte« (Stern, 1916, S. 58). Für den Nachweis der Brauchbarkeit des IQ führt Stern genauere Analysen an größeren Stichproben durch. Sowohl in der Entscheidung für die Überweisung zur Sonderschule, als auch bei der Hochbegabtenauslese sieht Stern Anwendungsgebiete der Intelligenzdiagnostik. Die breite Resonanz der Arbeiten von Stern, Otto Lipmann, Ernst Meumann und anderen ist vor dem Hintergrund gesellschaftlicher Veränderungen zu sehen. So ist überhaupt zu erkennen, dass die psychodiagnostische Praxis parallel mit gesellschaftlichen Veränderungen in Schüben verläuft. Phasen, in denen die Psychodiagnostik vom politisch-gesellschaftlichen Bedarf profitierte, waren u. a. in den USA die Auslesemaßnahmen zur Zeit des Ersten Weltkriegs, im Deutschland der Nazizeit die Wehrmachtpsychologie und in der Bundesrepublik die Zeit der Schul- und Bildungsreform der sechziger und siebziger Jahre. Diese Phasen sind durch Bedarf an diagnostischen Verfahren und durch eine Aufwertung der Intelligenz- und Leistungsdiagnostik gekennzeichnet.

Sterns Differentielle Psychologie fand ihre reifste Form in der Lehre vom »Kritischen Personalismus«. Ein Kernstück dieser Theorie des Kritischen Personalismus ist das *Konvergenzprinzip*. Verhalten sei niemals allein das Resultat von Begabungen oder von Außeneinflüssen, sondern erst im Zusammentreten von

Ererben und Erwerben trete das Seelenleben hervor. Die Welt sei für die Person zwar Nicht-Ich, also Außenwelt, sie sei aber auch »Um«-Welt: Anreiz und Werkzeug persönlichen Wirkens, Hilfsmittel persönlicher Gestaltung. Die Person bedürfe also der Welt, um sich zu vollenden. William Stern nimmt in der sich durch die gesamte persönlichkeits- und entwicklungspsychologische Forschung hindurchziehende *Anlage-Umwelt-Diskussion* eine vermittelnde Position ein, betont aber (im Gegensatz z. B. zum Behaviorismus) die zielstrebige individuelle Einheit der Person. Wie oben dargestellt, trug dieses teleologische Menschenbild Stern unter anderen die Sympathien Alfred Adlers ein (vgl. Kap. 2.8.2).

Noch bevor Stern sein System des Kritischen Personalismus ausformuliert hatte, entwickelte sich vornehmlich im deutschen Sprachbereich ein Zweig der Persönlichkeitspsychologie, der in mancher Hinsicht antiaufklärerische Züge trug. Gemeint ist die *Charakterologie,* deren Geschichte in Typologien der Romantik zurückreicht und eng mit Ludwig Klages (1872–1956), der dem Kreis von Stefan George angehörte, verbunden ist. »Die Prinzipien der Charakterologie« (1910) und eine Reihe weiterer Schriften über Graphologie von Klages verkündeten in geistesgeschichtlicher Tradition eine *Ausdruckskunde,* die unter Laien und Wissenschaftlern gleichermaßen ihre Anhänger fand. Dass die Handschrift, das menschliche Gesicht, die Haltung, aber auch ein Bild, ein Bauwerk Ausdruckswirkungen haben, wer mochte das bestreiten? Ganz unmittelbar, ohne dass exakte Persönlichkeitsforschung notwendig zu sein scheint, erkennen wir den Ausdruck der Stimme und der Sprechweise. Dieser Eindruck ist offensichtlich spontan, er entspringt der Lebenserfahrung, und er ist ganzheitlich, d. h. nicht ohne weiteres in Elemente zerlegbar.

Im Jahr 1914 erschien die erste Auflage von Eduard Sprangers »Lebensformen«, ein Buch, in dem – ausgehend von vorherrschenden Interessen, wie Religion, Wirtschaft, Kunst usw. – eine Typologie vorgestellt wurde, die keineswegs durch systematische, repräsentative Befragungen gewonnen, sondern geisteswissenschaftlich präsentiert wurde. Dieses Buch erlebte eine ganze Anzahl von überarbeiteten Auflagen und diente noch viele Jahre

5.2 Psychodiagnostik und Persönlichkeitspsychologie

nach dem Zweiten Weltkrieg der Psychologen- und Lehrerausbildung. Klages und Spranger (1882–1963) versuchten, wie später auch Albert Wellek (1904–1972), Phillip Lersch (1898–1972) und andere, die geisteswissenschaftlichen Methoden der Hermeneutik, der Einfühlung und des Verstehens für die Persönlichkeitspsychologie nutzbar zu machen. Diese Charakterkunde ist heute so randständig, dass ihr in Handbüchern der Psychologie nicht einmal mehr ein Stichwort gewidmet wird; sie war in den zwanziger und dreißiger Jahren aber so beherrschend, dass die Tradition von Galton, Binet, Stern und Terman als rückständig galt.

Zur Vorherrschaft der Charakterkunde trugen verschiedene Faktoren bei: Die aufkommende Leipziger Ganzheitspsychologie mit einem weit gefassten Ganzheitsbegriff, hinter dem sich weite Bereiche der Psychologie sammeln konnten, aber auch die Konstitutionslehre des Psychiaters Ernst Kretschmer (1888–1964). Kretschmer machte die Beobachtung, dass psychische Erkrankungen, wie manisch-depressive Erscheinungsformen und Schizophrenie mit bestimmten Körperbauformen einherzugehen pflegen. So begann Kretschmer mit ausgedehnten anthropometrischen und korrelationsstatistischen Untersuchungen, die zunächst (1921) zu zwei Konstitutionstypen, dem pyknischen und dem leptosomen, und schließlich zu drei, dem pyknischen, dem leptosomen und dem athletischen, führten. Manisch-depressive Erscheinungen häufen sich nach Kretschmer überdurchschnittlich beim Pykniker, schizophrene beim Leptosomen. Kretschmers Darstellung »Körperbau und Charakter« erlebte weit über 20 Auflagen, in die immer wieder neues statistisches Material einbezogen wurde. Die Stärke der Darstellungen Kretschmers liegt neben der Entwicklung der (nicht unumstrittenen) Typologie in der außerordentlich lebendigen Beschreibung der Einzelpersönlichkeiten und ihrer Temperamente.

Typologien hatten in der Zeit zwischen den Weltkriegen eine gewisse »Hochkonjunktur«. Neben den geisteswissenschaftlich und den medizinisch-anthropologisch orientierten Autoren waren auch Tiefenpsychologen auf die Idee gekommen, Typologien als Ordnungshilfen zu verwenden. Eine Typologie, die auf die Psychologie bis heute nachhaltige Auswirkungen – wenn auch nicht in der intendierten Form – hatte, war C. G. Jungs Typenlehre.

»Bei meiner praktischen ärztlichen Arbeit mit nervösen Patienten ist mir schon lange aufgefallen, daß es neben den vielen individuellen Verschiedenheiten der menschlichen Psychologie auch typische Unterschiede gibt, und zwar fielen mir zunächst zwei Typen auf, die ich als Introversions- und Extraversionstypus bezeichnete« (Jung, 1921, S. 7).

So beginnt Jungs Darstellung, die im gleichen Jahr wie die von Kretschmer erschien (1921). Der Introvertierte ist durch ein zögerndes, reflexives, zurückgezogenes Wesen gekennzeichnet. Er gibt nicht leicht, nimmt in sich auf, scheut vor Objekten und versteckt sich gern hinter misstrauischer Beobachtung. Der Extravertierte hat dagegen ein entgegenkommendes, anscheinend offenes Wesen, findet sich in fast jede Situation, knüpft leicht Kontakte, wagt sich ohne nennenswerte Bedenken in unbekannte Situationen und ist oft unbekümmert.

Jung stellt diese Extreme in Beziehung zu den vier psychischen Funktionen des Denkens, Fühlens, Empfindens und Intuierens, worauf acht reine Typen entstehen, für die Jung als Belege kein empirisch-statistisches Material, jedoch zahlreiche Beispiele aus Literatur und psychotherapeutischer Praxis anführt.

Die Dichotomie Extraversion-Introversion hat sich in der Persönlichkeitspsychologie und Diagnostik als außerordentlich fruchtbar erwiesen. Insbesondere im erwähnten Modell von H. J. Eysenck nimmt diese Dimension – meist mit einem standardisierten Persönlichkeitstest erfasst – zentrale Stellung ein. Eysenck fand für alle möglichen Einstellungen und Verhaltensweisen (Lernen, Rauchen, Sexualität usw.) Zusammenhänge zu den zwei Dimensionen.

Neuere Persönlichkeitstheorien gehen seltener – wie auch bei Eysenck – von einigen, wenigen Dimensionen aus. Meist wird angenommen, dass eine Vielzahl von Einzeldimensionen, die mit standardisierten Tests zu erfassen sind, eine hypothetisch angenommene Struktur bilden. Tests, die den wichtigsten Gütekriterien der klassischen Testtheorie (Gültigkeit, Zuverlässigkeit, Objektivität) entsprechen, werden mit aufwendigen mathematisch-statischen Verfahren in Zusammenhang gebracht und ausgewertet.

5.3 Entwicklungspsychologie

Die Vorstellung von einer Entwicklung psychischer Merkmale und Fähigkeiten im Zusammenhang mit dem körperlichen Wachstum ist in allen Kulturen zu finden. Aber schon die für uns heute selbstverständliche Vorstellung von Jugend als Übergangsstadium zwischen Kindheit und Erwachsenenalter gab es z. B. im Mittelalter nicht. Darstellungen aus dieser Zeit zeigen das Kind als kleinen Erwachsenen, was vermuten lässt, dass es im Mittelalter kein unseren Vorstellungen entsprechendes Bild der Kindheit gab. Mit etwa 12 Jahren galten Kinder im Mittelalter als erwachsen.

Die Entwicklungspsychologie ist aus der sog. Kinderpsychologie hervorgegangen und diese entstand u. a. durch die Beschäftigung mit dem Außergewöhnlichen: mit Wunderkindern, Hochbegabungen, sog. »Überentwicklungen« (Schumann, 1921).

Seit dem 17. Jahrhundert finden sich pädagogische Vorstellungen, die die Aufmerksamkeit immer stärker auf die kindliche Entwicklung lenken. Jean-Jaques Rousseaus utopischer Erziehungsroman »Emile« (1762) hat Einfluss auf den Bildungs- und Entwicklungsroman (Karl Phillipp Moritz, Wieland, Goethe usw.). Dietrich Tiedemann (1748–1813) veröffentlicht 1787 Beobachtungen über die Entwicklung seines 1781 geborenen Sohnes und begründet damit eine Tradition von biologisch-medizinischen und kinderpsychologischen Studien.

In der zweiten Hälfte des 19. Jahrhunderts werden Aufzeichnungen über die Entwicklung von Kindern geradezu Mode. Kein geringerer als Charles Darwin trägt mit Aufzeichnungen über die Entwicklung eines Kindes zu dieser Bewegung bei. Darwins Interesse entsteht nicht zufällig; die Frage nach dem Verhältnis zwischen phylogenetischer und ontogenetischer Entwicklung beschäftigt nun viele Forscher. Ernst Haeckel (1834–1919) stellt

1866 das »biogenetische Grundgesetz« auf, nach dem die embryonale Entwicklung eine Rekapitulation der Stammesgeschichte darstellt. Beim Menschen sollen Kiemenspalten und Haarkleid des Embryos Hinweise auf die Richtigkeit dieser Behauptung und der Darwin'schen Evolutionstheorie geben. (Heute umstritten.)

Systematischere, breiter angelegte Studien aus der Zeit vor der Jahrhundertwende stammen von William Preyer.

Der gebürtige Engländer Wilhelm (William) Thierry Preyer (1841–1897) studierte Medizin und Naturwissenschaft, war Physiologe und lehrte an der Universität Jena. Er führte wichtige physiologische und entwicklungspsychologische Studien durch.

Preyers grundlegendes Werk »Die Seele des Kindes« (1882) wurde für die biographische Methode vorbildlich und erlebte zahlreiche Auflagen. Mit besonderer Sorgfalt und Systematik beobachtet Preyer seinen 1877 geborenen Sohn, indem er sich

»fast täglich mindestens dreimal – Morgens, Mittags und Abends – mit dem Kinde beschäftigte und es vor den üblichen Dressuren möglichst schützte« (Preyer, 1884, S. IV).

Als Physiologe war Preyer an der Entwicklung der Reflexe, der Instinkte und an den Leistungen der Sinnesorgane, aber auch an der Sprache, an Emotionen und natürlich auch an der Entwicklung körperlicher Leistungen interessiert.

In England greift James Sully die Methode Preyers auf und dehnt sie auf das Kindergarten- und Vorschulalter aus. In den neunziger Jahren veröffentlichen in den USA G. Stanley Hall (1844–1924) und James Mark Baldwin (1861–1934) weitere Monographien. Beide Autoren hatten in Deutschland studiert und beide vertraten die erwähnte These, das Individuum durchlaufe in seiner individuellen Entwicklung die Evolution der Menschheit. Dies gelte aber nicht nur für die embryonale Entwicklung, sondern auch für die weitere Entwicklung des Kindes. Als Beleg für sein sog. »psychogenetisches Grundgesetz« führte G. Stanley Hall die alterstypischen Kinderspiele, wie z. B. das Buden-Bauen an.

Nach der Jahrhundertwende gibt es eine Vielzahl von Tagebuchstudien, die oft besonderen Fragestellungen gewidmet sind. So veröffentlicht das Ehepaar Clara und William Stern Kindertagebücher mit besonderem Interesse an der Sprachentwicklung ihrer drei Kinder, von denen der Sohn später als Philosoph (Günther Anders) bekannt werden sollte; David und Rosa Katz veröffentlichen Gespräche mit ihren zwei Kindern Theodor und Julius.

Die Einführung der allgemeinen Schulpflicht macht die Lösung vieler praktischer Probleme notwendig, so u. a. die Frage der Schulreife. Das von Binet und Simon in Frankreich entwickelte Verfahren der standardisierten Intelligenzprüfung wurde – wie gesagt – in Deutschland vor allem von William Stern und in den USA vor allem von Lewis M. Terman (1877–1956) aufgegriffen, um entwicklungspsychologische Fragen zu untersuchen. Terman entwickelte die amerikanische Fassung der Binet-Simon-Testreihen, trat in den USA sehr früh mit Veröffentlichungen über Intelligenzmessung in Erscheinung. Besonders verdienstvoll waren Termans großangelegte, über Jahrzehnte reichende Längsschnittstudien über die Lebensläufe begabter Kinder. Das Modell einer standardisierten Reihe von Untersuchungen stand auch bei den Untersuchungen Pate, die Karl Bühler (1879–1963), bald darauf seine Frau Charlotte Bühler (1893–1974) mit einer ganzen Reihe von Schülern und Schülerinnen wie Elsa Köhler, Hildegard Hetzer, Paul Lazarsfeld und Lotte Schenk-Danzinger durchführten.

Charlotte Bühler (1893–1974) wurde in Berlin geboren, interessierte sich schon als Schülerin für Psychologie, studierte in Freiburg, Berlin, Kiel und München. 1916 heiratete sie Karl Bühler, der Assistent bei Oswald Külpe war. 1923 zog Charlotte Bühler nach Wien, nachdem Karl Bühler dort den Lehrstuhl für Psychologie erhalten hatte. 1929 wurde sie zum Außerordentlichen Professor ernannt. Nach dem »Anschluss« Österreichs durch die Nazis emigrierte das Ehepaar Bühler – Charlotte Bühler war jüdischer Abstammung – über Norwegen in die USA, wo Charlotte Bühler sich der Psychoanalyse zuwandte und mit Abraham Maslow, Carl Rogers und anderen die Amerikanische Gesellschaft für Humanistische Psychologie begründete.

Während der Tätigkeit am psychologischen Universitätsinstitut im »roten Wien« (vgl. Schenk-Danzinger, 1983; Ash, 1987) entstand eine Vielzahl von empirischen Arbeiten zur Entwicklung von Kindern. Charlotte Bühler begann mit der Sammlung und kommentierten Herausgabe von Jugendtagebüchern. Die geisteswissenschaftliche Methode der Textinterpretation (Hermeneutik) fand hier Eingang in die entwicklungspsychologische Forschung. Es schlossen sich großangelegte Kinderuntersuchungen an, denen die Binet-Simon-Tradition deutlich anzumerken ist. Ein Ziel war hier die Aufstellung altersgemäßer Normen der Entwicklung. In der städtischen Kinderübernahmestelle konnten die Methoden der exakten Beobachtung, wie sie von Bechterew in Russland und Arnold Gesell (1880–1961) in den USA betrieben wurde, auf Kinder angewandt werden. Ohne technische Hilfsmittel mussten die Mitarbeiterinnen des Psychologischen Instituts spontane und experimentell hervorgerufene Verhaltensweisen protokollieren. Ein wichtiges Ergebnis dieser Studien war der Bühler-Hetzer-Kleinkindertest, der die standardisierte Erfassung der Entwicklung gestattet.

Die umfangreichen Beobachtungen veranlassten Charlotte Bühler, die Entwicklung des Kindes als ein von jedem Kind durchlaufene Abfolge von Verhaltensänderungen zu verstehen, die verschiedene Phasen durchläuft.

Nachdem Ernst Meumann, der übrigens den heute alltagssprachlichen Begriff »der Jugendliche« geprägt hat, und William Stern eine Entwicklungspsychologie des Jugendalters entwarfen, konnte Charlotte Bühler einen Schritt weiter gehen. Anfang der dreißiger Jahre dehnte sie die entwicklungspsychologischen Untersuchungen auf den gesamten menschlichen Lebenslauf aus. Auf der Grundlage einer biologischen Lebenskurve vollziehen sich nach Bühler fünf Lebensphasen, in die typischerweise Ereignisse wie Berufsfindung, Eheschließung, Ausscheiden aus dem Berufsleben usw. fallen. Bühler stellt in ihrem Buch »Der menschliche Lebenslauf als psychologisches Problem« (1933) erstmals eine Entwicklungspsychologie vor, die nicht nur auf Kindheit und Jugend beschränkt ist. Für eine Reihe bedeutender Persönlichkeiten werden Leistungen wie Veröffentlichungen, Patente, Konzerte, Kompositionen usw. im Zusammenhang zum Lebenslauf dargestellt. Dies erlaubt Bühler die Bildung von Lebenslauftypen. Das Streben nach einem erfüllten Leben – später ein zentrales Axiom der Humanistischen Psychologie – wird von Charlotte Bühler bereits in diesem Buch herausgestellt.

Die Beschreibung der menschlichen Entwicklung in Stufen oder Phasen war längere Zeit allgemein akzeptiert: Trotzphase, die sog. negative Phase in der Pubertät (Hetzer), die Flegeljahre, oder wie auch immer bestimmte Abschnitte umgangssprachlich oder mit Fachausdrücken gekennzeichnet wurden. Zwei für die Entwicklungspsychologie auch heute noch bedeutsame Phasenlehren seien genannt: die psychoanalytische Phasenlehre Sigmund Freuds und die Theorie kognitiver Entwicklung von Jean Piaget.

Freud unterscheidet drei Phasen in der frühen Kindheit, die orale, die anale und die phallische Phase. Nach einer sexuellen Latenzzeit tritt erst in der Pubertät die Weiterentwicklung zur genitalen Phase, dem Stadium des Erwachsenseins, ein. Störungen in der Entwicklung sind nach Freud persönlichkeitsprägend. Auch Rückentwicklungen, sog. *Regressionen*, sind möglich. So beginnen Kinder z. B. häufiger wieder mit dem Daumenlutschen, wenn sie sich mit einem neugeborenen Geschwisterkind die Liebe der Eltern »teilen« müssen. Weitere, hier nicht darzustellende Elemente der entwicklungspsychologischen Lehre Freuds sind der Ödipuskomplex und die Kastrationsangst. Auffällig ist der außerordentlich spekulative Charakter dieser Phasenlehre, die auch nicht auf systematischen Beobachtungen beruht. Für mehrere Bereiche sollte sich diese Phasenlehre als bedeutungsvoll erweisen; zunächst natürlich für die psychoanalytische Therapie, in der Störungen in der frühkindlichen Entwicklung in Erinnerung gebracht und durchgearbeitet werden sollen, aber auch für die Kulturanthropologie, in der Freuds entwicklungspsychologische Überlegungen auf Sozialisationsverläufe in verschiedensten Kulturen angewandt wurden.

Mit Psychoanalyse beschäftigte sich intensiv auch ein junger Naturwissenschaftler, der heute kaum mit Psychoanalyse in Verbindung gebracht wird: Jean Piaget.

Jean Piaget wurde 1886 in Neuchâtel in der Schweiz geboren, er studierte Naturwissenschaften und promovierte mit einer biologischen Dissertation. Nach seiner Promotion studierte er in Zürich und bei Binet in Paris Psychologie. 1921 wurde Piaget bei Claparède in Genf Oberassistent, arbeitete an verschiedenen Institutionen, leitete zuletzt das Psychologische Laboratorium der Universität Genf und ein interdisziplinäres Forschungsinstitut. An seinen eigenen Kindern stellte Piaget erste Untersuchungen über kognitive Entwicklung an. Piagets Erkenntnis, dass die kognitive Entwicklung der Kinder bestimmte Phasen durchläuft, hat sich für die Entwicklungspsychologie und für die Pädagogik als wichtig erwiesen. Piaget starb 1980.

Einfach gesagt, ist Piagets zentrale Frage, wie der Mensch zu Wissen und Erkenntnis gelangt und die Entwicklungsstufen zu beschreiben, die dem abstraktlogischen Denken des Erwachsenen vorausgehen. Anstoß zu dieser Frage hatten u. a. Piagets psychodiagnostische Untersuchungen an Kindern im Laboratorium von Binet gegeben. Aber erst in Genf bei Claparède entwickelt Piaget seine Stufenlehre. Piaget nimmt an, dass auf jeder Stufe der Entwicklung ein Gleichgewicht zwischen den kognitiven Schemata und dem Objekt der Erkenntnis hergestellt wird (Äquilibration). Mit diesem angenommenen Bestreben des Menschen, sich aktiv mit seiner Umgebung auseinanderzusetzen, zeichnet Piaget ein Menschenbild, das vom Behaviorismus weit entfernt ist.

Vier Hauptstadien der Intelligenz werden von Piaget unterschieden:

1. Die *sensumotorische Intelligenz*. Diese erste Phase bis zum Alter von 1 bis 1½ Jahren bezeichnet die früheste Form der Auseinandersetzung mit der Umwelt: Greifen nach Gegenständen, zunehmende Verinnerlichung des Handelns, Vorstellungen von Gegenständen und Geschehensabläufen, erstes Erkennen von Ursachen, etwa im Alter von 6–8 Monaten Objektpermanenz, d. h. Entwicklung einer festen Vorstellung davon, dass Personen und Sachen auch weiterexistieren, wenn sie nicht sichtbar sind.
2. Die *Stufe des voroperatorischen, anschaulichen Denkens*. Im Alter von 1½ bis 6 oder 8 Jahren findet sich eine Verinnerlichung des Handelns. Das Denken ist aber an Anschauungen gebunden. Auch die Sichtweise anderer Personen kann das Kind noch nicht übernehmen. Piaget nennt dies den »Egozentrismus« des Kindes, ein Begriff, den er selbst später als »schlecht gewählt« bezeichnet.
3. Das *konkret-operatorische Denken* im Alter von 8–10 Jahren weist nicht mehr die typischen Fehler des voroperatorischen Denkens auf. Der Unterschied zum späteren formaloperato-

rischen Denken liegt im Wesentlichen darin, dass nur solche Operationen möglich sind, die im Prinzip auch als Handlungen ausgeführt werden können.
4. Im Alter von 11–12 Jahren beginnt das *formal-operatorische Denken*, das hypothetisch-deduktiv und nicht mehr an konkrete Operationen gebunden ist.

Piaget und seine Mitarbeiter haben versucht, die Entwicklung in diesen Phasen nicht nur für logisches Denken im Bereich der Mathematik, Physik usw., sondern z. B. auch für die Moralentwicklung nachzuweisen. Hauptmethode war für Piaget eine besondere Form der Exploration. Bei den Studien zur Moralentwicklung sollten Kinder z. B. Geschichten beurteilen und begründen, welches beschriebene Verhalten verwerflicher sei. Ein Gespräch mit einem achtjährigen Kind verdeutlicht dies (nach Piaget, 1973, S. 180):

Piaget: Zwei Kinder haben Eier für ihre Mama gekauft. Aber beim Heimgehen haben sie gespielt und die Eier zerbrochen. Der erste hat zwölf und der zweite eins zerbrochen. Zu Hause angekommen erzählen sie, ein großer Hund wäre an ihnen hochgesprungen und habe die Eier zerbrochen. Sind das Lügen?
Kind: Ja.
Piaget: Sind beide Lügen gleich schlimm?
Kind: Das erste, weil es mehr zerbrochen hat.
Piaget: Aber ich spreche nicht vom ersten Kind, ich spreche von der ersten Lüge. Welches ist die erste Lüge?
Kind: Er sagte, dass es ein Hund war.
Piaget: Und die zweite?
Kind: Er hat auch gesagt, dass es der Hund war.
Piaget: Also sind beide Lügen gleich schlimm?
Kind: Nein, die erste, weil der Junge mehr Eier zerbrochen hat.

Entsprechend seiner Phasenlehre fand Piaget, dass jüngere Kinder die Verwerflichkeit nach der Schadenshöhe beurteilen, während ältere Kinder die Handlungsabsicht als ausschlaggebend ansehen. Wie alle Phasenlehren hat auch Piagets Theorie Kritik gefunden, jedoch auch zu vielen Untersuchungen Anlass gegeben – in den USA allerdings später als in Europa.

Neuere entwicklungspsychologische Arbeiten beziehen noch stärker als Piaget soziale Faktoren der Entwicklung ein, konzentrieren sich auf die Bedeutung der Umwelt und versuchen, die Psychologie der Lebensspanne mit bislang vernachlässigten Lebensabschnitten und kritischen Lebensereignissen zum Forschungsgegenstand zu machen.

Literaturempfehlung zu Kap. 5.3

Eckardt, G. (2010). *Kernprobleme in der Geschichte der Psychologie.* Wiesbaden: Verlag für Sozialwissenschaften.

5.4 Pädagogische Psychologie

Die Pädagogische Psychologie ist mit der Psychodiagnostik und der Entwicklungspsychologie eng verbunden, doch ist sie noch stärker als diese Gebiete auf Anwendung bezogen. Die Geschichte der Pädagogischen Psychologie ist daher untrennbar mit der Geschichte der Pädagogik verknüpft, wie überhaupt Psychologie, Philosophie und Pädagogik lange Zeit nicht ohne Weiteres zu trennen sind. Eine historische Betrachtung muss immer wieder daran erinnern, dass sich Wissenschaftler wie Wundt, Stern, Meumann, Külpe, die wir heute uneingeschränkt als Psychologen ansehen, als Philosophen *und* als Psychologen verstanden und auch so angesehen wurden.

Vielleicht überraschend aus heutiger Sicht ist die Tatsache, dass die Pädagogische Psychologie eine lange Geschichte hat: Bereits im Jahr 1824 wurde per Dekret des Preußischen Schulministeriums verfügt, dass die Kandidaten für das Höhere Lehramt neben Kenntnissen zu ihrem Unterrichtsfach auch Kenntnisse in Philosophie und Psychologie erwerben mussten (Gundlach, 2004, S. 6). Gundlach sieht dieses Datum als bislang übersehenes Geburtsdatum der Disziplin Psychologie an. Tatsächlich muss man davon ausgehen, dass Professoren der Philosophie – wie auch Wilhelm Wundt – eine große Zahl von Studierenden für das Höhere Lehramt unterrichteten und prüften. Eine Ausrichtung dieser Ausbildung auf die Pädagogische Psychologie erfolgte allerdings erst später. Um die Wende zum 20. Jahrhundert entstehen die ersten Fachzeitschriften, so 1899 die »Zeitschrift für Pädagogische Psychologie«. Intention der Wissenschaftler ist es, eine Pädagogik auf

5.4 Pädagogische Psychologie

der Grundlage der naturwissenschaftlichen Methoden zu entwickeln. Heute fremd anmutende Begriffe wie »experimentelle Pädagogik« und »experimentelle Didaktik« bringen dieses Pädagogikverständnis zum Ausdruck.

Pädagogisch-psychologische Forschung und Lehre war aber nicht auf Universitäten beschränkt. Volksschullehrer, die allein schon wegen ihrer kurzen Ausbildungszeit an Präparandenanstalten bzw. Akademien nicht als Akademiker angesehen werden konnten, stellten das interessierte Auditorium für die pädagogisch-psychologische Weiterbildung dar. Mancherorts, wie in Hamburg, bildeten Lehrer nicht nur das Auditorium, sondern sie waren vermutlich die treibende Kraft für die Einrichtung von Professuren für Psychologie. Wenigstens lässt sich dies für die Einrichtung eines Lehrstuhls für Pädagogische Psychologie in Leipzig 1906 und die Berufung von Ernst Meumann im Jahr 1911 auf die Professur für »Philosophie, insbesondere Psychologie« in Hamburg annehmen (Probst, 1989). Lehrerbildungsvereine luden Psychologen zu Vorträgen und Kursen ein, erstellten Bibliotheken und Gerätesammlungen und betrieben Forschung. Abgesehen von wenigen Arbeiten (vgl. Ingenkamp, 1989; Schubeius, 1990) ist über den Beitrag dieser Vereine zur Entwicklung der Psychologie und Pädagogik relativ wenig bekannt; vermutlich wohl deshalb, weil der Blick im Allgemeinen stärker auf die akademische Tradition der Disziplinen gerichtet war.

Treibende Kraft dieser neuen Disziplin ist gewiss der Wundt-Schüler Meumann, der sich besonders artikuliert für eine experimentelle Pädagogik bzw. eine Psychotechnik der Erziehung einsetzt. Zusammen mit Wilhelm August Lay (1862–1926) gründete Meumann die »Zeitschrift für Experimentelle Pädagogik«. Bemerkenswert ist, dass Meumanns Lehrer Wundt die angewandt-psychologischen Aktivitäten seines Schülers für verfrüht hielt. Eine Pädagogische Psychologie als eigenständige Disziplin, getrennt von Allgemeiner Psychologie und Entwicklungspsychologie, wird erst 1917 von Aloys Fischer (1880–1937) gefordert und programmatisch entworfen.

In der Zeit zwischen den Weltkriegen gerät auch die Pädagogische Psychologie in die Kontroverse vorherrschender Richtungen und Schulen. Neben der noch immer bestehenden naturwissenschaftlichen Orientierung tragen Reformpädagogen wie Maria Montessori, Peter Petersen und andere Gedanken vor, die von entwicklungspsychologischen Ansätzen nicht weit entfernt sind und von Psychologen z. T. aufgegriffen werden.

Die geisteswissenschaftliche Psychologie Sprangers steht allerdings im Gegensatz sowohl zur Experimentellen Psychologie Wundt'scher Richtung, zur Personalistischen Psychologie William Sterns, als auch zur Gestaltpsychologie. Jedoch ist sie es, die von Pädagogen begeistert aufgegriffen wird und die die Frühzeit einer experimentellen Pädagogik in den Hintergrund drängt. Geisteswissenschaftliche Ansätze wie der Sprangers waren noch nach dem Zweiten Weltkrieg in der westdeutschen Lehrerausbildung prägend.

In der Nazi-Zeit kommt die Pädagogische Psychologie als wissenschaftliches Forschungsgebiet fast ganz zum Erliegen. Es fehlt u. a. an internationalem Austausch. Seit In-Kraft-Treten der Diplomprüfungsordnung im Jahr 1941 ist Pädagogische Psychologie allerdings Ausbildungs- und Prüfungsfach in der Psychologenausbildung.

Diese Bestimmung wird nach dem Krieg beibehalten. So werden in der frühen Nachkriegszeit die ersten größeren Lehrbücher für Pädagogische Psychologie verfasst. Erst mit dem Ausbau der Hochschulen, der Umgestaltung des Pädagogikstudiums zu einem akademischen Studiengang und mit der Besetzung vieler Pädagogikprofessuren mit Psychologen erfährt die Pädagogische Psychologie wieder eine stärkere Einbindung in die Psychologie mit ihrem empirisch-analytischen Vorgehen. Kennzeichnend für diese in den sechziger Jahren beginnende Phase sind Anstöße durch erste größere Bildungsreformen. Krapp (2004, S. 96f.) weist auf die Gründung größerer pädagogisch-psychologischer Forschungs- und Lehrinstitute gerade in der Zeitspanne 1963–1971 hin, wie etwa des Max-Planck-Instituts für Bildungsforschung oder des Deutschen Instituts für Fernstudienforschung (DIFF). Die empirische Forschung dieser Zeit ist an Fragen der Bildungsreform orientiert. Exemplarisch kann man die zahlreichen Untersuchungen zum Lehrerverhalten durch Anne-Marie und Reinhard Tausch und deren Schülern nennen. Diese Arbeiten belegten eindringlich, dass Lehrer und Lehrerstudenten – bei gutem Willen – in kritischen Unterrichtssituationen zu lenkendem und autokratischem Verhalten neigen. Diese (später aus methodischen und ideologischen Gründen teilweise kritisierten) Arbeiten waren für die Entwicklung der Pädagogischen Psychologie außerordentlich wichtig, da sie den Nutzen psychologischer Forschung für die Aus- und Weiterbildung von Lehrern augenfällig belegten. Zur Verbreitung der Pädagogischen Psychologie trug Anfang der siebziger Jahre auch das Funkkolleg Pädagogische Psychologie mit über 40 000 Hörern bei.

In den letzten Jahrzehnten ist die Pädagogische Psychologie internationaler, komplexer und forschungsmethodisch aufwändiger geworden. Kongresse und Fachzeitschriften behandeln Themen wie die PISA-Studien, Wissenspsychologie und internetbasiertes Lernen.

Literaturempfehlung zu Kap. 5.4

Krapp, A. (2005). 100 Jahre Psychologie: Pädagogische Psychologie. In T. Rammsayer & S. Troche (Hrsg.), *Reflexionen der Psychologie. 100 Jahre Deutsche Gesellschaft für Psychologie* (S. 92–100). Göttingen: Hogrefe.

5.5 Sozialpsychologie

Gern wird als Entstehungszeitpunkt der Sozialpsychologie das Jahr 1908 angegeben, da in diesem Jahr zwei amerikanische Lehrbücher der Sozialpsychologie veröffentlicht wurden. Doch ist eine solche Zeitangabe willkürlich, zumal es auch davor schon Bücher mit dem Titel »Sozialpsychologie« gab. Vermutlich war der Herbartianer Gustav Adolf Lindner der erste Autor, der 1871 den Begriff »Sozialpsychologie« etwa im heutigen Sinne verwendete – zu einem Zeitpunkt also, als es noch keine Massenpsychologie gab und das Programm einer Völkerpsychologie von Lazarus und Steinthal entworfen, aber keineswegs realisiert war.

Unter Sozialpsychologie wird heute auch weder die Massenpsychologie, wie wir sie kennen gelernt haben (vgl. Kap. 2.4.), verstanden noch eine kulturvergleichende Völkerpsychologie, wie sie vor allem von Wundt betrieben wurde (vgl. Kap. 2.3). Die moderne Sozialpsychologie geht eher auf französische und amerikanische Soziologen zurück, die die Bedeutung der sozialen Umgebung für das Individuum erkannten, beschrieben haben und empirischer Forschung zugänglich machten. Charles H. Cooley (1864–1929) ist hier zu nennen, der 1902 den – heute noch genauso verwendeten – Begriff der *Primärgruppe* einführte. Primärgruppen sind durch direkten Kontakt von Angesicht zu Angesicht gekennzeichnet. Cooley bezeichnet sie als »primär«, weil sie für die Formung der sozialen Persönlichkeit fundamentale Bedeutung haben; als Beispiele nennt er die Familie, die Nachbarschaft, die Freundesgruppe der Kinder und die Arbeitskollegen.

Häufig ist die Frage aufgeworfen worden, warum die Sozialpsychologie besonders in den USA zur ersten Blüte gelangen konnte. Zu den vielfältigen Gründen gehört sicher, dass eine multikulturelle Völkergemeinschaft eher Fragen nach der Bedeutung sozialer Normen und Gewohnheiten aufkommen lässt. Für die Entstehung der Sozialpsychologie als empirische Wissenschaft war aber auch von Vorteil, dass man in den USA recht ungezwungen bereit war, soziale Einflüsse experimentell zu untersuchen.

Eines der ersten Themen dieser experimentellen Sozialpsychologie betraf den Einfluss, den die Anwesenheit anderer Personen auf die Leistung des Individuums hat. Auslöser für derartige Experimente waren u. a. Beobachtungen im Sport, bei denen Personen höhere Leistungen erbringen, wenn sie gegen Wettbewerber antreten, als wenn sie nur »gegen die Uhr« kämpfen. Von größerer Bedeutung für diese Versuche war aber wohl die im letzten Jahrhundert mit Intensität geführte Debatte über den Wert von Hausaufgaben im Vergleich zu Arbeiten in der Schulklassensituation. Kurz nach der Jahrhundertwende hatten Psychologen und Pädagogen in Deutschland eine Reihe von entsprechenden Vergleichen angestellt.

Der Wundt-Schüler Walther Moede (1888–1958) war es, der als erster eine ganze Serie von Experimenten im Stile von Wundts experimenteller Psychologie mit Kindern durchführte, um den

5.5 Sozialpsychologie

Einfluss der Anwesenheit anderer auf die Leistung des einzelnen festzustellen. Bedingt durch den ersten Weltkrieg konnten die Befunde erst 1920 zusammenfassend unter dem Titel »Experimentelle Massenpsychologie« veröffentlicht werden. Moede fand bei mehreren Aufgaben Leistungssteigerungen, die er auf Geltungsstreben und Äquivalenzgefühle, z. B. Bedürfnisse nach Gleichbehandlung, zurückführte. Sowohl mit seinen Experimenten als auch mit seinen Interpretationen setzte sich Moede natürlich in Widerspruch zu seinem Lehrer Wundt, der soziale Prozesse für zu komplex hielt, um sie experimentell erforschen zu können.

Eine theoretische Durchdringung solcher Gruppenwirkungen gelang erst Floyd H. Allport (1890–1978). Der emigrierte Hugo Münsterberg kannte die Experimente von Moede und regte Allport zu entsprechenden Untersuchungen an, ohne dass die geistige Urheberschaft in den USA beachtet wurde. Allport stand ganz unter dem Eindruck des Behaviorismus und versuchte in seinen Experimenten eine noch größere Kontrolle der Störvariablen zu erreichen als Moede. Allport wies – im Gegensatz zu Moede – seine Versuchspersonen an, nicht in Wettbewerb zu treten, denn er interessierte sich für die »reinen« Wirkungen der Anwesenheit anderer. Leistungssteigerungen, die Allport fand, erklärte er mit *sozialer Aktivierung* (social facilitation, wörtl.: soziale Erleichterung), die er von der direkten Konkurrenz getrennt zu haben glaubte. Nicht Gruppengeist oder Gruppenseele seien für die erzielten Leistungsveränderungen verantwortlich, sondern lediglich die Tatsache, dass man bei der Arbeit andere Menschen hört und sieht.

In seinem Lehrbuch der Sozialpsychologie (1924) stellte Floyd Allport eine behavioristische Sozialpsychologie dar, die für die Weiterentwicklung der Sozialpsychologie von großer Bedeutung werden sollte. Die Methode der Isolation unabhängiger Variablen, die Kontrolle von Störvariablen und die statistische Verrechnung der Messwerte der abhängigen Variablen bei Versuchs- und Kontrollgruppe ermöglichten das systematische Studium sozialer Prozesse unter Einhaltung strengster Regeln der Methodik. Aus heutiger Sicht führte Allports Programm zu einer Verkürzung der Sozialpsychologie – auch gegenüber der frühen französischen und amerikanischen Sozialpsychologie. Die von Allport und seinen Schülern untersuchten Sozialbeziehungen sind bei näherer Betrachtung eigentlich nur Substrate, weit entfernt von alltäglichen Sozialformen und Sozialbeziehungen. Ohne allzu große Mühe kann man den einengenden Einfluss des Allport'schen Behaviorismus noch in der gegenwärtigen Sozialpsychologie erkennen.

Das erste »Institut für Sozialpsychologie« in Deutschland gründete Willy Hellpach 1920 an der Technischen Hochschule Karlsruhe. Hellpach war Arzt und Wundt-Schüler. Durch Hellpachs politische Ambitionen – er wurde Badischer Staatspräsident – hatte das erste Institut für Sozialpsychologie nur kurzen Bestand. So dauerte es bis zum Anfang der sechziger Jahre, als mit der Expansion der bundesdeutschen Universitäten die ersten sozialpsychologischen Lehrstühle eingerichtet wurden. Hauptaktivität dieser neuen Institute war es, den Anschluss an die amerikanische Sozialpsychologie zu gewinnen. Schließlich war es in den USA nicht bei Social Facilitation-Experimenten geblieben. Mit Jakob L. Moreno (1892–1974), William F. Whyte (1914–2000), Muzafer Sherif (1906–1988) und vor allem mit Kurt Lewin (1890–1947) war in den dreißiger Jahren die Kleingruppenforschung als eines der Kerngebiete der Sozialpsychologie entwickelt worden. Moreno hatte durch seine Techniken in der *soziometrischen Befragung* Gruppenstrukturen sichtbar machen und in Form von Soziogrammen graphisch darstellen können; William F. Whyte studierte als teilnehmender Beobachter das Verhalten von Jugendbanden; Muzafer Sherif ermittelte in Laborexperimenten mit Zwei- und Drei-Personen-Gruppen die Entstehung von sozialen Gruppennormen; Lewin schließlich führte in der zweiten Hälfte der dreißiger Jahre seine bahnbrechenden Experimente über den Einfluss autokratischer und demokratischer Führung auf die Gruppenatmosphäre durch. Diese Befunde gaben Hinweise auf Gruppenführung, auf Erziehungswirkungen und auf gesellschaftliche Bedingungen insgesamt. Der Begriff der Gruppendynamik (group dynamics) wurde durch Kurt Lewin zum Schlagwort einer neuen Wissenschaft. Ein weiterer Bereich, der Psychologen im Nazi-Deutschland praktisch ganz verschlossen blieb, war die Entwicklung der *Ein-*

stellungs- oder Attitüdenforschung. Durch Louis Leon Thurstone (1887–1955) und andere Forscher waren nicht nur Fragebögen, sondern standardisierte Einstellungsskalen analog zu persönlichkeitsdiagnostischen Verfahren entwickelt worden. Diese Einstellungsskalen erwiesen sich als nützlich in der Vorurteils- und Stereotypforschung, besonders aber in allen Bereichen der angewandten Sozialpsychologie (vgl. Gundlach, 1987). Einen Höhepunkt erlebte die Einstellungs- oder Attitüdenforschung mit den breit angelegten Untersuchungen zur autokratischen Persönlichkeit (Adorno u. a., 1950). Schon in der Zeit zwischen den zwei Weltkriegen hatten sich die Mitarbeiter des Frankfurter Instituts für Sozialforschung mit historischen und theoretischen Fragen der Autorität und Familie befasst und die Wechselwirkung zwischen autokratischer Erziehung in der Familie und dem politischen System eines Landes herausgestellt. Diese sozialpsychologisch wichtigen Arbeiten konnten nur im Exil veröffentlicht werden (Horkheimer, 1936) und blieben für die psychologische Forschung im Deutschen Reich zunächst fast folgenlos. Die Erfahrungen mit dem Nazi-Deutschland ließen in den USA die Fragen nach antidemokratischen Persönlichkeitszügen aufkommen. In den Studien zur *Authoritarian Personality* wurden daher u. a. Persönlichkeits- und Einstellungstests entwickelt, die auf Einstellungen wie generelle Vorurteilshaftigkeit (Ablehnung von Schwarzen, Juden usw.) hinwiesen. Wenngleich diese Studien aus methodischen Gründen bald Kritik fanden, wurde z. B. die aus diesen Studien hervorgegangene F-Skala (»F« von Faschismus) eines der am häufigsten in der Einstellungsforschung verwendeten Messinstrumente.

Der von dem Soziologen Herbert Hyman 1942 geprägte Begriff der *Bezugsgruppe* (reference group) wies auf die Bedeutung sozialer Gruppen für den sozialen Vergleich, aber auch für den Erwerb von Einstellungen hin. Mit diesem beschreibenden Begriff war eine wichtige Beziehung zwischen Einstellungen und Gruppen hergestellt.

In den fünfziger Jahren trat die Kleingruppenforschung in eine neue Phase: Durch Robert F. Bales und eine Reihe von Lewin-Schülern, wie Leon Festinger, Morton Deutsch, Stanley Schachter und anderen, wurden Gruppenprozesse unter

Laboratoriumsbedingungen detailliert untersucht. Dabei wurden Interaktionsprozesse registriert (Bales), der Einfluss einer Majorität auf das Urteil des einzelnen untersucht (Solomon E. Asch), das Bedürfnis nach Kontakt mit anderen in bedrohlichen Situationen erfasst (Stanley Schachter), die Risikobereitschaft in Gruppen mit der von Einzelpersonen verglichen (Kogan & Wallach), der Einfluss der Kommunikationsstruktur auf die Gruppenleistung ermittelt (Bavelas und Leavitt) und vieles mehr. Der 1930 emigrierte Österreicher Fritz Heider (1896–1988) hatte schon in den vierziger Jahren ein theoretisches Modell entwickelt, das den Zusammenhang von Einstellungen und Sozialbeziehungen zum Ausdruck brachte. Veröffentlicht und rezipiert wurde dieses Balancemodell allerdings erst Jahre später. Leon Festinger (1919–1989) hatte mit seiner Theorie sozialer Vergleichsprozesse und der kurze Zeit später vorgestellten Theorie der kognitiven Dissonanz in den fünfziger Jahren ein plausibles Modell entworfen, nach dem Einstellungsänderungen vorhergesagt werden konnten. In Serien von einfallsreichen Experimenten prüfte Festinger auf der Grundlage seiner Theorie die Wirkungen erzwungener Komplizenschaft, einstellungskonträrer Informationen usw. Die Theorie der kognitiven Dissonanz war lange Zeit nicht nur in der Sozialpsychologie, sondern auch z. B. in der Markt- und Werbeforschung ein viel benutzter, allgemeiner theoretischer Rahmen.

Die fünfziger Jahre erscheinen rückblickend als große Zeit der Kleingruppenforschung. Historisch gesehen ist nicht unwichtig, dass ein nennenswerter Teil dieser Studien aus praktischen Interessen entsprang und dass sich gerade in dieser Zeit die soziale Gruppenarbeit (neben der Einzelfallhilfe und der Gemeinwesenarbeit) als wichtige Form der Sozialarbeit durchsetzte.

Überhaupt profitierte die Sozialpsychologie von verschiedensten Anwendungsbereichen. Erscheint rückblickend die Geschichte der Sozialpsychologie als die Geschichte einer psychologischen Grundlagendisziplin mit neuen und revidierten Theorien, so zeigt eine genauere Betrachtung, dass die Sozialpsychologie in Fragestellungen und Methoden ganz unmittelbar von anwendungsorientierten Untersuchungen profitiert hat.

Diese angewandt-psychologische Seite der Sozialpsychologie zu ignorieren, heißt ihre Geschichte verzerren.

Als Beispiel für diese Auffassung sei die Soziometrie benannt. Ursprünglich – wie gesagt – als Methode von Moreno erdacht, um Strukturen in Gruppen sichtbar zu machen, um diese therapeutisch beeinflussen zu können, entwickelt sich die Soziometrie im Laufe der Jahrzehnte – durchaus mit Unterstützung von Moreno selbst – zu einer differenzierten Forschungstechnik, der man den sozialpädagogischen Ursprung nicht mehr ansieht.

Die Rezeption der amerikanischen Sozialpsychologie erfolgte in Westdeutschland durch jüngere Psychologen, die zum Teil in den USA Studienaufenthalte verbracht hatten. Forschungsinteressen liegen nach der Kapitulation im Bereich der sozialen Folgen des Krieges (Inhaftierung, Vertreibung, vaterlose Familien usw.), dann beginnt eine intensivere Rezeption der Sozialpsychologie, wobei sozialpädagogische Absichten z. T. im Vordergrund stehen: Lewins angewandt-psychologische Arbeiten zur Lösung sozialer Konflikte werden zum Beispiel eher übersetzt als seine »Grundzüge der topologischen Psychologie«. Als bedeutende Sozialpsychologen der Nachkriegsjahre sind Kripal S. Sodhi (1911–1961) und Peter R. Hofstätter (1913–1994) zu nennen (vgl. Rösgen, 2008). Sodhi, gebürtiger Inder, lehrte bis zu seinem frühen Tod in Berlin. Er führte zu einem Zeitpunkt Untersuchungen zum konformen Verhalten und zu sozialen Stereotypen durch, als noch Charakterologie und Ganzheitspsychologie dominierten. Hofstätter zeigte vielfältige Forschungsinteressen. Ihm kommt das Verdienst zu, die Sozialpsychologie durch verschiedene, anregende Darstellungen breiten Kreisen bekannt gemacht zu haben.

Eine Bewährungsprobe bestand die deutschsprachige Sozialpsychologie in der Auseinandersetzung mit der Psychoanalyse, insbesondere mit der psychoanalytischen Aggressionstheorie. Der Psychoanalytiker Alexander Mitscherlich (1908–1982), der an der Universität Frankfurt eine Professur mit der ungewöhnlichen Bezeichnung »Psychologie, insbesondere Psychoanalyse und Sozialpsychologie« hatte, vertrat – ähnlich wie der Verhaltensforscher Konrad Lorenz – eine vereinfachte Triebtheorie, für deren anschauliche Darlegung er Beachtung fand und 1969 den Friedenspreis des Deutschen Buchhandels erhielt. »Den Verleihern des Preises ging es offensichtlich darum, auf meinen Beitrag zur Aggressionsforschung und zur Bewältigung unserer jüngsten Vergangenheit hinzuweisen« (Mitscherlich, 1984, S. 225f.). Mit diesen Triebtheorien setzten sich um 1970 eine Reihe von Psychologen auseinander; dabei wurde Autoren wie Mitscherlich und Lorenz zu Recht Unkenntnis der aggressionspsychologischen Literatur vorgeworfen. Typisch für die sozialpsychologische Betrachtung der Aggression war die Ablehnung jeglicher Triebtheorie, die Befürwortung lerntheoretischer und neobehavioristischer Ansätze. Aus heutiger Sicht überrascht, dass diese Darstellungen eigentlich sehr wenig sozialpsychologisch sind. Erst sehr viel später, als Aggressionsforschung schon nicht mehr »Mode« war, kam man dazu, aggressives Verhalten als Form sozialer Interaktion, d. h. als Geschehen, an dem in der Regel zwei Personen aktiv beteiligt sind, zu begreifen.

Anders als in der Bundesrepublik waren die Bedingungen für die Entwicklung einer empirischen Sozialpsychologie in der DDR weit schlechter. (Ein Grund war das Pädologendekret von 1936 [vgl. 3.9].) Erste Bemühungen gab es durch Kurt Gottschaldt in Ost-Berlin; in späterer Zeit ist die Sozialpsychologie der DDR eng mit Hans Hiebsch (1922–1990) und Manfred Vorwerg (1933–1989) verbunden, die in einem gemeinsam verfassten Lehrbuch sowie in Einzelveröffentlichungen eine sog. marxistische Sozialpsychologie vertraten. Diese stützte sich freilich in erheblichem Maß auf westliche Literatur. Die Geschichte der DDR-Sozialpsychologie ist von Kitty Dumont (1999) nach Originalquellen aufgearbeitet worden.

Der *Status quo* der stark expandierten Sozialpsychologie lässt sich gut an den Themen, Theorien und Methoden der großen Zahl von Veröffentlichungen ablesen. Danach hat auch in der Sozialpsychologie eine kognitive Wende mit einer stärkeren Betonung von Wahrnehmungsprozessen stattgefunden, einhergehend mit einer geringeren Bedeutung der Gruppendynamik, einschließlich Themen wie Führung usw. Mit verstärktem Interesse werden aber Intergruppenprozesse, nach wie vor aggressives und prosoziales Verhalten, Macht und Gehorsamkeit untersucht. Dominierende Theorien sind die Attributionstheorie, die Austauschtheorie und (immer noch) die Gleichgewichtstheorien, wie Heiders Balancemodell und Festingers Theorie der kognitiven Dissonanz.

Literaturempfehlungen zu Kap. 5.5

Laucken, U. (1998). *Sozialpsychologie. Geschichte – Hauptströmungen – Tendenzen.* Oldenburg: BIS-Verlag.
Rösgen, P. (2008). *Die Institutionalisierung der Sozialpsychologie in der Bundesrepublik Deutschland.* Frankfurt: P. Lang

5.6 Wirtschaftspsychologie

Wie kaum ein anderer Bereich der Psychologie steht die Wirtschaftspsychologie mit ihren Bereichen Arbeits-, Organisations- und Marktpsychologie im Spannungsfeld ökonomischer Interessen. Ökonomische Interessen waren es, die diese Bereiche der Psychologie begründeten, und ökonomische Interessen prägen nach wie vor die psychologische Markt- und Werbeforschung und die psychologische Arbeitsplatzgestaltung.

Diese enge Verbindung ist in der Vergangenheit oft genug übersehen worden – vielleicht, weil die kritische Distanz fehlte. So schreibt der Wundt-Schüler Hugo Münsterberg ganz unbefangen in seinem Buch »Psychologie und Wirtschaftsleben« (1912):

»… im Gebiet des Wirtschaftslebens lehrt der Psychotechniker den Industriellen lediglich, wie er mit psychologischen Hilfsmitteln vorgehen soll, um etwa tüchtige Arbeiter auszuwählen. Aber ob es richtig ist, tüchtige Arbeiter heranzuziehen, … das ist eine Frage, die der Psychologe nicht zu entscheiden hat (…) Der Psychotechniker ist weder Schutzzöllner noch Freihändler, weder Sozialist noch Antisozialist, weder Vertreter der Kapitalisten noch der Arbeiter, weder Parteimann der Käufer noch der Verkäufer« (S. 19f.).

Dass dieses Ideal der Neutralität der Psychologie prinzipiell unerreichbar ist, zeigt uns die Geschichte der Angewandten Psychologie sehr deutlich. Auch Münsterberg selbst betrieb – wie Generationen von Betriebspsychologen nach ihm – Forschung im Interesse der Wirtschaft.

Im Gegensatz zum Deutschen Kaiserreich werden in den USA an vielen neugegründeten Hochschulen Lehrstühle für Wirtschaftspsychologie eingerichtet; dies geschieht bereits im Hinblick auf die sich abzeichnende Bedeutung der Psychologie für die Arbeitsintensivierung und -rationalisierung, wie sie die industrielle Massenfertigung nahelegt. Mit dem Programm des amerikanischen Ingenieurs Frederik Winslow Taylor (1856–1915) wird eine neue Ära der Arbeitsgestaltung eingeleitet, an der auch Psychologen mit der Entwicklung von Ausleseverfahren und Arbeitszeitstudien ihren Anteil haben. Der Taylorismus begünstigt ein naturwissenschaftliches Psychologieverständnis außerordentlich. Der Arbeiter ist nach Taylor nicht in der Lage, die optimale Arbeitsgestaltung zu erkennen, er wird zum Ausführenden degradiert, erhält jedoch nach Taylors Plan Vorteile in Form von Lohnzuschlägen, die bei Leistungssteigerung durch wissenschaftlich begründete Arbeitsplanung entstehen. Das Taylorsystem ist also offenkundig nicht ein wertneutrales Instrument »wissenschaftlicher Betriebsführung«, sondern beinhaltet von Anfang an sozialpolitische Elemente. Erst sehr viel später sollte die jahrzehntelang praktizierte Trennung von Planung und Ausführung im Rahmen der Bemühungen um Humanisierung der Arbeitswelt kritisiert werden.

Die Ausbreitung des Taylorsystems erfolgt im Deutschen Reich parallel zur industriellen Psychotechnik, wie sie von William Stern, Hugo Münsterberg und Walther Moede begründet wurde. Diese deutschen Psychologen wurden von Außenstehenden mit dem Taylorismus in einen Topf gesteckt und mussten sich gegen solche Angriffe verteidigen.

Bei der Entstehung der amerikanischen Wirtschaftspsychologie wiederum spielt Münsterberg eine besondere Rolle.

Hugo Münsterberg (1863–1916) hatte bei Wundt Psychologie studiert, zusätzlich promovierte er in Medizin. Kurze Zeit lehrt er in Freiburg. Erst 29 Jahre alt wird Münsterberg von William James als Dozent an die Harvard Universität gerufen und übernimmt dort 1897 eine Professur für experimentelle Psychologie. Münsterberg baut an der Harvard Universität ein mustergültiges psychologisches Laboratorium nach dem Vorbild des Leipziger Instituts auf und forscht über verschiedenste theoretische und angewandte Fragestellungen. 1904 organisiert Münsterberg einen Wissenschaftskongress zur Weltausstellung in St. Louis, 1908

5.6 Wirtschaftspsychologie

gründet er in Berlin ein Amerika-Institut, als Austauschprofessor hält er 1910/11 in Berlin die erste Vorlesung über Wirtschaftspsychologie in Deutschland. Als glühender Patriot wirbt Münsterberg in den USA mit Reden und Veröffentlichungen für Deutschland. Schließlich, nach Ausbruch des Ersten Weltkriegs, wird Münsterberg angegriffen, zur Kennzeichnung amerikafeindlicher Einstellungen spricht man von »Münsterbergism«. Münsterberg muss um seine Stellung fürchten. 1916 ereilt den erst 53jährigen während einer Vorlesung der Herztod.

Von Münsterbergs großer Zahl vielseitiger Veröffentlichungen, die von Lyrik über Philosophie, Psychologie bis zur Soziologie reichen, werden heute vorwiegend seine wirtschaftspsychologischen Schriften erwähnt. Angeregt durch Industrie, Verbände und Verwaltungen entwickelte Münsterberg 1910 die ersten Berufseignungstests für Straßenbahnfahrer.

Der Begriff »Psychotechnik« war kurz nach der Wende zum 20. Jahrhundert von William Stern geprägt worden, wurde aber von Hugo Münsterberg popularisiert. Er betrachtet die Psychotechnik als »die Wissenschaft von der praktischen Anwendung der Psychologie im Dienste der Kulturaufgaben« (1914, S. 1). Psychotechnik umfasst also angewandte Bereiche wie die Psychologie der Gesellschaftsordnung, der Gesundheit, Wirtschaft, des Rechts, der Erziehung, Kunst und Wissenschaft (so die Kapitel der 1914 erschienenen »Grundzüge der Psychotechnik«). In den folgenden Jahren hat sich der Begriff der Psychotechnik eingeengt auf die *Industrielle Psychotechnik,* nicht zuletzt durch die Gründung von psychotechnischen Instituten, Vereinigungen und Zeitschriften, die auf arbeitspsychologische Fragestellungen, insbesondere auf apparative Psychodiagnostik, ausgerichtet waren. Zur Begriffsgeschichte ist anzumerken, dass sich der zusammengesetzte Begriff »Psychotechnik« in fast allen Ländern durchsetzte, nicht jedoch in den USA, weder als »psychotechnique«, noch als »psychotechnology«. Von Anfang an war hier »applied psychology« (Angewandte Psychologie) der vorherrschende Begriff, der (übersetzt) auch inzwischen in Europa den Psychotechnik-Begriff abgelöst hat.

1926 werden bei ca. 110 Industrieunternehmen im Deutschen Reich psychotechnische Untersuchungen durchgeführt; etwa die Hälfte dieser meist größeren Unternehmen hat eigene psychotechnische Prüfstellen eingerichtet, die meist von Ingenieuren geleitet werden. Hauptaufgabe dieser Einrichtungen ist die Durchführung von Eignungsuntersuchungen. Mal geht es um Geschicklichkeit, mal um Ausdauer, mal um komplexe Aufmerksamkeit und Belastung. Ein großer Bereich psychotechnischer Betätigung war die Reichsbahn. Auch hier wurde »ein großer Tätigkeitsbereich aufgebaut, der Psychologie betrieb, ohne daß ein einziger Mensch, der auch Psychologie studiert hätte, darin arbeitete« (Gundlach, 1996, S. 138).

Der ziemlich schnelle Niedergang der Psychotechnik – etwa gegen Ende der zwanziger Jahre – hing aber weniger mit der Arbeit dieser Ingenieure zusammen, sondern eher damit, dass die Psychotechnik einerseits mit ihren apparativen Ausleseverfahren zu aufwändig war und zu viel versprochen hatte. Hinzu kam, dass es Kritik aus dem geisteswissenschaftlichen Lager der Psychologie gab und Psychotechnik als seelenlose Technik abgewertet wurde. Die Forderung nach »ganzheitlichen« und »charakterologischen« Verfahren fand wenige Jahre später ihren Niederschlag in den Verfahren der Wehrmachtpsychologie.

Als Beginn sowohl der *Human Relations* als auch der Industriesoziologie wird in aller Regel eine groß angelegte Studie angesehen, die nach dem Unternehmen benannt wird, in dem sie durchgeführt wurde: die Hawthorne-Werke der Western Electric Company in der Nähe von Chicago. Genauer gesagt handelte es sich um eine ganze Serie von einzelnen Untersuchungen mit verschiedensten Fragestellungen und Forschungsmethoden, die von verschiedenen Forschern, teilweise zeitlich parallel, über längere Zeit durchgeführt wurden. Als führender Kopf der Human Relations-Bewegung wird Elton Mayo angesehen.

George Elton Mayo wurde 1880 in Adelaide, Australien, geboren. Er studierte zunächst Medizin (ohne Abschluss), dann Philosophie und Psychologie und hatte ab 1919 eine Professur für Philosophie an der University of Queensland. 1922 ging Mayo nach Amerika. Ein großzügiges Rockefeller-Stipendium ermöglichte Mayo industriepsychologische Untersuchungen. Mayo wurde von den Hawthorne-Werken zur Interpretation der Untersuchungsergebnisse herangezogen. In deren Folge war Mayo an der Planung und Auswertung weiterer Untersuchungen beteiligt. 1926 wurde Mayo Professor an der Harvard School of Business Administration. Mayo starb 1949 in England.

Zu den bekanntesten Versuchsreihen der Hawthorne-Studien zählen die mehrjährigen Experimente im Relay Assembly Test Room. Das Unternehmen produzierte für Telefonvermittlungen jährlich mehrere Millionen Relais in vielen verschiedenen Typen. Diese Relais wurden aus Einzelteilen von Hand zusammengesetzt und kontrolliert. Fünf Arbeiter bzw. Arbeiterinnen saßen nebeneinander, eine sechste Kraft (layout operator) bestückte die fünf Arbeitsplätze. In einem Saal saßen mehrere hundert Personen in solchen Gruppen zusammen. Für eine Versuchsserie wurden nun im April 1927 sechs Arbeiterinnen ausgewählt, die in einem Testraum einem Beobachter gegenübersaßen, der Leistungen erfasste und auf einem laufenden Papierstreifen Vorkommnisse, wie z. B. Unterhaltungen der Arbeiterinnen, registrierte. Es gab Leistungssteigerungen, die man sich mit der Beachtung erklärte, die die Arbeiterinnen nun erfuhren; dazu passten auch sinkende Fehlzeiten, es gab aber auch Proteste der Arbeiterinnen gegen regelmäßige medizinische Untersuchungen usw. Insgesamt waren die Befunde bei einer unglaublichen Datenflut über Wochen und Monate nicht eindeutig. Zur Interpretation der Daten wurden Forscher herangezogen, einer von ihnen war Elton Mayo.

Zusammen mit Fritz Jules Roethlisberger und William John Dickson (1904–1989) führte Mayo 1927–1932 weitere Studien zu Arbeitsbedingungen und Arbeitsleistungen durch. Bei der Befragung von 20 000 Mitarbeitern nach deren Arbeitsmotivationen konnte Mayo seine klinisch-psychologischen Erfahrungen nutzen. Sein Vorgehen verstand er als »Klinische Soziologie«. Diese Befragungen führten zu weiteren Untersuchungen zur Bedeutung sozialer Beziehungen in der Arbeitswelt. Deutlicher als je zuvor wurde der Einfluss informaler sozialer Normen auf die Leistung von Arbeitsgruppen und Personen ermittelt. Mayo wurde so zum Verfechter der Human Relations – eine Bewegung, die in Europa erst nach dem Zweiten Weltkrieg Beachtung und Anerkennung fand: Lob, Anerkennung und gute soziale Beziehungen am Arbeitsplatz waren für die Arbeitsleistung entscheidend. Daher musste es nach Mayo Ziel des Managements sein, für ein gutes »Betriebsklima« zu sorgen.

Auch die Marktpsychologie hat nie den Einfluss der naturwissenschaftlichen Denktradition verleugnet. Die aufkommende Massenfertigung im 19. Jahrhundert, Ausweitung von Handel und Verkehr und wachsender Konkurrenzdruck brachten zwangsläufig die Produktwerbung durch den Hersteller mit sich. Zunehmender Werbeaufwand ließ die Überprüfung der Werbewirkung wirtschaftlich notwendig werden. Von der Bewusstseinspsychologie, wie sie Wilhelm Wundt als physiologische oder experimentelle Psychologie lehrte, versprach man sich nicht zu Unrecht Aufschlüsse über das Ausmaß, in dem Werbung ins Bewusstsein des Konsumenten dringt. Als frühe werbepsychologische Untersuchungen sind die Arbeiten von Walter Dill Scott (1908) zu nennen. Scott ging in erster Linie von praktischen Problemen der Zeitungswerbung aus und experimentierte z. B. mit selbstgestalteten Zeitschriften, die er einer Stichprobe von Probanden gab, um z. B. die Wirkung der Anzeigengröße zu überprüfen. Theoretische Basis war für Scott allerdings nicht so sehr die Wundt'sche Bewusstseinspsychologie, sondern eine »selbstgemachte« Trieblehre. Scotts Arbeiten wurden in Deutschland wiederum durch Münsterberg (1912) bekanntgemacht. Münsterberg selbst führte im Nachgang zu Scott verschiedene Versuchsreihen durch, um z. B. die Wirkungen der Anzeigenwiederholung auf die Erinnerungsleistung zu überprüfen. Hier standen offensichtlich nicht irgendwelche Triebtheorien, sondern die lerntheoretischen Arbeiten von Hermann Ebbinghaus im Hintergrund, ohne dass Münsterberg sie nennt. Die Position der Wirtschaftspsychologie ist deutlich zu erkennen: Die Problemstellung entstammt der Praxis, die Theorien sind der Allgemeinen Psychologie entnommen oder selbstgeschneidert, die Methodologie ist den klassischen Naturwissenschaften entlehnt. »(Wir) zerlegen und messen ... die seelischen Vorgänge ... und verfahren … genau so, wie der Physiker ... und der Chemiker ...« schreibt Edmund Lysinski (1923, S. 6). Lysinski hatte an der Wirtschaftshochschule Mannheim unter Leitung des Betriebswirtschaftlers Heinrich Nicklisch bereits vor dem Ersten Weltkrieg eine Reihe von originellen werbepsychologischen Untersuchungen durchgeführt und muss zu den Pionieren der Werbepsychologie in Deutschland gezählt werden.

Gerade bei der Entwicklung der Forschungstechniken leisteten Wirtschaftspsychologen wichtige Pionierarbeit, die auf die Methodologie der Psychologie insgesamt zurückwirkte, ohne dass dies heute allgemein bewusst ist. Man beachte, dass auch hier – ähnlich wie in der Entwicklungs- und Pädagogischen Psychologie – mit größeren Stichproben, Durchschnittswerten und Prozentsätzen gearbeitet wurde. Dies geschah zu einem Zeitpunkt, als sich Bewusstseinspsychologen, Würzburger Schule und Gestaltpsychologen – bei allen Gegensätzen – im Großen und Ganzen einig in der experimentellen Untersuchung einiger weniger, kompetenter Versuchspersonen waren. Danziger (1987) hat überzeugend nachgewiesen, dass viele Bestandteile unseres heutigen Methodenarsenals, so die Bildung größerer Stichproben, die Einführung von Kontrollgruppen und die Verwendung bestimmter statistischer Verfahren von der Angewandten Psychologie aus in die Psychologie insgesamt vordrangen. Es war also nicht umgekehrt!

Ergänzend kann man hinzufügen, dass auch die Untersuchungssituation der Wirtschaftspsychologen eine Bereicherung der Psychologie herbeiführte. Man beschränkte sich nicht auf das Laboratorium, sondern erkannte schnell, wie wichtig Experimente und Beobachtungen im Alltag waren. Das Feldexperiment verdankt seinen Einzug in das Methodenrepertoire der Psychologie ebenfalls in erster Linie der Angewandten Psychologie.

Literaturempfehlungen zu Kap. 5.6

Greif, S. (1993). Geschichte der Organisationspsychologie. In H. Schuler (Hrsg.), *Lehrbuch der Organisationspsychologie* (S. 15–48). Bern: Huber.

Gundlach, H. (1994). Geschichte der Angewandten Psychologie. In L. von Rosenstiel, C. M. Hockel & W. Molt (Hrsg.), *Handbuch der Angewandten Psychologie. Grundlagen, Methoden, Praxis (Band 1 & 2)*. Landsberg/Lech: ecomed.

Lück, H. E. (2004). Geschichte der Organisationspsychologie. In Schuler, H. (Hrsg.), *Enzyklopädie der Psychologie, Band D/III/3 Organisationspsychologie, erster Halbband* (S. 17–72). Göttingen: Hogrefe.

5.7 Verkehrspsychologie

Gern wird Hugo Münsterberg als Nestor der Verkehrspsychologie genannt, weil er in den USA schon sehr früh Verfahren zur Auswahl von Straßenbahnführern entwickelte indem er im Laboratorium die Situation am Fahrstand simulierte. Er erkannte, dass es nicht ein einzelnes Merkmal wie Schnelligkeit ist, das die Eignung ausmacht, sondern ausschlaggebend ist nach seinen Befunden eine »Mannigfaltigkeit« von Fähigkeiten, vor allem das mehr oder weniger gleichzeitige Abschätzen der Verhaltensweisen vieler anderer Verkehrsteilnehmer. Nach seinen Versuchen, die er zur Absicherung auch mit besonders tüchtigen und auch wenig fähigen, kurz vor der Entlassung stehenden Wagenführern durchführte, schreibt er:

»Schon heute, glaube ich, würde in dieser ersten, noch lange nicht hinreichend erprobten Form eine experimentelle Prüfung dieser Art, die für jedes Individuum kaum zehn Minuten in Anspruch nimmt, genügen, um vielleicht ein Viertel der angestellten Wagenführer vom Amte auszuschließen. Es sind Menschen, die keinen Tadel verdienen, die in hundert anderen Berufen vielleicht Vortreffliches leisten würden, die auch nicht fahrlässig oder nachlässig sind und die nicht dienstwidrig handeln, deren psychischer Mechanismus aber ungeeignet ist für jene eigentümliche Kombination, die für die besondere Aufgabe des Wagenführers verlangt werden sollte. Wenn dadurch die Tausende von Unglücksfällen und die Hunderte von Todesfällen auch nur zur Hälfte für die Zukunft ausgeschaltet werden könnten, so würde dem Verkehrsleben eine Verbesserung gewonnen sein, die wichtiger erscheint, als die meist allein diskutierten Verbesserungen des technischen Apparates« (Münsterberg, 1912/1997, S. 58).

Diese optimistische Argumentation ist typisch für Münsterberg, der immer wieder auf die ökonomischen Vorteile der Personalauslese hinweist.

Historisch gesehen muss man sagen, dass Münsterberg zwar gern als Begründer der Verkehrspsychologie gesehen wird, dass es jedoch schon im letzten Viertel des 19. Jahrhunderts Untersuchungen zur Farbtüchtigkeit von Eisenbahnführern und Maßnahmen zum Ausschluss von geisteskranken Lokführern gab (Gundlach, 2002). Im frühen 20. Jahrhundert wurden die Maßnahmen zur Auslese der Eisenbahnführer erheblich ausgeweitet und institutionalisiert (vgl. 5.6). Psychologen wie William Stern, Karl Marbe und andere hatten hierfür Grundlagen geliefert (Gundlach, 2002, 2005). Wie vorausschauend diese frühen Arbeiten waren, lässt sich daran beurteilen, »dass sich praktisch alle der vor 100 Jahren als relevant eingestuften Themen und sogar ihre Operationalisierungen auch in der neuesten Testversion von 2004 wiederfinden« (Trimpop, 2005, S. 122). Gemeint ist das sog. *Wiener Testsystem*, dass seit mehr als 40 Jahren in der Personalbeurteilung gute Dienste tut und tatsächlich in der Grundidee auf sehr frühe Auswahlmethoden zurückgeführt werden kann.

Zur Verkehrspsychologie gehört aber auch ein andere Bereich: Schon bei Münsterbergs Ausführungen zur Verkehrspsychologie findet sich der Hinweis auf die Notwendigkeit der Anpassung von Arbeitsgerät und Arbeitsprozessen an den Menschen – ein Themenbereich, der durch das *Scientific Management* von Taylor aufgekommen war.

Mit der Zunahme von Straßen-, Schienen- und Luftverkehr im 20. Jahrhundert und mit der Entwicklung der Psychologie haben sich die Themen und Fragen der Verkehrspsychologie geändert (vgl. Echterhoff, 1991). Themen sind u. a. die psychologischen Gestaltungskriterien für die Verkehrsplanung, Aggression im Straßenverkehr, die (seit 1954 bestehenden, mehrfach geänderten) Bestimmungen zu *medizinisch-psychologischen Untersuchungen* (MPU) nach Führerscheinentzug, verkehrspsychologische Beratung und viele Themen mehr.

Literaturempfehlungen zu Kap. 5.7

Häcker, H. & Echterhoff, W. (2005). Verkehrspsychologie. In H. E. Lück und R. Miller (Hrsg.), Illustrierte Geschichte der Psychologie. 2. Auflage (Nachdruck) (S. 269–270). Weinheim: Beltz.

Trimpop, R. (2005). 100 Jahre Verkehrspsychologie. In T. Rammsayer & S. Troche (Hrsg.), Reflexionen der Psychologie. 100 Jahre Deutsche Gesellschaft für Psychologie (S. 119–127). Göttingen: Hogrefe.

5.8 Umweltpsychologie

Die Umweltpsychologie bzw. Ökologische Psychologie (engl. ecological psychology) besteht als Forschungsgebiet vielleicht drei Jahrzehnte und ist in ihrer Entstehung wohl nicht zufällig mit der Zeit der Studenten- und Ökobewegung in Verbindung zu bringen: Umweltschutz, artgerechte Haltung von Tieren, Erhaltung schützenswerter Biotope, umweltbewusstes Verhalten usw. sind aber nur einige Bereiche der Umweltpsychologie, wie sie sich heute darstellt (Kruse, Graumann & Lantermann, 1990, Miller, 1998). Die erste Fachzeitschrift in diesem Bereich war »Environment & Behavior« (seit 1969). In Deutschland begann die Auseinandersetzung mit ökologisch-psychologischen Fragen in den siebziger Jahren (Kaminski, 1976).

In einem allgemeinen Sinn hat die Umweltpsychologie eine über einhundertjährige Geschichte. Willy Hellpach (1877–1955), Arzt und Psychologe prägte den Begriff Umweltpsychologie und beschrieb die Wirkungen des Klimas verschiedener Landschaften und z. B. die Wirkungen der Großstadt auf den Menschen (Miller, 1991). Hellpachs Buch »Die geopsychischen Erscheinungen« (1911), das unter dem Titel »Geopsyche« etliche modifizierte Auflagen erreichte, kann als Grundstein der Umweltpsychologie gelten. Hellpachs Vorgehen war geprägt durch die Völkerpsychologie seines Lehrers Wilhelm Wundt und die Anthropogeographie Friedrich Ratzels (1844–1904). Hellpach ging überwiegend beschreibend, historisierend und anekdotisch vor, schöpfte jedoch aus Reisebeschreibungen, geologischen und medizinischen Befunden. In der Tat geht die Diskussion um Fragen der klimatischen Wirkungen auf den Menschen sicher bis ins 18. Jahrhundert zurück (u. a. William Falconer, 1741–1805; Falconer, 1782). Empirische Untersuchungen im heutigen Sinn hat Hellpach nicht durchgeführt. Soweit erkennbar, ist auch die Wirkungsgeschichte der Umweltpsychologie Hellpachs gering geblieben. Im angelsächsischen Bereich blieb er unbekannt. Allerdings hat Hellpach schon drei Bereiche der Umweltpsychologie beschrieben, die auch heute als Bereiche der Umweltpsychologie gelten: 1. Die natürliche Umwelt, 2. Die soziale Umwelt und 3. Die kulturelle Umwelt.

Als weiteren Meilenstein der Umweltpsychologie kann man die bereits skizzierte Arbeit »Kriegslandschaft« (1917) von Kurt Lewin und die Entwicklung dessen Feldtheorie ansehen. Lewins Feldtheorie und die Umweltlehre (1921) des Biologen Jakob von Uexküll (1864–1944) bildeten auch den theoretischen Hintergrund für die Untersuchungen von Martha Muchow in Hamburg, deren Untersuchungen zum Lebensraum des Großstadtkindes bereits erwähnt wurden (s. 3.4.4).

Als »Nestor« der heutigen ökologischen Psychologie wird Roger Barker (1903–1990) angesehen, der nach seinem Studium eine Zeit mit Lewin zusammenarbeitete und in dem kleinen Ort Oskaloosa in Kansas eine Forschungsstation begründete. Dort wurden von 1947 bis 1972 Untersuchungen über Mensch-Umwelt-Beziehungen durchgeführt. Barkers theoretische Orientierung war durch Lewins Feldtheorie geprägt; Einfluss auf sein ökologisch-deskriptives Vorgehen hatte auch seine Frau Louise Barker, die Biologin war (vgl. Kaminski, 1999). Er untersuchte bestimmte Milieus (Kirche, Kaufhaus, Schule, Gastwirtschaft usw.), für die er den Begriff des »Behavior Settings« prägte. Behavior Settings sind also reale, sich selbst erhaltende Situationen mit bestimmten Bestandteilen; das Verhalten in diesen Situationen ist standardisiert und die beteiligten Personen – wie z. B. Besucher einer Sportveranstaltung – sind austauschbar. Die Synomorphie von (spezifischer) Situation und (spezifischem) Verhalten macht die Besonderheit des Behavior Settings aus.

Die neuere Umweltpsychologie hat eine Vielfalt von Forschungsthemen entwickelt (vgl. die Zeitschrift »Umweltpsychologie«, bestehend seit 1997) und erweist sich als interdisziplinäres Gebiet, das aus Grundlagen (Beispiel: Wahrnehmungspsychologie) schöpft, aber Relevanz für viele Lebensbereiche (Beispiel: Nachhaltige Entwicklung) hat.

Literaturempfehlung zu Kap. 5.8

Graumann, C.-F. (2005). 100 Jahre Psychologie: Umweltpsychologie. In T. Rammsayer & S. Troche (Hrsg.), *Reflexionen der Psychologie. 100 Jahre Deutsche Gesellschaft für Psychologie* (S. 111–118). Göttingen: Hogrefe.

5.9 Klinische Psychologie

Ähnlich wie die zuvor genannten Gebiete ist auch die Klinische Psychologie den angewandten Psychologierichtungen zuzurechnen. Doch ist es auch hier so, dass nicht einfach die erarbeiteten Kenntnisse, Methoden und Techniken psychologischer Grundlagenfächer auf Belange der Klinischen Psychologie angewandt werden können. Vielmehr hat die Klinische Psychologie – von der Anzahl der berufstätigen Psychologen her gesehen heute bei weitem der größte Bereich der Psychologie – eigene Methoden, Techniken und Theorien erarbeitet, die z. T. auf die Grundlagenfächer der Psychologie zurückwirken.

Die beiden Hauptbereiche der Klinischen Psychologie, die Diagnose und die Behandlung von Störungen des Erlebens und Verhaltens, sind schon Jahrtausende alt, wie sich z. B. aus Schädeltrepanationen bei Steinzeitmenschen ablesen lässt. Eine Klinische Psychologie als Wissenschaft mit Forschungsmethoden, die aus den Naturwissenschaften entlehnt sind, entsteht aber erst in der zweiten Hälfte des 19. Jahrhunderts, nachdem Psychiater wie Wilhelm Griesinger (1817–1868) begannen, Geisteskrankheiten nicht mehr als unabwendbare Strafe Gottes, sondern als Krankheiten mit somatischen Ursachen anzusehen. Wenn heute diese somatischen Theorien der Psychiatrie aus der Sicht der Psychologie unzureichend sind, so waren sie damals jedoch ein großer Fortschritt gegenüber mystischem Denken und alltäglicher Misshandlung psychisch Kranker. Gern wird als Anfang der Klinischen Psychologie das Jahr 1896 genannt, in dem Ligthner Witmer (1867–1956) an der Universität von Pennsylvania eine »Psychologische Klinik« gründete. Im gleichen Jahr veröffentlichte Emil Kraepelin (1856–1926) seine Arbeit »Der psychologische Versuch in der Psychiatrie«. Die Begründung der Klinischen Psychologie ist mit beiden Persönlichkeiten, die beide Schüler von Wundt waren, eng verbunden. Die Psychiatrie verdankt Kraepelin eine überzeugende Systematik der Geisteskrankheiten, die in ihren Grundzügen auch heute noch verwendet wird, wenngleich Kraepelins Beurteilung der Heilungschancen einzelner Krankheiten heute ganz anders gesehen wird. Ein weiteres – und vielleicht größeres – Verdienst hat sich Kraepelin

5.9 Klinische Psychologie

durch die Anwendung experimenteller Methoden, wie er sie in Leipzig kennengelernt hatte, in der Psychiatrie erworben.

Am 18. Januar 1881 fragt Kraepelin in einem Brief an Wundt »Glauben Sie, daß gerade jene Methoden sich mit Aussicht auf Erfolg für die Psychiatrie verwerthen lassen?« Offen gesteht Kraepelin ein, dass er keine große manuelle Geschicklichkeit besitzt und dass ihm Vorkenntnisse in der höheren Mathematik fehlen. Wundt antwortet am 23. Januar:

»Ob die Psycho-physischen Untersuchungsmethoden bereits eine solche Ausbildung erlangt haben, daß eine fruchtbare Übertragung derselben auf die Psychiatrie zu erwarten steht? Ich wage es nicht, diese Frage mit Ja zu beantworten, weil ich überhaupt ungewiß darüber bin, ob jemals psychophysische experimentelle Methoden psychiatrisch verwertbar, d. h. in weiterem Umfange für Versuche an Kranken verwertbar sind ... Daß gerade Versuche an Kranken ... sehr schwierig sein werden, ist wohl zweifellos. Aber wer vermöchte deshalb voraussagen, ob diese Schwierigkeiten niemals überwunden werden? Ist doch schon vieles möglich geworden, was man für unmöglich gehalten hatte ...« (Wundt, zitiert nach Meischner-Metge, 1990, S. 311).

Trotz dieser Skepsis seines Lehrers gelang Kraepelin der Aufbau eines eigenen Instituts, nachdem er in einer psychiatrischen Klinik in Leipzig gearbeitet und sich bei Wundt weitere Methodenkenntnisse verschafft hatte. Kraepelin führte als erster Untersuchungen über Schlaftiefe, über Muskelkraft, über Gefühle, über Ermüdung und Erholung und über die Wirkungen von Tee, Alkohol, Äther usw. auf geistige Prozesse durch. Kraepelins Forderung, aufgeworfene Fragen nicht am grünen Tisch, sondern durch sorgfältige experimentelle Untersuchungen zu klären, war überzeugend. Seine Befunde sollten für die Diagnostik (Reaktionszeiten, Additionsmethode, Schreibdruckmessung mit der sog. Schriftwaage usw.), für die Arbeitspsychologie (Ermüdung, Erholung, Arbeitspausen) und für die Psychiatrie (Pharmazie) großen Wert haben. Dabei erwiesen sich Wundts Bedenken schnell als gegenstandslos: Bei entsprechender Ausgestaltung mit Kontrollgruppen und größeren Stichproben erwiesen sich die experimentellen Methoden als brauchbar.

Lightner Witmer war Assistent und Nachfolger von James McKeen Cattell an der Universität von Pennsylvania. Von Cattell, der die ersten psychologischen Tests in den USA entwickelt und den Begriff »mental test« geprägt hatte (vgl. Kap. 4.1), konnte Witmer für seine klinisch-psychologische Tätigkeit diagnostische Methoden übernehmen. Doch ging es Witmer um mehr: Er wollte Beratung, Psychotherapie und Rehabilitationsmaßnahmen für Kinder, die in der Schule versagten, durchführen. Vor den Mitgliedern der noch jungen American Psychological Association warb Witmer für seine Ideen, stieß jedoch auf wenig Begeisterung für eine Angewandte Psychologie dieser Art. Witmer ließ sich nicht entmutigen, auch gründete er 1907 die Zeitschrift »Psychological Clinic«, die bis 1935 bestand.

Die relativ geringe Beachtung, die Witmer für seine Arbeiten erhielt, erklärt sich zum Teil dadurch, dass die Psychoanalyse in den USA schon sehr früh Verbreitung fand, von Witmer jedoch abgelehnt wurde. Der Begriff der Psychotherapie – er stammt aus den siebziger Jahren des 19. Jahrhunderts – wurde in den USA lange Zeit praktisch gleichbedeutend mit psychoanalytischer Behandlung verwendet.

Durch die Reflexologie und den Behaviorismus hatten Psychologen wichtige Hinweise auf die Entstehung von neurotischen Störungen erhalten. (Erinnert sei an den Versuch von Watson und Rayner mit dem kleinen Albert, vgl. Kap. 3.8.2.) Bereits in den zwanziger Jahren gab es Versuche, die Lerntheorien nicht nur zum Nachweis der Entstehung, sondern auch zur Beseitigung von Symptomen zu nutzen. Bis zu einem Siegeszug der auf den Lerntheorien beruhenden Verhaltenstherapie sollte es in der Bundesrepublik jedoch bis lange nach dem Zweiten Weltkrieg dauern.

Zuvor hatten mehrere Forscher, die von der Psychoanalyse und anderen tiefenpsychologischen Richtungen kamen, neue Wege zur Behandlung psychischer Störungen beschritten. Insbesondere muss hier Carl R. Rogers (1902–1987) als Begründer der Klientenzentrierten oder nicht-direktiven Therapie genannt werden, die in Deutschland oft als Gesprächspsychotherapie bezeichnet wird.

Carl Ransom Rogers wurde als viertes von sechs Kindern einer religiösen Familie in Oak Park, einem Vorort von Chicago, geboren. Rogers studierte zunächst Agrarwissenschaften, wechselte dann zur Theologie, dann – nach religiösen Zweifeln – zur Psychologie und promovierte

1931 an der Columbia University. Rogers hatte verschiedene Professuren inne. Durch sein Buch »Counseling and psychotherapy« (1942) und eine Anzahl weiterer Bücher, sowie durch Therapie-, Beratungs- und Lehrtätigkeit begründete er die Klientenzenrierte bzw. Personzentrierte Psychotherapie. Rogers starb hochgeehrt 1987 in La Jolla, Kalifornien. (Zur Biographie s. Groddeck, 2002.)

Rogers' Arbeiten stellen das Bedürfnis des Menschen nach Selbstverwirklichung, Anerkennung, und innerem Wachstum heraus. Diese Ziele soll der Klient selbst in sich finden. Der Therapeut hat daher alle lenkenden, dirigistischen und auch deutenden Maßnahmen zu vermeiden, sich jedoch um Verwirklichung der drei Grundhaltungen (»Basisvariablen«) Empathie, Wertschätzung und Kongruenz zu bemühen. Die so praktizierte Personenzentrierte Psychotherapie ist der Humanistischen Psychologie zuzurechnen (s. 4.3) und hat bis heute erheblichen Einfluss auf die Entwicklung von Gruppentherapien, professionelle und nicht-professionelle Beratungsformen, auf Pädagogik, Sozialarbeit und Seelsorge. Reinhard und Anne-Marie Tausch (1925–1983) haben gemeinsam mit ihren Schülern eine Vielzahl von empirischen Untersuchungen durchgeführt, die die Wirkung der Personenzentrierten Psychotherapie belegen.

Nahmen Verhaltenstherapeuten und Gesprächstherapeuten lange Zeit gegensätzliche, von den tiefenpsychologischen Richtungen ihrerseits wiederum deutlich getrennte, Positionen ein, so ist die Klinische Psychologie der letzten Jahre durch Annäherungen und Übergänge in den theoretischen Annahmen gekennzeichnet. Die Grundzüge der Personenzentrierten Psychotherapie finden sich heute auch in anderen Therapieformen, wie der Familientherapie, der Systemischen Therapie und der Gestalttherapie.

In der Bundesrepublik ist die Klinische Psychologie recht spät begründet worden. Fast kurios erscheint heute z. B. ein Lehrbuch, wie die »Klinische Psychologie« von Willy Hellpach aus dem Jahr 1946, in dem die Klinische Psychologie als Teilgebiet der Sozialpsychologie (S. 5) angesehen wird, da sie sich mit dem Verhältnis zwischen Arzt und Patient befasse. Die Klinische Psychologie habe nach Hellpach nichts (!) mit seelischen Erkrankungen zu tun (S. 1), sondern wolle dem Arzt Hilfen zum Umgang mit Patienten geben.

Folgerichtig behandelt Hellpach ärztliches Ethos, Fragen des Umgangs mit ärztlichen Diagnosen usw. In dieser Nachkriegszeit war also der Aufgabenbereich der Klinischen Psychologie im heutigen Sinn noch nicht »entdeckt«. Dies änderte sich jedoch wenige Jahre später. Erste Lehrstühle in diesem Bereich gab es in den frühen sechziger Jahren, erste Lehrbücher in den siebziger Jahren. Gezielte Therapieforschung erfolgte vor allem in den Bereichen Verhaltenstherapie und Klientenzentrierte Therapie.

Nach jahrzehntelanger Vorarbeit wurde 1998 das Psychotherapeutengesetz (PsychThG) verabschiedet, in dem Voraussetzungen der Berufsausübung, Approbation, Berufsbezeichnung usw. geregelt sind. Trotz der differenzierten (und von Psychologen kritisierten) Bestimmungen ist die Klinische Psychologie (einschließlich Prävention, Beratung, Kinder- und Jugendtherapie usw.) das weitaus größte berufliche Tätigkeitsfeld für Psychologen. In der Bundesrepublik sind etwa 33 000 approbierte Psychotherapeutinnen und Psychotherapeuten tätig (Schulte & Kröner-Herwig, 2005, S. 72).

Literaturempfehlung zu Kap. 5.9

Schulte, D. & Kröner-Herwig, B. (2005). 100 Jahre Psychologie: Klinische Psychologie. In T. Rammsayer & S. Troche (Hrsg.), *Reflexionen der Psychologie. 100 Jahre Deutsche Gesellschaft für Psychologie* (S. 66–74). Göttingen: Hogrefe.

5.10 Sportpsychologie

Der Begriff der Sportpsychologie tauchte um die Wende zum 20. Jahrhundert auf und wurde besonders vom Begründer der Olympischen Spiele der Neuzeit, Pierre de Coubertin (1863–1973), propagiert. Er verwendete den Begriff »psychologie du sport« erstmals im Titel eines Aufsatzes aus dem Jahr 1900 und führte 1913 in Lausanne den ersten Kongress für die Psychologie und Physiologie des Sports durch (Bäumler, 1999, S. 265f.). Doch gab es schon vor 1900 Versuche zur psychologischen Erklärung und Steigerung sportlicher Leistungen. Bäumler nennt den Franzosen Philippe Tissié (1852–1935), der vor der Wende zum 20. Jahrhundert u. a. über trainingspsychologische Aspekte des Radrennsports schrieb.

Für den Radrennsport interessierte sich auch der Amerikaner Norman D. Triplett (1861–1934). Er analysierte die Daten vieler Radrennen und stellte verschiedene Theorien auf, warum Radrennfahrer bei Anwesenheit von Wettbewerbern durchweg schneller fahren als im Einzelrennen. Der »Theorie der Dynamogenese« gab er schließlich den Vorzug und konstruierte eine Wettbewerbsmaschine (competition machine), die im Wesentlichen aus einem vier Meter langen Tisch bestand, auf dem zwei Endlosschnüre über Rollen liefen (Triplett, 1898). Diese Schnüre ließen sich mit Kurbeln – ähnlich wie an Angeln – bewegen. Triplett ließ nun nach einem komplizierten Plan 40 Kinder einzeln und zu zweit im Wettbewerb Schnüre aufrollen. Er fand seine Theorie durch die Daten bestätigt, erkannte allerdings auch, dass es beim Wettbewerb zu Übererregung (z. B. Verkrampfungen usw.), und damit zu Leistungseinbrüchen, kommen kann (Lück, 1998). Dieses Experiment gilt als »Klassiker« der Sozialpsychologie (s. 5.5) und wurde früher häufig als erstes sportpsychologisches Experiment benannt, jedoch gibt es mindestens ein früheres Experiment von Edward Wheeler Scripture (1864–1945) aus dem Jahr 1894 zur Leistung von Fechtsportlern (Bäumler, 1996).

Physiologische und psychologische Wirkungen des Aufenthalts in großen Höhen, nämlich in den italienischen Alpen, untersuchte ebenfalls schon vor der Wende zum 20. Jahrhundert der Turiner Physiologe Angelo Mosso (1846–1910), indem er sich mit Bergsoldaten längere Zeit in den Alpen aufhielt und dort physiologische Messungen und Beobachtungen durchführte. Mosso beschrieb besondere Belastungen des Anführers (»Pioniereffekt«) und Wettbewerbseffekte.

Die erste sportpsychologische Doktorarbeit verfasste 1913 Wilhelm Benary (1888–1955), ein Schüler von William Stern; Benary arbeitete später eng mit den Gestaltpsychologen Wertheimer und Köhler zusammen (Court & Janssen, 2003). Eine Expansion der experimentellen Sportpsychologie erfolgte in den zwanziger Jahren durch Robert Werner Schulte (1897–1933) in Berlin. Schulte war Schüler von Wundt und lehrte an der 1920 gegründeten Deutschen Hochschule für Leibesübungen (DHfL), an der Psychologie zu den Studienfächern zählte. Der junge Schulte baute dort ein Sportpsychologisches Laboratorium auf, in dem er mit Beobachtungen, Fragebögen und vor allem mit eigens konstruierten Apparaten sportliche Leistungen und Eignungen untersuchte. So gab es bei ihm Geräte zur Erfassung von Geschicklichkeit, Sorgfalt, Schnelligkeit, Ausdauer usw. Manche Geräte, wie z. B. den »Boxprüfer«, hatte Schulte zur Diagnose der Eignung für einzelne Sportarten entwickelt. Diese Forschung war also weniger durch Wundts Experimentelle Psychologie, sondern eher durch die Galton-Tradition, den Taylorismus und die Psychotechnik von Walther Moede geprägt, bei dem Schulte auch Vorlesungen gehört hatte. In einer Vielzahl von Publikationen stellte Schulte den Nutzen seiner Methoden für Leistungssportler, aber auch z. B. für die Polizei, das Friseurhandwerk usw. dar. Schulte war weniger Theoretiker als einfallsreicher Praktiker. Seine Verfahren hatten eine gewisse augenscheinliche Gültigkeit, waren aber durchweg nicht gut genug abgesichert.

Am Leipziger Psychologischen Institut wurde durch Otto Klemm (1884–1939) und dessen Mitarbeiter und Doktoranden eine Serie von systematischen Studien zur menschlichen Motorik durchgeführt. So gab es Arbeiten zu den Bewegungsabläufen von Kugelstoßern, Speerwerfern und Diskuswerfern (vgl. Loosch, 2008).

Eine starke Gegenbewegung zur Apparatediagnostik gab es wenige Jahre später durch Psychologen wie Hanns Sippel (1892–1973), die sich einer Psychologie der Leibesübungen zuwandten. Diese neue Generation von Sportpsychologen war durch Dilthey, Spranger und andere Geisteswissenschaftler geprägt. Nach diesen Autoren sollte es weniger um Höchstleistungen, sondern um die Entwicklung des Kindes, das Streben nach Betätigung, um Gesundheit, Spiel, Kameradschaft usw. gehen (vgl. Court & Meinberg, 2006). Auffällig war die Ablehnung experimenteller Forschung durch diese Autoren. Der Einfluss von Eduard Spranger und anderen Philosophen und Pädagogen auf Sportwissenschaftler wie Carl Diem (1882–1962), den Organisator der Olympischen Spiele 1936 und späteren Rektor der Deutschen Sporthochschule in Köln, ist beträchtlich gewesen und hat seit den zwanziger Jahren zu einem Rückgang der experimentellen Sportpsychologie in Deutschland geführt.

In den heutigen Sportwissenschaften herrscht allgemein die Auffassung vor, dass die Sportpsychologie in der Nazizeit ihren Niedergang erlebte und dass erst etwa in den sechziger Jahren eine erste Blüte internationaler Sportpsychologie erfolgte. Bei genauerer Betrachtung kann man aber erkennen, dass in der Struktur der Wehrmachtpsychologie und auch in einigen empirischen Doktorarbeiten der Nazizeit sportpsychologische Elemente enthalten sind, die sich allerdings nicht mit den internationalen Entwicklungen messen lassen können.

Die Grundlagen für diese internationalen Entwicklungen haben amerikanische Sportpsychologen wie Coleman R. Griffith (1893–1966) gelegt. Griffith wird häufig als Vater der amerikanischen Sportpsychologie bezeichnet, obwohl seine Wirkungen – ähnlich wie die von Schulte – begrenzt waren. Ein weiterer wichtiger amerikanischer Sportpsychologe, der Schüler von John B. Watson war und in der Tradition des Behaviorismus stand, war Karl S. Lashley (1890–1958). Lashley untersuchte Gehirnmechanismen und Lernprozesse. Schon 1915 hatte Lashley Lernversuche zum Bogenschießen veröffentlicht, die er auf dem Gelände der Johns Hopkins University durchgeführt hatte. (Zur amerikanischen Entwicklung s. Green & Benjamin, 2009.)

Im Nachkriegsdeutschland nahm die Sportpsychologie durch die Teilung in Besatzungszonen verschiedene Entwicklungen. In der DDR wurde die Nützlichkeit der Sportpsychologie für den Leistungssport früh erkannt, allerdings gehörte auch in der Bundesrepublik seit Gründung der Deutschen Sporthochschule 1947 in Köln durch Carl Diem die Sportpsychologie mit zu den Ausbildungsinhalten. Lehrstühle für Sportpsychologie wurden erst 1961 an der Deutschen Hochschule für Körperkultur in Leipzig sowie 1965 an der Deutschen Sporthochschule eingerichtet. So begann auch in Deutschland systematische empirische Forschung in Verbindung mit Fragestellungen zur Motivationspsychologie, insbes. Leistungsmotivationsforschung, es gab Untersuchungen zu Beanspruchung und Belastung in Verbindung zur Arbeitspsychologie, Untersuchungen zu Gruppenprozessen in Mannschaften in Verbindung zur Sozialpsychologie usw. Natürlich gibt es auch Verbindungen zur Entwicklungspsychologie und zur modernen Gesundheitspsychologie. 1965 wurde die »International Society of Sport Psychology (ISSP)« gegründet, die im gleichen Jahr in Rom ihren ersten Weltkongress durchführte. 1970 entstand das *International Journal of Sport Psychology*. 1986 entstand die »Association of Applied Sport Psychology (AASP)«, die weltgrößte Sportpsychologen-Organisation. In der heutigen Bundesrepublik wird Sportpsychologie an etwa 50 Hochschulen gelehrt.

Literaturempfehlungen zu Kap. 5.10

Bäumler, G. (2005). Anfänge der Sportpsychologie 1894–1928. In H. E. Lück & R. Miller (Hrsg.), *Illustrierte Geschichte der Psychologie*, Nachdruck 2. Aufl. (S. 263–268). Weinheim: Beltz.

Court, J. & Meinberg, E. (Hrsg.). (2006). *Klassiker und Wegbereiter der Sportwissenschaft*. Stuttgart: Kohlhammer.

Janssen, J. P. (2008). Geschichte der Sportpsychologie unter besonderer Berücksichtigung der Entwicklung in Deutschland. In N. Birbaumer, D. Frey, J. Kuhl, W. Schlicht & B. Strauss (Hrsg.), *Grundlagen der Sportpsychologie* (S. 33–103). Göttingen: Hogrefe.

5.11 Musikpsychologie

Nicht nur dem Namen, sondern auch der Sache nach ist die Musikpsychologie ein altes Gebiet. Bereits 1782 verfasste der Arzt Johann Joseph Kausch (1751–1825) eine »Psychologische Abhandlung über den Einfluss der Töne und ins besondere der Musik auf die Seele«, womit bereits der Gegenstand der Musikpsychologie umrissen ist, nämlich die Psychologie des Musiker*lebens*.

Erste experimentelle Schritte zur Erforschung der Musik-, besser gesagt: der Tonwahrnehmung erfolgten durch den Physiker Hermann von Helmholtz in seiner »Lehre von den Tonempfindungen« (1863). Helmholtz untersuchte die Schwingungsverhältnisse von Tönen, die Physik der Obertöne, und er studierte einfache Akkorde. Seine mechanistische Auffassung der sog. *Resonanztheorie*, nach der die in der Basilarmembran des Cortischen Organs angeordneten Fasern als Resonatoren für

Tonfrequenzen dienen, war ein Fortschritt, gilt in der Musikpsychologie aber heute als überholt; immerhin waren dies die ersten Experimente zur Physiologie und Psychologie der Töne, auf die Carl Stumpf und andere aufbauen konnten.

Carl Stumpf (1848–1936) studierte bei Brentano und Lotze. Stumpf lehrte an verschiedenen Hochschulen, ab 1893 in Berlin, wo er durch seine Schüler Edmund Husserl, Wolfgang Köhler, Kurt Koffka, Kurt Lewin, Oskar Pfungst, den späteren Schriftsteller Robert Musil und viele andere prägenden Einfluss auf die Philosophie und Psychologie des 20. Jahrhunderts hatte (zur Biographie s. Sprung & Sprung, 2006).

Carl Stumpf hatte den Plan einer vier- oder fünfbändigen »Tonpsychologie«, von der jedoch nur zwei Bände erschienen (1890). Er benutzte eine bescheidene experimentelle Ausrüstung und untersuchte damit u. a. die Wahrnehmung von Intervallen – ausgeführt mit verschiedenen Instrumenten. Sein Befund war, dass diese Intervalle in der Wahrnehmung der Hörer »verschmelzen«. Wenn man bei Stumpf 1890 liest, dass er vom »Empfindungsganzen« spricht (Sprung & Sprung, 2006, S. 230), dann muss man an Christian von Ehrenfels erinnern, der im gleichen Jahr seinen bekannten Aufsatz über Gestaltqualitäten verfasste, in dem er die Melodie als Beispiel genutzt hat, um die *Übersummativität* und die *Transponierbarkeit* als Gestaltqualitäten zu verdeutlichen.

Parallel zu Stumpf hatte auch Wundt einige Experimente zur Tonwahrnehmung durchgeführt. Als Band 1 der »Tonpsychologie« erschienen war, wurde dieser Band überwiegend positiv rezensiert. Im »Literarischen Zentralblatt« gab es jedoch eine scharfe Kritik, die anonym erschien und in der sich der Verfasser auf die Seite von Wundt stellte. Der Verfasser war jedoch kein anderer als Wilhelm Wundt selbst. Natürlich fand Stumpf das Verhalten seines Leipziger Kollegen »perfide«, wie er seinem Freund William James schrieb (Sprung & Sprung, 2006, S. 227). Der Bedeutung von Stumpfs Leistung tat diese Kritik keinen Abbruch. Später erkannte allerdings auch Wundt die Leistungen von Stumpf an.

Aber noch war von der Tonpsychologie der Schritt zur Musikpsychologie zu machen. Erste Schritte dazu unternahm Stumpf selbst um die Wende zum 20. Jahrhundert mit Aufsätzen zur Vergleichenden Musikpsychologie, mit der Herausgabe der »Beiträge zur Akustik und Musikwissenschaft« und mit der Begründung der *Phonogrammsammlung*, die der Stumpf-Schüler und Gestaltpsychologe Erich Moritz von Hornbostel (1877–1935) leitete. Ziel war die Dokumentation vorwiegend außereuropäischer Musik auf Tonträgern und die Suche nach Ursprüngen der Musik (zur Geschichte s. Müller, 1995). Das Archiv besteht noch heute als Teil der Abteilung Musikethnologie im Ethnologischen Museum in Berlin mit inzwischen ca. 150 000 Aufnahmen.

Als erster Psychologe, der als Musikpsychologe gelten kann, wird in Lehrbüchern meist der Amerikaner Carl E. Seashore genannt.

Carl Emil Seashore (1866–1949) wurde als Carl Emil Sjöstrand in Schweden geboren, emigrierte mit seinen Eltern in die USA, änderte seinen Namen, studierte bei George T. Ladd und promovierte 1895. Seashore besuchte dann auf einer Studienreise europäische Psychologen, unter ihnen Carl Stumpf, durch die er einige Anregungen erhielt, und entwickelte bereits 1919 die erste Testbatterie zur Messung musikalischer Begabungen und Fähigkeiten, die *Seashore Tests of Musical Ability*. Der Seashore-Test wird modifiziert noch heute verwendet, in Deutschland z. B. zur Zulassung zu bestimmten Studiengängen.

Seashore führte im Ersten Weltkrieg akustische Untersuchungen zur Ortung von Schiffen durch und verfolgte in späteren Jahren seine musikpsychologischen Interessen u. a. durch Verfahren zur Erfassung des musikalischen Gedächtnisses. Die Musikpsychologie weitete sich in den Folgejahren aus und stand unter dem Einfluss der verschiedenen psychologischen Schulen. Belastung von Berufsmusikern, Wirkungen musikalischer Erziehung auf Sprache, Gedächtnis und Motivation, Entstehung und Wirkung jugendlicher Musikkulturen, Wirkungen der Musik im Film oder bei der Arbeit sind nur einige Themen der neueren Musikpsychologie, die in Verbindungen zur Entwicklungspsychologie, Sozialpsychologie und Pädagogischen Psychologie stehen. Seit einigen Jahrzehnten hat auch die *Musiktherapie* ihre Wirkungen unter Beweis gestellt und somit einen wichtigen Beitrag zur Klinischen Psychologie geleistet.

Literaturempfehlungen zu Kap. 5.11

Rösing, H. & Bruhn, H. (2002). Geschichte der Musikpsychologie. In H. Bruhn, R. Oerter und H. Rösing (Hrsg.), *Musikpsychologie* (4. Aufl.) (S. 21–39). Reinbek: Rowohlt.

Stoffer, T. H. & Oerter, R. (2005). Gegenstand und Geschichte der Musikpsychologie und ihrer theoretischen und methodischen Ansätze. In T. H. Stoffer und R. Oerter (Hrsg.), *Enzyklopädie der Psychologie: Musikpsychologie. Band 1. Allgemeine Musikpsychologie* (S. 1–69). Göttingen: Hogrefe.

5.12 Religionspsychologie

Die Religionspsychologie erscheint als Randgebiet: Im Psychologiestudium kommt sie praktisch nicht vor, Lehrstühle für Religionspsychologie gibt es in Deutschland derzeit nicht. Allerdings sieht dies in anderen Ländern anders aus: In den Niederlanden gibt es ca. ein Dutzend, und auch in Deutschland gab es eine richtige Blütezeit dieses Gebietes. Man kann inzwischen allerdings auch in Deutschland von einem »Comeback der Religionspsychologie« sprechen (Journal für Psychologie, 2008, 16, Ausgabe 3). Kirchenflucht, religiöser Fundamentalismus und »Psychosekten« unserer Zeit verlangen nach Erklärungen. Auch verdienen frühere Ansätze die Prüfung in neuem Licht. So sind nach längerer Zeit wieder neue Lehrbücher erschienen, von denen sich mehrere auch der Geschichte dieses Gebietes widmen (z. B. Henning, Murken & Nestler, 2003; Heine, 2005).

Die Religionspsychologie wird meist als Teilgebiet der Religionswissenschaften verstanden, obwohl sie überwiegend mit psychologischen Theorien betrieben wird. Zu trennen ist die Religionspsychologie von der Pastoralpsychologie, die zur praktischen Theologie gehört und z. B. Methoden psychologischer Beratung für die Seelsorge nutzt (zum Verhältnis von Psychologie und Religion s. van Belzen, 1997). Die Vorgeschichte einer Religionspsychologie reicht über die Kirchenväter bis zurück in die Antike. Von Religionspsychologie wird aber erst seit dem Ende des 19. Jahrhunderts gesprochen. G. Stanley Hall (1846–

1924) gilt als einer der ersten akademischen Psychologen, der sich psychologischen Aspekten des Glaubens, insbesondere der Bekehrung, widmete. Er begründete 1881 in den USA das *Journal of Religious Psychology*. Ein Begründer der empirischen Religionspsychologie ist der Psychologe Edwin D. Starbuck (1866–1947). Er betrieb empirische Forschung im heutigen Sinn der Religionssoziologie und -psychologie und verfasste eins der ersten Bücher über Religionspsychologie (1899), das 1909 ins Deutsche übersetzt wurde. Das Buch enthielt u. a. Ergebnisse seiner Befragungen über Konversionserlebnisse.

Fast alle »großen« Psychologen der Frühzeit haben sich mit religionspsychologischen Fragen i. w. S. befasst. Dies ist nicht überraschend, da diese meist Inhaber von Philosophie-Lehrstühlen waren und sich daher ohnehin mit Fragen der Metaphysik, Ethik und Moral befasst haben.

In Deutschland erlebte die Religionspsychologie einen ersten Höhepunkt in den zwanziger und dreißiger Jahren. Hier ist vor allem der Wundt-Schüler und Begründer der Würzburger Schule Oswald Külpe (1862–1915) zu nennen. Er kam – wie sein Lehrer Wundt – aus einer Pastorenfamilie, betrieb zwar nicht aktiv Religionspsychologie, veröffentlichte aber in theologischen Zeitschriften und hatte unter seinen Doktoranden auch Theologen, denen er Anregungen zur Religionspsychologie gab (Hammer, 1994, Bitter, 2009). Zusammen mit anderen begründete Külpe 1914 die »Gesellschaft für Religionspsychologie« – eine Gesellschaft, die noch heute unter dem Namen »International Association for the Psychology of Religion – IAPR (Internationale Gesellschaft für Religionspsychologie – IGRP)« besteht. Durch diese Gesellschaft wurde 1914 die Zeitschrift *Archiv für Religionspsychologie* begründet. Diese Zeitschrift erschien mit großen Unterbrechungen, besteht aber heute als internationale Zeitschrift (vgl. http://www.iapr.de/index.htm). Die wechselhafte Geschichte der Gesellschaft und ihrer Zeitschrift hat Jacob van Belzen (2003) aufgearbeitet.

Zu den Külpe-Schülern gehörte Karl Girgensohn (1875–1925), ein lutherischer Theologe, der in Dorpat (heute Tartu, Estland) lehrte. Er gilt als Begründer der sog. *Dorpater Schule der Religionspsychologie* (zu deren Geschichte s. Wulff, 2006).

Girgensohn nutzte im Prinzip die Methoden der Denkpsychologie der Würzburger Schule, indem er seinen Vpn z. B. religiöse Texte vorlegte, kleine Denkaufgaben zu religiösen Begriffen stellte usw., um Glaubensprozesse des Individuums zu erkunden. In seinem Buch »Der seelische Aufbau des religiösen Erlebens« (1921) stellte Girgensohn seine Ergebnisse zusammen, die u. a. zeigten, dass in der Religiosität eine geistige Wirklichkeit gewonnen wird, die vom Individuum nicht mehr veranschaulicht werden kann. Girgensohns Schüler Werner Gruehn (1887–1961) setzte diese Arbeiten ein Jahrzehnt lang fort. Die theologische Diskussion in der Zeit nach dem Zweiten Weltkrieg hat sich jedoch von dieser Art der empirischen Erforschung religiösen Erlebens abgewandt, so dass die Dorpater Schule nur begrenzte Wirkungen hatte.

Erhebliche Bedeutung für die Religionspsychologie und viele andere benachbarte Gebiete hatten und haben die Beiträge von Sigmund Freud und seinen Schülerinnen und Schülern zur vielen Fragen der Religion und des Glaubens. Freud war Atheist, hat sich aber sein Leben lang – bis hin zu seiner Spätschrift über Moses (1939) – mit Fragen der Religion aus psychoanalytischer Perspektive auseinandergesetzt. Während sich seiner Meinung nach das Kind mit den Eltern – vor allem dem Vater – identifiziert, sucht auch der Erwachsene nach Vaterfiguren. Erklärungen für Naturerscheinungen, Katastrophen und Unglück findet der Mensch in Göttern, die er sich nach der Vatergestalt schafft.

Der »schreckende Eindruck der kindlichen Hilflosigkeit hat das Bedürfnis nach Schutz – Schutz durch Liebe – erweckt, dem der Vater abgeholfen hat, die Erkenntnis von der Fortdauer dieser Hilflosigkeit durchs ganze Leben hat das Festhalten an der Existenz eines – aber nun mächtigeren Vaters – verursacht. Durch das gütige Walten der göttlichen Vorsehung wird die Angst vor den Gefahren des Lebens beschwichtigt, die Einsetzung einer sittlichen Weltordnung versichert die Erfüllung der Gerechtigkeitsforderung, die innerhalb der menschlichen Kultur so oft unerfüllt geblieben ist« (Freud, 1927, S. 47).

Freud sieht Religion psychoanalytisch als *Illusion* an, was ihm die Ablehnung der meisten Religionspsychologen eingetragen hat. Aber er gesteht ihr positive Wirkungen zu: Kultur entstehe durch Triebverzicht. Die »Religion hat der menschlichen Kultur offenbar große Dienste geleistet, zur Bändigung der asozialen Triebe viel beigetragen, aber nicht genug« (1927, S. 60). Er weist darauf hin, dass eine erschreckend große Zahl von Menschen mit der Kultur unzufrieden seien, sie ändern oder abschütteln wollen oder »dass sie von Kultur und Triebverzicht überhaupt nichts wissen wolle« (1927, S. 60).

Viele weitere Aspekte religiöser Empfindungen und Verhaltensweisen ließen sich in Verbindung zur Psychoanalyse anführen. Um nur einen zu nennen: das Schuldgefühl. In Freuds Werk haben Schuldgefühle eine wichtige Bedeutung, von ihm in dem Begriff des Ödipuskomplexes zusammengefasst.

Ein Autor, der ein kritisches Verhältnis zur Psychoanalyse hatte, stattdessen während seines frühen Deutschlandaufenthaltes stärker durch den Kritischen Personalismus von William Stern und durch die geisteswissenschaftliche Psychologie geprägt wurde, war Gordon Allport (1897–1967). Allport lehrte Jahrzehnte an der Harvard Universität und hat immer wieder Fragen der Religion behandelt (vgl. Heine, 2005, S. 353ff.). Wie Stern versteht auch Allport den Menschen als etwas unteilbares Ganzes. In seiner Persönlichkeitstheorie spricht Allport vom *Proprium*. Er geht hier von der Erfahrung aus, dass wir Menschen uns als einmalig wahrnehmen und dass wir uns selbst als beständig erleben. Mit Proprium meint er eine naturgegebene innere Disposition einer Person, die alle Aspekte der Persönlichkeit »zusammenhält«. Allport stellt sich vor, dass es überdauernde Kontinuität besitzt und die Einmaligkeit der Person kennzeichnet.

Allports Haltung war aber keineswegs nur spekulativ. In vielfältigen empirischen Untersuchungen hat er Aspekte der Persönlichkeit untersucht. Allports »Religious Orientation Scale« ist in vielen Untersuchungen verwendet worden, noch mehr vielleicht seine I-E-Skala, mit der er *intrinsische* religiöse Haltungen von *extrinsischen* zu trennen versuchte. Die intrinsisch religiöse Person ist um der Sache willen religiös, die extrinsisch-religiöse Person ist religiös aus verschiedensten Nützlichkeitsgründen. Diese Skala sah man in Beziehungen zu Einstellungen und Vorurteilen, zu religiösem Verhalten usw. Sie diente für eine große Anzahl empirischer Studien in vielen Ländern.

5.12 Religionspsychologie

Die heutige Religionspsychologie macht im Nachgang zu Allport und anderen vielfältigen Gebrauch von psychologischen Theorien der Entwicklungspsychologie, Persönlichkeitspsychologie und Sozialpsychologie. Empirisch untersucht werden viele relevante Fragestellungen, so z. B., ob es einen Zusammenhang von Religiosität und psychischer Gesundheit gibt.

Man kann Gordon Allport als empirisch arbeitenden Persönlichkeits- und Sozialpsychologen mit europäisch-geisteswissenschaftlichen Wurzeln beschreiben – in Abgrenzung zur Psychoanalyse einerseits und zum Behaviorismus andererseits. Eine weitere Verbindung ist in Allports Nähe zur Humanistischen Psychologie zu sehen. Allports Position in der Religionspsychologie hat durchaus Ähnlichkeit mit den Auffassungen der Humanistischen Psychologen Carl Rogers, Abraham Maslow und Charlotte Bühler, da auch er weniger von dem Persönlichkeitsbild einer trieb- und reizgesteuerten Person, sondern von einem Bild der aktiven, nach Anerkennung und Selbstverwirklichung strebenden Persönlichkeit ausgeht.

Als Allport die Arbeiten des Freud- und Adler-Schülers Viktor Frankl (1905–1997) kennenlernte, setzte er sich für deren Übersetzung ins Amerikanische ein. Frankl wurde durch diese Übersetzungen und durch Reisen in die USA sehr bekannt, bekam Kontakt zu Carl Rogers und zu Abraham Maslow. Faktisch hatte er sich – vielleicht unwissentlich – schon zuvor in der Nähe der Humanistischen Psychologie befunden.

Nach Holocaust-Erlebnissen und Aufenthalt in mehreren Konzentrationslagern war Viktor Frankl nach 1945 in der psychiatrischen und psychologischen Selbstmordprophylaxe und -prävention tätig. Er entwickelte nach und nach seine *Logotherapie* und *Existenzanalyse*, die er neben der Psychoanalyse und Individualpsychologie als »dritte Wiener Schule der Psychotherapie« bezeichnete. Der Bezug der Logotherapie zur Religionspsychologie ist nicht zu übersehen. Anders als die Humanistischen Psychologen, die von Selbstaktualisierung sprachen, sah Frankl im Menschen ein Streben nach Selbst*transzendierung*. Die Verwirklichung durch Sinnerfüllung sei eine dem Menschen gestellte Aufgabe. Psychotherapie könne nicht dem Menschen Sinn geben, aber die Sinnfindung könne hierdurch reifen.

Literaturempfehlungen zu Kap. 5.12

Belzen, J. van (1997). Gestalten der Religionspsychologie: ein Essay über Grundfragen und Geschichtsschreibung. *Psychologie und Geschichte, 7* (4), 296–318). http://journals.zpid.de/index.php/PuG/article/view/232

Heine, S. (2005). *Grundlagen der Religionspsychologie. Modelle und Methoden.* Göttingen: Vandenhoeck & Ruprecht.

5.13 Politische Psychologie

Der Begriff *political psychology* tauchte 1860 im Editorial der *London Times* auf. Anfang des 20. Jahrhunderts ist bei Émile G. Boutmy (1835–1906) in Frankreich von *psychologie politique* im Zusammenhang mit Nationalstereotypen die Rede. 1917 schlug der britische Historiker George B. Grundy (1861–1948) eine neue Unterdisziplin der Geschichtswissenschaft vor, die er *political psychology* nannte und die sich mit dem Verhalten von Menschen in Massen befassen solle. Zum Beispiel würde die Regierung eines ängstlichen Landes annehmen, dass Menschen anderer Länder genauso ängstlich sind, was aber nicht stimmen muss. So käme es zu Fehleinschätzungen. Eine solche Wissenschaft würde daher helfen, andere Völker besser einzuschätzen; eine Politische Psychologie könne sogar durch bessere Fremdeinschätzungen helfen Kriege zu vermeiden (Grundy, 1917, Rudmin, 2005).

Weder Boutmy noch Grundy können als Begründer der Politischen Psychologie gelten. Der Anfang liegt länger zurück, und das Verdienst kommt dem Völkerkundler Adolf Bastian (1826–1905) zu. Das dritte Buch seines Hauptwerkes »Der Mensch in der Geschichte« aus dem Jahr 1860 trägt den Titel »Politische Psychologie« und behandelt das Verhältnis von Person und Politik, allerdings auch religiöse Gefühle, Fragen des Eigentums und des Staates. Bastian war von der Völkerpsychologie seiner Zeitgenossen Lazarus und Steinthal beeindruckt und suchte nach einer Psychologie der Weltanschauungen. Welche Faktoren verhindern Inzest, welche begründen Mythen, welche führen zu Kriegen? Dies waren nur einige Fragestellungen seiner Politischen Psychologie.

5.13 Politische Psychologie

Zu einer Etablierung der Politischen Psychologie als Fachgebiet der Geschichtswissenschaften oder der Psychologie kam es jedoch viele Jahrzehnte lang nicht. Eine größere Anzahl von Lehrbüchern zur Politischen Psychologie gibt es erst seit etwa 1980. 1978 wurde in Kalifornien die International Society of Political Psychology (ISPP) begründet. Sie gibt die Zeitschrift »Political Psychology« heraus und veranstaltet jährliche Tagungen.

Mehrere klassische Arbeiten amerikanischer Psychologen können genannt werden, die zur Begründung der Fachrichtung Politische Psychologie beigetragen haben (vgl. auch Streiffeler, 1975). Die Arbeiten Kurt Lewins zur autoritären und demokratischen Erziehung, seine Überlegungen zur (Re-)Demokratisierung des Nachkriegs-Deutschlands und einige weitere Arbeiten von Lewin aus den dreißiger bis vierziger Jahren sind zu nennen. Als Nestor der Politischen Psychologie in den USA gilt Hadley Cantril (1906–1969). Als es am 30. Oktober 1938 in den USA bei der Ausstrahlung des Rundfunk-Hörspiels »War of the World« (mit Orson Welles in der Hauptrolle) zu einer Massenpanik kam, weil viele der ca. 6 Millionen Hörer tatsächlich an eine Invasion vom Mars (oder anderer Mächte) glaubten, fragten sich Sozialwissenschaftler nach den Gründen für das panische Verhalten. Cantril sammelte Presseberichte, befragte Hörerinnen und Hörer des Hörspiels und untersuchte mögliche Gründe für Täuschung und Panik (Cantril, 1940). Diese sah er zum Teil in der mangelnden Bildung der Hörer, aber auch in der wirtschaftlichen und politischen Lage der Zeit und in den faschistischen Mächten in Europa, von denen sich die Amerikaner bedroht sahen. Die Umfrage war auch bei anderen politisch-psychologischen Untersuchungen, wie z. B. von Paul Lazarsfeld (1901–1976), die Methode der Wahl. Lazarsfeld hatte schon in seiner Zeit am Bühler-Institut in Wien (1929–1933) Rundfunkforschung betrieben und an der berühmten Marienthal-Studie zur Arbeitslosigkeit (Lazarsfeld-Jahoda & Zeisl, 1933) mitgewirkt. In den USA wurde er zur bedeutendsten Figur der empirischen Sozialforschung.

Die Entwicklung der Politischen Psychologie in Deutschland weist einige Besonderheiten auf. Im Berufsverband Deutscher Psychologen (BdP) wurde 1958 eine Sektion Politische Psychologie begründet. Diese besteht bis heute. Treibende Kraft zur Gründung der Sektion war Walter Jacobsen (1895–1986), der in der Nazi-Zeit im liberalen Widerstand aktiv war und in den ersten Nachkriegsjahren als Gründungsvorsitzender des BdP tätig war. Sein Anliegen war die Stärkung des demokratischen Bewusstseins in den Nachkriegsjahren durch psychologisch fundierte demokratische Bildungsarbeit. Angeblich aus Mitteln eines schwedischen Gönners, in Wirklichkeit jedoch mit eigenen Mitteln, finanzierte er Tagungen, eine Schriftenreihe »Politische Psychologie« (1963–1969) und vieles mehr. Jacobsen arbeitete mit am Aufbau der Bundeszentrale für Politische Bildung, die 1963 aus der Bundeszentrale für Heimatdienst hervorging. Obwohl Jacobsen einer eher neutralen, wissenschaftlichen Psychologie verpflichtet war, begegnete man damals den Bemühungen um eine Begründung der Politischen Psychologie mit Skepsis: Preiser (2009, S. 293) berichtet als Anekdote, dass sich der Verleger der »Psychologischen Rundschau«, der offiziellen Verbandszeitschrift im Verlag für Psychologie, weigerte, nach Gründung der Sektion in der Zeitschrift eine Darstellung des Fachgebiets zu veröffentlichen. Deswegen entschloss man sich zu einer Beilage zur Rundschau mit dem Titel »PP-Aktuell«. Aus diesem Blatt ging 1993 die Zeitschrift für Politische Psychologie hervor.

Tatsächlich war auch in späteren Jahren die Politische Psychologie und Friedenspsychologie in der Bundesrepublik nie ein Thema des Mainstreams der Psychologie. Selbst auf der Homepage der Sektion heißt es heute noch: » Wir können einiges, wir machen eine Menge ... Aber wir sind gut beraten, nicht immer ›Politische Psychologie‹ draufzuschreiben. Das schreckt noch immer manchen ab, denn es klingt nach ›einseitig‹, ›parteinah‹ oder ›wildromantisch revolutionär‹« (http://www.bdp-politische.de/verband/service.html).

Solche Vorurteile gegenüber der Politischen Psychologie liegen wohl zum Teil am Gegenstand dieses Gebiets, zum Teil an vermuteten Verbindungen zur Studentenbewegung, vor allem aber wohl daran, dass die Politische Psychologie interessengeleitet ist und sein muss: Demokratie, Friedensbewegung, Abrüstung, Völkerverständigung usw. waren und sind ihre Ziele. Damit ist die Politische Psychologie eine sozialwissenschaftliche Richtung der Angewandten Psychologie mit engen Verbindungen zur Sozialpsychologie. Zwei Richtungen der Psychologie, die teilweise auch in Verbindung genutzt wurden, haben in Deutschland zur Politischen Psychologie beigetragen: Zum einen war es die *Kritische Psychologie* mit Autoren wie Klaus Horn (1934–1985), einem Schüler von Adorno und Horkheimer. Größere Breitenwirkung hatte die *Psychoanalyse* mit Autoren wie Alexander Mitscherlich (1908–1982) und Margarete Mitscherlich (geb. 1917), die tiefenpsychologische Gesellschaftsdiagnosen zum Verhältnis der deutschen Nachkriegsgenerationen zum Nationalsozialismus und zur unbewältigten Vergangenheit, über die Unwirtlichkeit der deutschen Städte und andere politische Themen verfassten.

Die Verdienste der Politischen Psychologie sind nicht zu leugnen. Ein spannendes Thema der Politischen Psychologie ist die Frage nach den expliziten und impliziten politischen Inhalten psychologischer Literatur. Marianne Müller-Brettel (1994) hat die Rolle der Psychologie im Ersten Weltkrieg untersucht und bibliometrisch ausgewertet. Es gab hier nicht nur die aufkommende militärpsychologische Diagnostik, sondern auch Untersuchungen über das Kriegserlebnis von Kindern, massenpsychologische Betrachtungen, phänomenologische Beschreibungen der Gefechtssituation, aber auch eine Vielfalt von kriegsbegeisterten Beiträgen namhafter Psychologen, die z. B. vom gewaltig schönen »Anblick brennender Dörfer und Städte zumal in der Nachtzeit« (Messer, 1915, S. 230) beeindruckt waren.

Gemessen an der Psychologie insgesamt ist das Volumen politisch-psychologischer Forschung zwar gering, aber es ist vielfältig und praktisch bedeutsam. Politische Sozialisation, Autoritarismus, Fragestellungen zur deutschen Wiedervereinigung, Heimatorientierung, Führung und Macht sowie Psychologie der Folter und Gehirnwäsche sind nur einige der Forschungsbereiche der Politischen Psychologie. Die bislang wenig beachtete Rolle der Psychologie bei der sog. »weißen« Folter politischer Häftlinge in den USA ist ein aktuelles Thema (Mausfeld, 2009).

Literaturempfehlungen zu Kap. 5.13

Müller-Brettel, M. (1994). Psychologische Beiträge im Ersten Weltkrieg. Ausdruck von Kriegsbegeisterung und Patriotismus oder Ergebnis des Entwicklungsstandes psychologischer Theorie und Forschung? *Psychologie und Geschichte, 6 (1/2)*, 28–47. http://journals.zpid.de/index.php/PuG/article/view/171

Preiser, S. (2009). Politische Psychologie. In G. Krampen (Hrsg.), *Psychologie – Experten als Zeitzeugen* (S. 289–300). Göttingen: Hogrefe.

5.14 Kulturvergleichende Psychologie

Psychologie als Wissenschaftsdisziplin ist im europäisch-amerikanischen Raum entstanden, und in diesem Raum wird auch heute der allergrößte Teil wissenschaftlicher Untersuchungen durchgeführt und veröffentlicht. Wenn man dazu bedenkt, dass ein sehr großer Teil der experimentellen Forschung zudem mit Psychologiestudentinnen und -studenten als Vpn durchgeführt wird, dann liegt die Frage nach der *Universalität* der Befunde nahe. Kann man davon ausgehen, dass psychologische Theorien und Untersuchungsergebnisse auch in anderen Kulturen Gültigkeit haben? Ist es überhaupt sinnvoll, von der Universalität psychologisch relevanter Konzepte wie Intelligenz, Angst, Kreativität, Extraversion, Neurotizismus usw. auszugehen? Diese Thematik der kulturvergleichenden Psychologie (cross-cultural psychology) beschäftigt Psychologen seit ca. 100 Jahren. Erinnert sei an dieser Stelle kurz an die frühen Arbeiten zur Völkerkunde, Völkerpsychologie und Ethnologie (vgl. 2.3).

Zwei Vorgehensweisen werden heute unterschieden: Das naheliegende Vorgehen ist die Durchführung von Untersuchungen in verschiedenen Kulturen mit gleichen oder vergleichbaren Methoden und der Vergleich der Ergebnisse. Beispiele: die Durchführung bestimmter Tests in verschiedenen Kulturen, die Untersuchung der Anfälligkeit für bestimmte optische Täuschungen oder die Wiederholung eines klassischen Experimentes – beispielsweise zur Gehorsamkeitsbereitschaft – an Personen einer anderen Kultur. Dieses *kulturvergleichende* Vorgehen, bei dem sich der Forscher mit mitgebrachten Methoden »von außen« verschiedenen Kulturen nähert, wird etwa seit Mitte des 20. Jahrhunderts als *etisches* Vorgehen (engl. *etic*) – nicht zu verwechseln mit »ethischem« Vorgehen! – bezeichnet.

Demgegenüber wird als *emisches* Vorgehen (engl. *emic*) eine Beobachtung und Beschreibung des Forschers aus der Kultur heraus, »von innen«, bezeichnet. Dies ist der typische Ansatz der *Kulturpsychologie* mit dem Ziel der Aufdeckung von Strukturen innerhalb einer bestimmten Kultur.

Kulturvergleichende Psychologie ist kein separates Teilgebiet der Psychologie, sondern – ähnlich wie die Umweltpsychologie – eine zusätzliche Perspektive, die Prozesse wie Entwicklung, Erziehung, Persönlichkeit, Sozialverhalten bis hin zu Psychotherapie in verändertem Licht erscheinen lässt. Viel spricht dafür, dass angesichts von Migration und Globalisierung die kulturvergleichende Psychologie zunehmend an praktischer Bedeutung gewinnt, obwohl sie derzeit noch ein vergleichsweise kleines Gebiet ist.

1970 wurde das *Journal of Cross-Cultural Psychology (JCCP)* begründet, 1972 die *International Association for Cross-Cultural Psychology (IACCP)* – heute mit über 800 Mitgliedern aus über 60 Ländern.

Obwohl dies in der Literatur nicht immer geschieht, muss die Zugehörigkeit zu einer Kultur von der Zugehörigkeit zu einer Nation oder zu einer Sprachgemeinschaft unterschieden werden. Niemand wird dabei bezweifeln, dass es Kulturen gibt, die sich ähnlicher sind, und solche, die weniger Gemeinsamkeiten aufweisen. Über Jahrzehnte hinweg hat es immer wieder Versuche gegeben, Typen von Kulturen zu beschreiben. Mitte des 20. Jahrhunderts wurde erstmals die Faktorenanalyse auf Daten aus verschiedenen Kulturen angewandt, um die Ähnlichkeit von Kulturen zu untersuchen und um Gruppen oder Typen von Kulturen zu ermitteln. Eine inzwischen klassische Studie und gleichzeitig eine der größten Studien dieser Art ist die Untersuchung von Geert Hofstede (1980) an über 50 Ländern. Mehr oder weniger per Zufall geriet Hofstede in den siebziger Jahren an die Daten einer Mitarbeiterbefragung zur Arbeitszufriedenheit von über 100 000 Mitarbeitern des IBM-Konzerns. Hofstede unterwarf die Daten einer Faktorenanalyse und fand vier, später fünf Dimensionen, nach denen sich Kulturen unterscheiden lassen: 1. Individualismus vs. Kollektivismus, 2. Maskulinität vs. Femininität, 3. Unsicherheitsvermeidung: hoch vs. niedrig, 4. Machtdistanz: hoch vs. niedrig, 5. langfristige vs. kurzfristige Grundorientierung. Diese Studie und besonders diese Dimensionen sind in den letzten Jahrzehnten immer wieder kritisiert worden. Einige dieser Dimensionen, besonders die erstgenannte, sind jedoch in vielen Studien untersucht und bestätigt worden. Allerdings gilt hier wie bei vielen anderen Typologien, dass es sich um eine ziemlich grobe Vereinfachung handelt.

Natürlich ist diese empirische Vorgehensweise von Hofstede nur eine Möglichkeit der Forschung. Nach wie vor gibt es Beobachtungsstudien, Inhaltsanalysen usw. Ein Trend der letzten Jahrzehnte ist die Entwicklung von kulturspezifischen Trainingsprogrammen – z. B. für Personen, die sich in nächster Zeit beruflich in einer ihnen fremden Kultur aufhalten.

Literaturempfehlungen zu Kap. 5.14

Straub, J. (2007). Historische Positionen und Entwicklungslinien einer Kultur integrierenden Psychologie. In G. Trommsdorff & H.-J. Kornadt (Hrsg.), *Theorien und Methoden der Kulturvergleichenden Psychologie* (Enzyklopädie der Psychologie. Serie Kulturvergleichende Psychologie, Bd. 1, S. 119–179). Göttingen: Hogrefe.

Thomas, A. (2009). Kulturvergleichende Psychologie. In G. Krampen (Hrsg.), *Psychologie – Experten als Zeitzeugen* (S. 310–322). Göttingen: Hogrefe.

5.15 Methoden der Psychologie

Vielleicht überrascht es ein wenig, hier unter den Teilgebieten der Psychologie auch die Methoden der Psychologie vorzufinden. Die Forschungsmethoden sind natürlich kein typisches Gegenstandsgebiet der Psychologie. Aber sie sind als Mittel psychologischer Kenntnisgewinnung – von der einfachen Beobachtung bis hin über komplexeste Auswertungsverfahren – relevant für das Selbstverständnis der Psychologie. Und sie bilden seit den sechziger Jahren auch in Deutschland einen wichtigen Teil der Studieninhalte. Ein nennenswerter Teil des Berufserfolgs von Psychologinnen und Psychologen beruht auf einer spezifischen Methodenkompetenz, die durch andere Studiengänge nicht in dieser Weise erreicht wird.

Die Erhebungs-, Auswertungs- und Interpretationsmethoden machen einen Teil der Wissenschaftlichkeit einer Disziplin aus und sie stehen natürlich auch in historischem Wandel. So kann man am Wandel der bevorzugten Methoden auch den Wandel des vorherrschenden Psychologieverständnisses ablesen. Dies haben wir bereits in verschiedenen Zusammenhängen gesehen, so bei Wundts methodisch bedingter Aufteilung in experimentelle Psychologie und Völkerpsychologie, bei Freuds Ablehnung experimenteller Forschungsmethoden und an vielen anderen Stellen.

Nach Auffassung von Lothar und Helga Sprung (1999) lässt sich die Entwicklung der Methodenlehre in der Psychologie in vier Stadien einteilen:

- das Stadium der naiven Methodenlehre,
- das Transferstadium,
- das Dissensstadium,
- das Konsensstadium.

Das Stadium der naiven Methodenlehre wird datiert für die Zeit von etwa 3000 v. Chr. bis 600 v. Chr. Zu dieser Zeit lässt sich noch nicht von Psychologie sprechen; psychologische Fragen wurden durch naturphilosophische, naturreligiöse und mythologische Vorstellungen beherrscht und durch Introspektion menschlichen Erlebens beantwortet.

Das Transferstadium reicht aus der Zeit von 600 v. Chr. bis in die Gegenwart. In dieser Zeit war die Psychologie in ihre »Mutterwissenschaften« Philosophie und Physiologie eingebettet. Die Methoden zur Erforschung psychologischer Fragestellungen wurden aus diesen Wissenschaften entlehnt. Guter Beleg für diese These ist die Beobachtung, dass Fechner Ordinarius für Physik war und die Methoden der Physik für seine Psychophysik (!) nutzte und Wilhelm Wundt seine Apparaturen und auch sein experimentelles Vorgehen (Auswahl der Vpn, Instruktionen, Erfassung und Auswertung der Daten) weitgehend aus der Physiologie entnommen hat, jener Wissenschaft, die ihm vertraut war und aus der auch die psychologischen Fragestellungen erwachsen waren.

Zur Wissenschaftsgeschichte ist an dieser Stelle anzumerken, dass ein großer Teil der früher verwendeten Apparate verschollen ist und erhaltene Apparate restauriert werden müssen, um besser zu verstehen, wie mit ihnen gearbeitet wurde (Paulitsch, 2005, 2006, 2008, Wontorra, 2009).

Das *Dissensstadium* datieren Sprung & Sprung auf die Zeit vom ausgehenden 19. Jahrhundert bis in die vierziger Jahre des 20. Jahrhunderts. Dies ist die Zeit, in der weltweit Psychologische Laboratorien (meist nach dem Leipziger Vorbild) eingerichtet wurden. Es gab in dieser Zeit zwar einen nennenswerten Konsens bezüglich des Gegenstandes der Psychologie (Bewusstsein, Denken, psychische Funktionen usw.), jedoch noch keinen Konsens bezüglich der »richtigen« Methoden der Psychologie. Nebeneinander gab es introspektive, hermeneutische und verschiedene experimentelle Methoden. Die Psychologie war durch Schulen mit jeweils bestimmten Fragestellungen und bestimmten methodischen Orientierungen gekennzeichnet (Beispiel: Würzburger Schule).

Die Entwicklung von Teilgebieten machte es erforderlich, Fragestellungen so zu untersuchen, dass die Untersuchungsergebnisse auch für psychologisch nicht vorgebildete Personen überzeugend waren. Dies führte zur Untersuchung von größeren Stichproben, zur Einführung von Kontrollgruppen, zum Einsatz sog. naiver Vpn, zu statistischen Verfahren und graphischen Darstellungen; zu Vorgehensweisen, die bei Fechner, Wundt und selbst noch in der Gestaltpsychologie unüblich waren: Stichprobenvergleiche und Signifikanztests. Auf dem Weg über die Anwendung der Psychologie fanden diese Methoden Eingang auch in die Grundlagengebiete der Psychologie (s. o.).

Das Konsensstadium datieren Sprung und Sprung beginnend mit den späten zwanziger Jahren des 20. Jahrhunderts bis zur Gegenwart. Kennzeichnend für dieses Stadium sind die Auflösung der Schulen (außer der Tiefenpsychologie), die Ausweitung der Themenfelder und Praxisbereiche und die Professionalisierung der Psychologie. Tatsächlich wurde es erst in den dreißiger

Jahren üblich, die Begriffe Test und Experiment klar zu trennen. Es war Edwin G. Boring, der 1935 die begriffliche Unterscheidung von unabhängigen und abhängigen Variablen vorschlug. (Diese Begriffe gab es schon früher, allerdings in anderer Bedeutung.) Entscheidend für die allgemeine Akzeptierung dieser Begriffsbedeutung war aber William S. Woodwards dritte Auflage der »Psychology«, erschienen 1934. Dieses Buch setzte offenbar Maßstäbe bezüglich der Terminologie. Tolman, Skinner und viele andere Autoren schlossen sich der Terminologie von Woodworth an. Aber es sollte noch Jahrzehnte dauern, bis sich die Auffassung, ein Experiment habe mit der Manipulation unabhängiger Variablen zu tun, in Lehrbüchern der Psychologie und der Sozialwissenschaften allgemein durchsetzte (vgl. hierzu Winston, 2004). Auch der zunächst unverfänglich erscheinende Begriff der Objektivität ist in der Geschichte der Psychologie mit unterschiedlichsten Bedeutungen versehen worden, bis sich im 20. Jahrhundert eine gewisse Vereinheitlichung der Bedeutung durchgesetzt hat (Sewz, 2004).

Wesentliches Kriterium für empirische Befunde ist nun die *Replizierbarkeit* einer Untersuchung und deren Befunde. Für das Konsensstadium sehen Sprung und Sprung 1. die verstärkte Einführung empirischer Methoden, so seit den dreißiger Jahren die verbesserte Stichprobenmethodik, die Versuchsplanmethodik, statistische Auswertungsmethoden und seit den fünfziger Jahren die Computernutzung für Versuchssteuerung, Datenanalysen, Modellierung und Simulationen. Typisch für das Konsensstadium ist 2. die Herausbildung von bestimmten methodischen Verfahren. Beispielhaft kann man die Methoden zur Konstruktion von Fragebögen und die allgemein akzeptierten Regeln zur Entwicklung standardisierter Tests nennen. Ergänzend lässt sich darauf hinweisen, dass es seit den dreißiger Jahren üblich wurde, Begriffe in messbare Größen umzusetzen (*Operationismus* nach dem Vorschlag des Physikers Percy Williams Bridgman), um damit die Widersprüchlichkeit von Begriffen zu reduzieren. Kennzeichnend für das Konsensstadium ist schließlich 3., dass bestimmte Methoden für die *scientific community* nunmehr zum Standard werden. Ablesbar ist dies z. B. an Statistiklehrbüchern für Psychologen, an bestimmten Erwartungen bezüglich der

Gütekriterien von Skalen und Tests, an Konventionen bezüglich der Gestaltung von Untersuchungsberichten und Publikationen. Das *Publication Manual* der *American Psychological Association*, die Autorenhinweise von Fachzeitschriften und die Begutachtungsverfahren für eingereichte Manuskripte spiegeln diese Erwartungen an »gute« psychologische Forschung wider.

Der Begriff *Konsensstadium* legt nahe, dass man sich innerhalb der Psychologie relativ schnell über die angemessenen Forschungs- und Auswertungsmethoden einig geworden sei. Dies ist so jedoch nicht der Fall.

Immer wieder ist von der *Krise der Psychologie* gesprochen worden, und diese Krisen sind auch mit dem Methodenverständnis in Verbindung gebracht worden. Heftige Methodendiskussionen hat es in der Psychologie in den fünfziger Jahren gegeben, als führende deutsche Psychologieprofessoren, unter ihnen Albert Wellek und Philipp Lersch, einer quantitativ und nomothetisch orientierten Persönlichkeitspsychologie kritisch gegenüberstanden (s. o.), während jüngere Kollegen wie Peter R. Hofstätter und Hans Jürgen Eysenck bereits erfolgreich empirisch-analytisch arbeiteten. Ähnlich war es in anderen Grundlagenbereichen der Psychologie, wo Ende der fünfziger Jahre durch Metzger, Düker und andere die Nutzung des Experiments in der Psychologie propagiert wurde, das von den Ausdruckspsychologen der Nachkriegszeit eher als überholte Methode angesehen wurde.

Eine erneute heftige Kontroverse um die Methoden der Psychologie entstand fast zeitgleich mit der Studentenbewegung in der zweiten Hälfte der sechziger Jahre durch die *Frankfurter Schule* und die *Kritische Psychologie*.

Gewissermaßen als Nachwirkungen dieser verschiedenen Auffassungen von Psychologie und deren Methoden entstand 1991 die *Neue Gesellschaft für Psychologie (NGfP)* als Gegenbewegung zur etablierten *Deutschen Gesellschaft für Psychologie (DGPs)*. Die *Neue Gesellschaft* hat sich auf Tagungen und in ihrer Zeitschrift »Journal für Psychologie« immer wieder kritisch mit Forschungsmethoden auseinandergesetzt und u. a. qualitative Verfahren befürwortet. (Die Zeitschrift erscheint inzwischen als Open Access-Zeitschrift.) Auf einer Tagung, an der Psychologinnen und Psychologen aus verschiedenen »Lagern« der Psychologie teilnahmen (Schorr, 1994), wurde von den »zwei Kulturen der Psychologie« gesprochen, obwohl dabei nicht immer klar war, ob hiermit geisteswissenschaftliche Psychologie und naturwissenschaftliche Psychologie oder idiographische Forschung und nomothetische Forschung oder andere gegensätzliche »Kulturen« gemeint waren.

Ist nun eine Spaltung der Psychologie in zwei Lager zu erwarten? Wenn es auch zeitweise so schien, ist dies kaum anzunehmen. Bezeichnend für eine tendenzielle Überwindung der unterschiedlichen Auffassungen ist, dass auch in der »Mainstream-Psychologie« in den neunziger Jahren die Bereitschaft zur Akzeptanz qualitativer und biographischer Forschungsansätze wuchs. Ablesbar ist dies u. a. daran, dass in Neuauflagen etablierter Methodenlehrbücher nunmehr Kapitel zu qualitativen Verfahren aufgenommen wurden.

An der Bildung verschiedener Gesellschaften mit – in Teilen – verschiedenem Methodenverständnis kann man erkennen, dass die Frage der Methoden in der Psychologie eine zentrale Bedeutung hat. Nach Billmann-Mahecha (2001, S. 118) scheint »die Methodenfrage in der zweiten Hälfte des 20. Jahrhunderts eine *identitätsstiftende* Funktion in der akademischen Psychologie gewonnen zu haben, die über die Zugehörigkeit zum Fach stärker entscheidet als theoretische Positionen und inhaltliche Fragestellungen«. Billmann-Mahecha vermutet, dass dies so sei, weil sich die Psychologie weniger als andere Wissenschaften vom Gegenstand der Forschung her definiert. Sie weist ferner auf das Kuriosum hin, dass ein großer Teil gerade dieser Methoden nicht in der Psychologie entwickelt, sondern aus Nachbardisziplinen übernommen wurde (S. 124). Nach all dem sind die Forschungsmethoden wahrscheinlich wenig dazu geeignet, die Einheit der Psychologie herzustellen oder zu bewahren.

Literaturempfehlungen zu Kap. 5.15

Sprung, L. & Sprung, H. (2010). *Ein kurze Geschichte der Psychologie und ihrer Methoden*. München: Profil.

6   Bewertung und Perspektiven

Gern möchte man wissen, wie die Zukunft der Psychologie aussieht, d. h., welche Richtungen der Psychologie sich als tragfähig, als erfolgreich erweisen und welche neuen Gebiete sich die Psychologie erschließen wird. Solche Prognosen haben wir hier und da versucht zu geben, sie sind aber nur schwer möglich. Mit dieser vorsichtigen Einschätzung stehe ich als Autor nicht alleine.

1981 entstand bei einer psychologischen Tagung die Idee, verschiedene Psychologen um die Zukunftsperspektiven ihres Fachs – etwa für das Jahr 2000 – zu bitten. Es entstand ein Band, der diese Ergebnisse zusammenfasste (Sarris, Parducci & Petzold, 1986). Ergebnis war eine allgemein vorsichtige Einschätzung der Zukunft. Während sich sonst im Alltag mutige Zukunftsprognosen, genährt durch Hoffnungen und Befürchtungen finden, blieben die Autoren zurückhaltend. Erkennbar war eine durchgängige Betonung der wissenschaftlichen, insbesondere der experimentellen, Forschungsmethoden, was aber vielleicht auch an der Auswahl der Autoren lag, die überwiegend der experimentellen Psychologie zuzurechnen waren. Erwartet wurde auch das Verschwinden der Schulen. Verschiedener Meinung waren die Psychologen bezüglich der Frage, ob die Psychologie zunehmend eine Humanwissenschaft mit stärkerer Hinwendung zu sozialen Problemen oder eher eine vom Alltagswissen immer mehr entfernte Spezialwissenschaft (wie manche heutige Naturwissenschaften) werden würde. Im Jahr 2000 veranstalteten die Herausgeber zusammen mit einigen Autoren ein Symposium, um festzustellen, ob die Prognosen zutreffend waren. Kurzgefasstes Ergebnis: Manches war richtig vorhergesagt worden, doch hatte es auch Unvorhergesehenes gegeben. Nicht richtig vorhergesagt wurde zum Beispiel die Bedeutung des Computers und der damit zusammenhängenden Kommunikationsmedien und experimentellen Möglichkeiten.

6 Bewertung und Perspektiven

Auch eine Befragung von Psychologie-Hochschullehrern über Vergangenheit und Zukunft ihres Fachs (Plaum, Schweitzer & Scharlach, 1989) hat das mehrheitliche Bekenntnis bundesdeutscher Psychologen zu einer naturwissenschaftlich-experimentellen Psychologie bestätigt. Die Mehrheit der Befragten war der Meinung, die Entwicklung der Psychologie in Richtung einer objektiven Exaktheit sei richtig gewesen, dass »künftig jedoch andere Gesichtspunkte stärkere Beachtung finden sollten. Eine mehr ganzheitliche Orientierung, Alltags- und Praxisrelevanz, sowie eine Überschreitung bisheriger, als zu eng gesehener Grenzen psychologischen Fachwissens stehen dabei im Vordergrund« (Plaum, Schweitzer & Scharlach, 1989, S. 56).

2005 berichtete auch die Zeitschrift »Gehirn & Geist« unter dem Thema »Psychologie im 21. Jahrhundert« über eine Befragung von »führenden« deutschen Psychologen über Lage und Zukunft ihres Fachs. Ergebnis: Der Erfolg der Psychologie wurde in den vielen Anwendungsgebieten und in der methodischen Kernkompetenz gesehen.

In seinem Buch »Die Krise der Psychologie« (1927) hatte Karl Bühler geklagt:

»Soviele Psychologien nebeneinander wie heute, soviele Ansätze auf eigene Faust sind wohl noch nie gleichzeitig beisammen gewesen. Man wird mitunter an die Geschichte vom Turmbau zu Babel erinnert (...) Denn so ist es in der Gegenwart. Ein rasch erworbener und noch unbewältigter Reichtum neuer Gedanken, neuer Ansätze und Forschungsmöglichkeiten hat den krisenartigen Zustand der Psychologie heraufbeschworen« (Bühler, 1927, S. 1).

Bühler versprach sich eine Überwindung der Krise durch die Integration der verschiedenen Ansätze. »Gelingt es, eine Konkordanz herzustellen, dann dürfen wir Großes von der Zukunft erwarten« (S. 1). Heute, mehr als 80 Jahre später, ist die Zahl der Ansätze um ein Vielfaches größer, allerdings scheint man sich mit dieser Pluralität – mehr oder weniger resigniert – abgefunden zu haben. Übereinstimmend sehen die führenden Fachvertreter der »Gehirn & Geist«-Befragung auch in der Zukunft der Psychologie keine integrierende Gesamttheorie der Psychologie, sondern spezifische Theorien. Erhebliche Bedeutung messen die Experten der interdisziplinären Kooperation bei: Genetik, Evolutionsbiologie, Ethologie, Hirnforschung und Informatik – Gebiete, die auch in den letzten Jahren die Psychologie befruchtet haben.

Drei Befragungen also, die stets die Heterogenität der Psychologie, aber zugleich auch die Wichtigkeit eines forschungsmethodischen Fundaments herausgestellt haben. Natürlich ist es nicht unproblematisch, den Zusammenhalt der Psychologie in nennenswertem Maß über die Forschungsmethodologie und -methodik und nicht über grundlegende Theorien zu erzielen (zur Kritik s. Sewz, 2004).

In jedem Fall gibt es klare Hinweise auf die Ausweitung der Psychologie; dies gilt – wie wir sahen – in inhaltlicher, aber auch in wissenschaftstheoretischer und forschungsmethodischer Hinsicht sowie natürlich auch im Hinblick auf Internationalisierung.

Eingangs wurde gesagt, die Geschichte der Psychologie könne in der Psychologie die Rolle des schlechten Gewissens spielen, indem sie Versäumnisse, Fehlentwicklungen und zu Unrecht in Vergessenheit geratene Ideen herausstelle. Weiter hieß es, die Beschäftigung mit der Psychologiegeschichte könne sich durchaus als »praktisch« erweisen, da sie ein tieferes Verständnis für die Gegenwart und für die berufliche Praxis von Psychologen ermögliche. Ob diese Ziele mit der vorliegenden Einführung erreicht wurden, mag jede Leserin und jeder Leser für sich entscheiden.

Literatur

Adler, A. (1898). *Gesundheitsbuch für das Schneidergewerbe*. Berlin: Carl Heymanns Verlag.
Adler, A. (1907). *Studie über Minderwertigkeit von Organen*. Berlin und Wien: Urban & Schwarzenberg. Taschenbuch: Frankfurt: Fischer 1977.
Adler, A. (1908). *Der Aggressionstrieb im Leben und in der Neurose*. Fortschritte der Medizin 26, 577–584. Nachgedruckt in Adler, A. & Furtmüller, C. (Hrsg.), Heilen und Bilden (S. 274–296). Frankfurt: Fischer 1973.
Adler, A. (1912). *Über den nervösen Charakter. Grundzüge einer vergleichenden Individualpsychologie und Psychotherapie*. Wiesbaden: J. F. Bergmann. Taschenbuch, Frankfurt am Main: Fischer 1972.
Adler, A. (1927). *Menschenkenntnis*. Leipzig: S. Hirzel. Taschenbuch: Frankfurt: Fischer 1966.
Adler, A. (1928). *Die Technik der Individualpsychologie. Erster Teil. Die Kunst, eine Lebens- und Krankengeschichte zu lesen*. München: J. F. Bergmann.
Adler, A. (1931). *Der Sinn des Lebens*. Wien und Leipzig: Rolf Passer. Taschenbuch, Frankfurt: Fischer 1973.
Adolph, H. (1923). *Die Weltanschauung Gustav Theodor Fechners*. Stuttgart: Strecker und Schröder.
Adorno, T. W., Frenkel-Brunswik, E., Levinson, D. J. & Sanford, R. N. (1950). *The authoritarian personality*. New York: Harper.
Albert, H. (1973). Konstruktivismus oder Realismus: Bemerkungen zu Holzkamps dialektischer Überwindung der modernen Wissenschaftslehre. In H. Albert & H. Keuth (Hrsg.), *Kritik der kritischen Psychologie*. (S. 9–40). Hamburg: Hoffmann und Campe.
Allport, F. H. (1924). *Social psychology*. Boston: Houghton Mifflin.
Antonelli, M. (1996). Vittorio Benussi und die italienische Gestaltpsychologie. In Gundlach, H. (Hrsg.), *Untersuchungen zur Geschichte der Psychologie und der Psychotechnik*. (S. 45–59). München, Wien: Profil.
Ash, M. G. (1980). Die Experimentelle Psychologie in Deutschland vor 1914: Aspekte eines Akademischen Identitätsproblems. In: *Wilhelm Wundt – progressives Erbe, Wissenschaftsentwicklung und Gegenwart*. Protokoll des internationalen Symposiums Leipzig, 1. und 2. November 1979 (S. 257–272). Leipzig: Karl-Marx-Universität.

Ash, M. G. (1985). Ein Institut und eine Zeitschrift. Zur Geschichte des Berliner Psychologischen Instituts und der Zeitschrift »Psychologische Forschung« vor und nach 1933. In C. F. Graumann (Hrsg.), *Psychologie im Nationalsozialismus*. (S. 113–137). Berlin: Springer.

Ash, M. G. (1987). Psychology and politics in interwar Vienna: The Vienna Psychological Institute, 1922–1942. In Ash, M. G. & Woodward, W. R. (Ed.), *Psychology in twentieth-century thought and society*, p. 143–164, London: Cambridge University Press.

Ash, M. G. (1995). *Gestalt psychology in German culture 1890–1967. Holism and the quest for objectivity*. Cambridge: Cambridge University Press.

Ash, M. G. & Geuter, U. (Hrsg.). (1985). *Geschichte der Psychologie im 20. Jahrhundert*. Opladen: Westdeutscher Verlag.

Back, K. W. (1972). *Beyond words*. New York: Russel Sage.

Bandura, A. (1974). Behavior theory and the models of man. *American Psychologist, 29*, 859–869.

Bandura, A., Ross D. & Ross, S. A. (1961). Transmission of aggression through imitation of aggressive models. *Journal of Abnormal and Social Psychology, 63*, 575–82. Deutsch: Bandura, A., Ross, D. und Ross, S. A. (1973). Stellvertretende Bekräftigung und Imitationslernen. In Hofer, M. und Weinert, F. E. (Hrsg.), *Pädagogische Psychologie (Funkkolleg), Grundlagentexte 2* (S. 61–75). Frankfurt am Main: Fischer.

Bastian, A. (1869). *Der Mensch in der Geschichte: Zur Begründung einer psychologischen Weltanschauung (3 Bände)*. Leipzig: O. Wigand.

Bäumler, G. (1996). Ein frühes sportpsychologisches Experiment von E. W. Scripture. In H. Gundlach (Hrsg.), *Untersuchungen zur Geschichte der Psychologie und Psychotechnik* (S. 95–104). München: Profil.

Bäumler, G. (2005). Anfänge der Sportpsychologie 1894–1928. In H. E. Lück & R. Miller (Hrsg.), *Illustrierte Geschichte der Psychologie*. 2. Auflage (Nachdruck) (S. 263–268). Weinheim: Beltz.

Belzen, J. A. van (1997). Gestalten der Religionspsychologie: ein Essay über Grundfragen und Geschichtsschreibung. *Psychologie und Geschichte, 7* (4), 296–318). http://journals.zpid.de/index.php/PuG/article/view/232

Belzen, J. A. van (2003). The International Association for the Psychology of Religion on its journey into the twenty-first century. *Archiv für Religionspsychologie, 24*, 24–36.

Benedict, R. (1934). *Patterns of culture*. New York: Mifflin. Deutsch: *Urformen der Kultur*. Hamburg: Rowohlt 1955.

Benetka, Gerhard (2002). *Denkstile der Psychologie*. Wien: WUV Universitätsverlag.

Benetka, G. & Rudolph, C. (2008). »Selbstverständlich ist vieles damals geschehen ...« Igor A. Caruso am Spiegelgrund. *Werkblatt*, 25, Heft 60, 5–45.

Billmann-Mahecha, E. (2001). Kann über die Methodenfrage die Einheit der Psychologie gerettet werden? Zur Geschichte der Methodendiskussion im 20. Jahrhundert. *Psychologie und Geschichte*, 9 (3/4), 117–127 http://journals.zpid.de/index.php/PuG/article/view/283

Binet, A. & Simon, T. (1905). Méthodes nouvelles pour le diagnostic du niveau intellectuel des anormaux. *Année Psychologique*, 11, 191–244.

Bitter, S. (2009). Külpe, Oswald, in: *Biographisch-Bibliographisches Kirchenlexikon (BBKL)*, Band XXX, Sp. 822–846 (auch unter http://www.bautz.de/bbkl/k/kuelpe_o.shtml, abgerufen am 3.12.2009).

Bonin, W. F. von (1983). *Die großen Psychologen. Hermes Handlexikon. Von der Seelenkunde zur Verhaltenswissenschaft. Forscher Therapeuten und Ärzte*. Düsseldorf: ECON Taschenbuchverlag.

Boring, E. G. (1929). *A History of Experimental Psychology*. New York: Appleton Century Crofts. (2. Aufl. 1950).

Boring, E. G. (1933). *Physical dimensions of consciousness*. New York: Century.

Borowsky, P.; Vogel, B. & Wunder, H. (1989). *Einführung in die Geschichtswissenschaft I. Grundprobleme, Arbeitsorganisation, Hilfsmittel*. 5. Aufl., Opladen. Westdeutscher Verlag.

Brandt, A. von (2007). *Werkzeug des Historikers. Eine Einführung in die Historischen Hilfswissenschaften*. 17. Auflage, Stuttgart: Kohlhammer.

Bruder, K.-J. (1982). *Psychologie ohne Bewußtsein. Die Geburt der behavioristischen Sozialtechnologie*. Frankfurt a. M.: Suhrkamp.

Bruder-Bezzel, A. (1983). *Alfred Adler. Die Geschichte einer Theorie im historischen Milieu Wiens*. Göttingen: Vandenhoeck & Ruprecht.

Bühler, C. (1933). *Der menschliche Lebenslauf als psychologisches Problem*. Leipzig: S. Hirzel.

Bühler, C. & Allen, M. (1982). *Einführung in die humanistische Psychologie*. Stuttgart: Ernst Klett.

Bühler, K. (1907). Tatsachen und Probleme einer Psychologie der Denkvorgänge. I. Über Gedanken. *Archiv für die gesamte Psychologie*, 9, 297–365.

Bühler, K. (1908a). Tatsachen und Probleme zu einer Psychologie der Denkvorgänge. II. Über Gedankenzusammenhänge. *Archiv für die gesamte Psychologie*, 12, 1–23.

Bühler, K. (1908b). Tatsachen und Probleme zu einer Psychologie der Denkvorgänge. III. Über Gedankenerinnerungen, *Archiv für die gesamte Psychologie*, 12, 24–92.

Bühler, K. (1908c). Antwort auf die von W. Wundt erhobenen Einwände gegen die Methode der Selbstbeobachtung an experimentell erzeugten Erlebnissen. *Archiv für die gesamte Psychologie, 12,* 93–122.

Bühler, K. (1927). *Die Krise der Psychologie.* Jena: Gustav Fischer.

Bungard, W. & Lück, H. E. (1974). *Forschungsartefakte und nicht-reaktive Meßverfahren.* Stuttgart: B. G. Teubner.

Busse, S. (1998). »Von der Sowjetwissenschaft lernen«: Pawlowismus und Psychologie. *Psychologie und Geschichte, 8,* 150–173.

Busse, S. (2000). »Von der Sowjetwissenschaft lernen«: Pawlow – der Stein des Anstoßes. *Psychologie und Geschichte, 8,* 200–229.

Cantril, H. (1940). *The invasion from Mars: A study in the psychology of panic.* Princeton, N. J.: Princeton University Press.

Clair, J., Pichler, C. & Pircher, W. (Hrsg.). (1989). *Wunderblock. Eine Geschichte der modernen Seele.* Wien: Wiener Festwochen und Löcker Verlag.

Clubb, J. M. & Scheuch, E. K. (Hrsg.). (1980). *Historical social research. The use of historical and process-produced data.* Stuttgart: Klett-Cotta.

Cooley, C. H. (1902). *Human nature and the social order.* New York: Scribners.

Court, J. & Janssen, J.-P. (2003). *Wilhelm Benary (1888–1955). Leben und Werk.* Lengerich u. a.: Pabst.

Court, J. & Meinberg, E. (Hrsg.). (2006). *Klassiker und Wegbereiter der Sportwissenschaft.* Stuttgart: Kohlhammer.

Cranach, M. v., Kalbermatten, U., Indermühle, K. & Engler, B. (1980). *Zielgerichtetes Handeln.* Bern: Huber.

Csikszentmihalyi, M. (1992). *Flow: Das Geheimnis des Glücks.* Stuttgart: Klett-Cotta. Engl. Original: *Flow – The psychology of optimal experience.* New York: Harper & Row, 1990.

Csikszentmihalyi, M. (1999). *Lebe gut.* Stuttgart: Klett-Cotta. Engl. Originalausgabe: *Finding Flow. The psychology of engagement with everyday life.* New York: HarperCollins, 1997.

Dann, H.-D. (1972). Müssen Aggressionen ausgelebt werden? In Schmidt-Mummendey, A. & Schmidt, H.-D. (Hrsg.), *Aggressives Verhalten* (S. 59–86), 2. Aufl., München: Juventa.

Danziger, K. (1987). Social context and investigative practice in early twentieth-century psychology. In M. G. Ash & W. R. Woodward (Eds.), *Psychology in twentieth-century thought and society* (p. 13–33). Cambridge: Cambridge University Press.

Dilthey, W. (1924). Der Aufbau der geschichtlichen Welt in den Geisteswissenschaften. In: *Gesammelte Schriften, Band 7.* Leipzig: Teubner, (Original 1910).

Dilthey, W. (1924). Ideen über eine beschreibende und zergliedernde Psychologie. In: *Gesammelte Schriften, Band 5.* Leipzig: Teubner.

Dollard, J., Doob, L. W., Miller, N. E., Sears, R. R. (1939). *Frustration and aggression*. New Haven: Yale University Press. Deutsch: *Frustration und Aggression*. Weinheim: Beltz 1970.
Dorsch, F. (1963). *Geschichte und Probleme der angewandten Psychologie*. Bern: Huber.
Dorst, B. (1989). Editorial. Transpersonale Psychologie, *Gruppendynamik, 20*, 323–325.
Draaisma, D. (1999). *Die Metaphernmaschine. Eine Geschichte des Gedächtnisses*. Darmstadt: Primus.
Drewer, P. (2003). *Die kognitive Metapher als Werkzeug des Denkens. Zur Rolle der Analogie bei der Gewinnung und Vermittlung wissenschaftlicher Erkenntnisse*. Tübingen: Narr.
Duby, G. & Lardreau, G. (1982). *Geschichte und Geschichtswissenschaft. Dialoge*. Frankfurt am Main: Suhrkamp.
Dumont, K. (1999). *Die Sozialpsychologie der DDR. Eine wissenschaftshistorische Untersuchung*. Frankfurt: P. Lang.
Ebbinghaus, H. (1885). *Über das Gedächtnis. Untersuchungen zur experimentellen Psychologie*. Leipzig: Duncker & Humblot. Neuauflage: Darmstadt: Wissenschaftliche Buchgesellschaft, 1971.
Echterhoff, W. (1991). Verkehrspsychologie. Entwicklung, Themen, Resultate, Köln: TÜV Rheinland.
Eckardt, G. (Hrsg.). (1997). *Völkerpsychologie – Versuch einer Neuentdeckung. Texte von Lazarus, Steinthal und Wundt*. Weinheim: Psychologie Verlags Union Beltz.
Eckardt, G. (2010). *Kernprobleme in der Geschichte der Psychologie*. Wiesbaden: Verlag für Sozialwissenschaften.
Ehrenfels, C. von (1890). Über »Gestaltqualitäten«. *Vierteljahresschrift für wissenschaftliche Philosophie, 14 (3)*, 249–292.
Elliger, T. J. (1986). *S. Freud und die akademische Psychologie – Ein Beitrag zur Rezeptionsgeschichte der Psychoanalyse in der deutschen Psychologie (1895–1945)*. Weinheim: Deutscher Studien Verlag.
Elton, G. R. (1987). *The practice of history*. 12. Ed., London: Fontana Press.
Eschenröder, C. T. (1984). *Hier irrte Freud. Zur Kritik der psychoanalytischen Theorie und Praxis*. München: Urban & Schwarzenberg.
Fahrenberg, J. (2008). Wilhelm Wundts Interpretationslehre. *Forum Qualitative Sozialforschung/Forum: Qualitative Social Research, 9(3)*, Art. 29, http://nbn-resolving.de/urn:nbn:de:0114-fqs0803291.
Falconer, W. (1782). *Wilhelm Falconer's Bemerkungen über den Einfluß des Himmelsstrichs, der Lage, natürlichen Beschaffenheit und Bevölkerung eines Landes, der Nahrungsmittel und der Lebensart auf Temperament, Sitten, Verstandeskräfte, Gesetze, Regierungsart und Religion der Menschen*. Leipzig: Weygandsche Buchhandlung.

Floud, R. (1980). *Einführung in quantitative Methoden für Historiker.* Stuttgart: Klett-Cotta.
Freud, S. (1900). *Die Traumdeutung.* Gesammelte Werke (G. W.), Band II/ III.
Freud, S. (1901). *Zur Psychopathologie des Alltagslebens. (Über Vergessen, Versprechen, Vergreifen, Aberglaube und Irrtum),* GW IV.
Freud, S. (1905). *Der Witz und seine Beziehung zum Unbewußten,* GW IV.
Freud, S. (1905). *Drei Abhandlungen zur Sexualtheorie,* GW V.
Freud, S. (1913). *Totem und Tabu,* GW IX.
Freud, S. (1915). *Triebe und Triebschicksale,* GW X.
Freud, S. (1920). *Jenseits des Lustprinzips,* GW XIII.
Freud, S. (1921). *Massenpsychologie und Ich-Analyse,* GW XIII.
Freud, S. (1923). *Das Ich und das Es,* GW XIII.
Freud, S. (1925). Selbstdarstellung. In L. R. Grote (Hrsg.), *Die Medizin der Gegenwart in Selbstdarstellungen, Band IV.* (S. 1–52). Leipzig: F. Meiner. GW XIV.
Freud, S. (1927). *Die Zukunft einer Illusion.* Leipzig/Wien/Zürich: Internationaler Psychoanalytischer Verlag.
Freud, S. (1939). *Der Mann Moses und die monotheistische Religion.* Amsterdam: de Lange.
Freud, S. (1940–1952). *Gesammelte Werke, Band 1–17.* London Imago Publishing Co.; Band 18 Frankfurt am Main: S. Fischer. (Seit 1960 werden die G. W. von S. Fischer, Frankfurt am Main ediert).
Fromm, E. (1981). *Sigmund Freud. Seine Persönlichkeit und seine Wirkung.* Frankfurt am Main: Ullstein.
Galliker, M., Klein, M. & Rykart, S. (2007). *Meilensteine der Psychologie: Die Geschichte der Psychologie nach Personen, Werk und Wirkung.* Stuttgart: Kröner.
Galton, F. (1882). The anthropometric laboratory. *Fortnightly Review, 183,* S. 332–338.
Galton, F. (1883). *Inquiries into human faculty and its development.* London: Macmillan. Nachdruck: New York: AMS PR, 1973.
Geuter, U. (1984). *Die Professionalisierung der deutschen Psychologie im Nationalsozialismus.* Frankfurt am Main: Suhrkamp.
Geuter, U. (1986). Psychologie im Nationalsozialismus. In Rexilius, G. & Grubitzsch, S. (Hrsg.), *Psychologie. Theorien – Methoden – Arbeitsfelder. Ein Grundkurs* (S. 557–598). Reinbek bei Hamburg: Rowohlt.
Geuter, U. & Nitzschke, B. (1989). Freud und Stern. »Jene merkwürdige Bewegung, die sich Psychoanalyse nennt...«. In Nitzschke, B. (Hrsg.), *Freud und die akademische Psychologie. Beiträge zu einer historischen Kontroverse* (S. 108–136). München: Psychologie Verlags Union.

Ginzburg, C. (1983). *Spurensicherung. Über verborgene Geschichte, Kunst und soziales Gedächtnis*. Berlin: Wagenbach.

Girgensohn, K. (1921). *Der seelische Aufbau des religiösen Erlebens. Eine religionspsychologische Untersuchung auf experimenteller Grundlage*. Leipzig: Hirzel

Goldenberg, G. (2007). *Neuropsychologie. Grundlagen, Kritik, Rehabilitation*. 4. Aufl. München: Elsevier.

Graf-Nold, A. (1988). *Der Fall Hermine Hug-Hellmuth. Eine Geschichte der frühen Kinder-Psychoanalyse*. München: Verlag Internationale Psychoanalyse.

Graf-Nold, A. (1991). Stern versus Freud. Sterns Protest gegen die Kinderpsychoanalyse – Vorgeschichte und Folgen. In Deutsch, W. (Hrsg.), *Über die verborgene Aktualität von William Stern* (S. 49–91). Frankfurt am Main: Peter Lang.

Graumann, C. F. (1980). Wundt vor Leipzig – Entwürfe einer Psychologie. In: *Wilhelm Wundt – progressives Erbe, Wissenschaftsentwicklung und Gegenwart*, Protokoll des internationalen Symposiums Leipzig, 1. und 2. November 1979 (S. 63–77). Leipzig: Karl-Marx-Universität.

Graumann, C. F. (1983). Theorie und Geschichte. In G. Lüer (Hrsg.), *Bericht über den 33. Kongreß der Deutschen Gesellschaft für Psychologie 1982, Band 1* (S. 64–75). Göttingen: Hogrefe.

Graumann, C. F. (Hrsg.). (1985) *Psychologie im Nationalsozialismus*. Berlin: Springer.

Graumann, C.-F. (2005). 100 Jahre Psychologie: Umweltpsychologie. In T. Rammsayer & S. Troche (Hrsg.), *Reflexionen der Psychologie. 100 Jahre Deutsche Gesellschaft für Psychologie* (S. 111–118). Göttingen: Hogrefe.

Green, C. & Benjamin, L. T. Jr. (Eds.) (2009). *Psychology gets in the game: sport, mind, and behavior, 1880–1960*. Lincoln NE: University of Nebraska Press.

Greif, S. (1993). Geschichte der Organisationspsychologie. In H. Schuler (Hrsg.), *Lehrbuch der Organisationspsychologie* (S. 15–48). Bern: Huber.

Groddeck, N. (2002). *Carl Rogers. Wegbereiter der modernen Psychotherapie*. Darmstadt: Primus.

Grundy, G. (1917). Political psychology. A science which has yet to be created. *Nineteenth Century, 8* (155), 155–170.

Grünwald, H. (1980). *Die sozialen Ursprünge psychologischer Diagnostik. Zur Genese, Struktur und Konkurrenz von Konzeptionen der Intelligenzdiagnostik*. Darmstadt: Steinkopff.

Gundlach, H. (1987). Die historische Entwicklung anwendungsorientierter Forschung in der Sozialpsychologie, In J. Schultz-Gambard (Hrsg.), *Angewandte Sozialpsychologie, Konzepte, Ergebnisse, Per-

spektiven (S. 17–27). München – Weinheim: Psychologie Verlags Union.
Gundlach, H. (1993). *Entstehung und Geschichte der Psychophysik.* Heidelberg: Springer.
Gundlach, H. (1994). Geschichte der Angewandten Psychologie. In L. von Rosenstiel, C. M. Hockel & W. Molt (Hrsg.), *Handbuch der Angewandten Psychologie. Grundlagen, Methoden, Praxis (Band 1 & 2).* Landsberg/Lech: ecomed.
Gundlach, H. (1996). Psychologie und Psychotechnik bei den Eisenbahnen. In H. Gundlach (Hrsg.), *Untersuchungen zur Geschichte der Psychologie und Psychotechnik* (S. 127–146). München: Profil.
Gundlach, H. (2002). *Psychologie und Psychotechnik bei der Eisenbahn.* Vortrag 38. BDP-Kongress für Verkehrspsychologie 2002 Regensburg (URL: http://psydok.sulb.uni-saarland.de/volltexte/2006/740/).
Gundlach, H. (2004). Die Lage der Psychologie um 1900. *Psychologische Rundschau, 55, Supplementum 1,* 2–11.
Gundlach, H. (2005). Das Psychotechnische Prüflaboratorium der Eisenbahndirektion Dresden. In H. E. Lück, R. Miller (Hrsg.), *Illustrierte Geschichte der Psychologie*, 2. Auflage (Nachdruck) (S. 257–262). Weinheim: Beltz.
Haeckel, E. (1866). *Generelle Morphologie der Organismen, Band I und II,* Berlin: Reimer. Nachdruck 1988, Berlin: de Gruyter.
Häcker, H. & Echterhoff, W. (2005). Verkehrspsychologie. In H. E. Lück und R. Miller (Hrsg.), *Illustrierte Geschichte der Psychologie.* 2. Auflage (Nachdruck) (S. 269–270). Weinheim: Beltz.
Hammer, S. (1994). *Denkpsychologie – Kritischer Realismus. Eine wissenschaftstheoretische Studie zum Werk Oswald Külpes.* Frankfurt: P. Lang.
Handlbauer, B. (1984). *Die Entstehungsgeschichte der Individualpsychologie Alfred Adlers.* Wien – Salzburg: Geyer-Edition.
Hege, M. (1974). *Engagierter Dialog. Ein Beitrag zur sozialen Einzelhilfe.* München und Basel: Steinkopff.
Hehlmann, W. (1967). *Geschichte der Psychologie.* Stuttgart: Kröner.
Heidbrink, H. (1991). Personal-Computer in der psychologiegeschichtlichen Forschung – am Beispiel bibliometrischer Analysen. In Lück, H. E. & Miller, R. (Hrsg.), *Theorien und Methoden psychologiegeschichtlicher Forschung* (S. 110–124). Göttingen: Hogrefe.
Heider, F. (1958). *The psychology of interpersonal relations.* New York: John Wiley.
Heine, S. (2005). *Grundlagen der Religionspsychologie. Modelle und Methoden.* Göttingen: Vandenhoeck & Ruprecht.
Hellpach, W. (1911). *Die geopsychischen Erscheinungen. Wetter, Klima und Landschaft in ihrem Einfluß auf das Seelenleben dargestellt.* Leip-

zig: W. Engelmann. (Die späteren Auflagen erschienen unter dem Titel »Geopsyche«).
Hellpach, W. & Lang, R. (1922). *Gruppenfabrikation*. Berlin: Springer.
Hellpach, W. (1911). *Die geopsychischen Erscheinungen*. Leipzig: Engelmann.
Helmholtz, H. (1863). *Die Lehre von den Tonempfindungen als physiologische Grundlage für die Theorie der Musik*. Braunschweig, Vieweg u. Sohn.
Henning, C., Murken, S. & Nestler, E. (Hrsg.). (2003). *Einführung in die Religionspsychologie*. Paderborn: Schöningh.
Herbart, J. F. (1825). *Psychologie als Wissenschaft, neu gegründet auf Erfahrung, Metaphysik und Mathematik. Zweiter, analytischer Theil*. Königsberg: Unzer.
Hermann, I. (1926). *Gustav Theodor Fechner. Eine psychoanalytische Studie über individuelle Bedingtheiten wissenschaftlicher Ideen*. Leipzig: Internationaler Psychoanalytischer Verlag.
Hillix, W. A. (1980). Do half of Americas psychologists descend from Wundt? In: *Wilhelm Wundt – progressives Erbe, Wissenschaftsentwicklung und Gegenwart*. Protokoll des internationalen Symposiums Leipzig, 1. und 2. November 1979, 1980 (S. 191–200). Leipzig: Karl-Marx-Universität.
Hobsbawm, E. L. (1984). Von der Sozialgeschichte zur Geschichte der Gesellschaft. In H.-U. Wehler (Hrsg.), *Geschichte und Soziologie*. 2. Aufl., (S. 331–353). Königstein/Ts.: Athenäum.
Hofstätter, P. R. (1957). *Gruppendynamik. Kritik der Massenpsychologie*. Reinbek bei Hamburg: Rowohlt.
Hofstede, G. (1980). *Culture's Consequences: International Differences in Work-Related Values*. Beverly Hills CA: Sage.
Holzkamp, K. (1971). Kritischer Rationalismus als blinder Kritizismus. *Zeitschrift für Sozialpsychologie, 2*, 248–270.
Holzkamp, K. (1972). Die Beziehung zwischen gesellschaftlicher Relevanz und wissenschaftlichem Erkenntnisgehalt psychologischer Forschung. In K. Holzkamp: *Kritische Psychologie. Vorbereitende Arbeiten* (S. 207–288). Frankfurt: S. Fischer.
Holzkamp, K. (1980). Zu Wundts Kritik an der experimentellen Erforschung des Denkens. In: *Wilhelm Wundt – progressives Erbe, Wissenschaftsentwicklung und Gegenwart*. Protokoll des internationalen Symposiums. Leipzig, 1. und 2. November 1979 (S. 141–153). Leipzig: Karl-Marx-Universität.
Holzkamp, K. (1986). Experimentieren in der Sozialpsychologie: Empirische Prüfung theoretischer Vorhersagen oder Herstellung von Beispielen für theoretische »Begründungsmuster«? – Eine Diskussion des Artikels unter den Herausgebern. *Zeitschrift für Sozialpsychologie, 17*, 239–254.

Holzner, B. (o. J.). *Amerikanische und deutsche Psychologie. Eine vergleichende Darstellung.* Würzburg: Holzner-Verlag.

Horkheimer, M. (1936). (Hrsg.). *Studien über Autorität und Familie. Forschungsberichte aus dem Institut für Sozialforschung. Schriften des Instituts für Sozialforschung, Fünfter Band,* Paris: Félix Alcan.

Huarte, J. (1968). *Prüfung der Köpfe zu den Wissenschaften.* Übersetzt von G. E. Lessing. Nachdruck der Ausgabe Zerbst 1752 mit einer kritischen Einleitung und Bibliographie von Martin Franzbach. München: Wilhelm Fink. (Original: *Examen de ingenios para las ciencias.* Baeza: Juan Bautista de Montoya, 1575).

Hyman, H. H. (1942). *The psychology of status,* Arch. of Psychology, New York, No. 26.

Ingenkamp, K. (1987). Das Institut des Leipziger Lehrervereins 1906–1933 und seine Bedeutung für die Empirische Pädagogik, *Geschichte der Psychologie 4(1),* 55–59.

Jacobi, J. (1977). *Die Psychologie von C. G. Jung.* Eine Einführung in das Gesamtwerk, mit einem Geleitwort von C. G. Jung, Frankfurt: Fischer Taschenbuch Verlag.

Jaeger, S. (1988). (Hrsg.). *Briefe von Wolfgang Köhler an Hans Geitel 1907–1920.* Passau: Passavia Universitätsverlag.

Jaeger S. & Staeuble, I. (1978). *Die gesellschaftliche Genese der Psychologie.* Frankfurt: Campus.

Jahoda, G. (1984). Ethnologie. In H. E. Lück, R. Miller & W. Rechtien (Hrsg.), *Geschichte der Psychologie. Ein Handbuch in Schlüsselbegriffen* (S. 218–222). München: Urban & Schwarzenberg.

Janssen, J. P. (2008). Geschichte der Sportpsychologie unter besonderer Berücksichtigung der Entwicklung in Deutschland. In N. Birbaumer, D. Frey, J. Kuhl, W. Schlicht & B. Strauss (Hrsg.), *Grundlagen der Sportpsychologie* (S. 33–103). Göttingen: Hogrefe.

Jansz, J. & Drunen, P. van (Eds.). (2004). *A Social History of Psychology.* Oxford: Blackwell.

Jones, E. (1961). *The life and work of Sigmund Freud.* New York: Basic Books. Deutsch: *Sigmund Freud. Leben und Werk.* Frankfurt am Main: S. Fischer, 1969.

Jung, C. G. (1912). *Wandlungen und Symbole der Libido. Ein Beitrag zur Entwicklungsgeschichte des Denkens.* Jahrbuch für Psychoanalytische und Psychopathologische Forschungen Bd. 3 (1911) und 4 (1912). Leipzig und Wien: Deuticke.

Jung, C. G. (1921). *Psychologische Typen.* Zürich. Rascher.

Jung, C. G. (1963). *Erinnerungen, Träume und Gedanken von C. G. Jung.* Aufgezeichnet und herausgegeben von Aniela Jaffé. Zürich und Stuttgart: Rascher.

Jüttemann, G. (1986). *Die Geschichtlichkeit des Seelischen. Der historische Zugang zum Gegenstand der Psychologie.* Weinheim und Basel: Beltz.

Kaminski, G. (1976). *Umweltpsychologie.* Stuttgart: Klett.

Jüttemann, G. (Hrsg.). (2006). *Wilhelm Wundts anderes Erbe. Ein Missverständnis löst sich auf.* Göttingen: Vandenhoeck & Ruprecht.

Kaminski, G. (1976). *Umweltpsychologie.* Stuttgart: Klett.

Kaminski, G. (1999). Roger G. Barker. In H. E. Lück & R. Miller (Hrsg.), *Illustrierte Geschichte der Psychologie, 2. Aufl.* (S. 194–198). Weinheim: Beltz.

Kausch, J. J. (1782). *Psychologische Abhandlung über den Einfluss der Töne und ins besondere der Musik auf die Seele; nebst einem Anhange über den unmittelbaren Zwek der schönen Künste.* Breslau: Bei J. F. Korn, dem älteren.

Kern, H. (1982). *Empirische Sozialforschung. Ursprünge, Ansätze, Entwicklungen.* München: C. H. Beck.

Klages, L. (1910). *Prinzipien der Charakterologie,* ab der 4. Auflage (Leipzig, 1926) unter dem Titel: Die Grundlagen der Charakterkunde.

Koffka, K. (1921). *Die Grundlagen der psychischen Entwicklung. Eine Einführung in die Kinderpsychologie.* Osterwieck am Harz: A. W. Zickfeldt.

Koffka, K. (1935). *Principles of Gestalt Psychology,* New York: Harcourt, Brace.

Köhler, W. (1913). Über unbemerkte Empfindungen und Urteilstäuschungen. *Zeitschrift für Psychologie, 66,* 51–80.

Köhler, W. (1917). *Intelligenzprüfungen an Anthropoiden.* I. Abhandlungen der königl. Preußischen Akademie der Wissenschaften, phys.-math. Klasse, Nr. 1.

Köhler, W. (1921). *Intelligenzprüfungen an Menschenaffen.* Berlin: Springer.

Kraepelin, E. (1896). Der psychologische Versuch in der Psychiatrie. *Psychologische Arbeiten, 1,* 1–91.

Krapp, A. (2005). 100 Jahre Psychologie: Pädagogische Psychologie. In T. Rammsayer & S. Troche (Hrsg.), *Reflexionen der Psychologie. 100 Jahre Deutsche Gesellschaft für Psychologie* (S. 92–100). Göttingen: Hogrefe.

Kretschmer, E. (1921). *Körperbau und Charakter,* Berlin: Springer.

Kruse, L. (1985). Masse und Menge – Dichte und Enge, *Gruppendynamik, 16,* 95–109.

Kruse, L., Graumann, C.-F. & Lantermann, E.-D. (Hrsg.). (1990). *Ökologische Psychologie. Ein Handbuch in Schlüsselbegriffen.* München: Psychologie Verlags Union.

Kuhn, T. S. (1976). *Die Struktur wissenschaftlicher Revolution.* Zweite revidiert und um das Postskriptum von 1969 ergänzte Auflage.

Frankfurt am Main: Suhrkamp. (Amerik. Originalausgabe: *The structure of scientific revolution,* 1962).

Külpe, O. (1920). *Vorlesungen über Psychologie.* Herausgegeben von Karl Bühler. Leipzig: S. Hirzel.

Laucken, U. (1998). *Sozialpsychologie. Geschichte – Hauptströmungen – Tendenzen.* Oldenburg: BIS-Verlag.

Lazarsfeld-Jahoda, M. & Zeisl, H. (1933). *Die Arbeitslosen von Marienthal. Ein soziographischer Versuch über die Wirkungen langdauernder Arbeitslosigkeit. Mit einem Anhang: Zur Geschichte der Soziographie.* Bearbeitet und herausgegeben von der Österreichischen Wirtschaftspsychologischen Forschungsstelle. Leipzig: Hirzel (= Psychologische Monographien. Herausgegeben von Professor Dr. Karl Bühler. V.), IX.

LeBon, G. (1895). *Psychologie des foules.* Paris: F. Olean.

Lewin, K. (1917). Kriegslandschaft. *Zeitschrift für angewandte Psychologie 12,* 440–447. Nachgedruckt in KLW Bd. 4, 1982, S. 315–325.

Lewin, K. (1942). Field theory of learning. *Yearbook of the National Society of the Study of Education, 41,* 215–242. (Deutsch in KLW Bd. 4, 1982, S. 157–185).

Lewin, K. (1981ff.): *Kurt-Lewin-Werkausgabe (KLW).* Hg. von C. F. Graumann, Bern und Stuttgart: Huber und Klett-Cotta.

Lindner, G. A. (1871). *Ideen zur Psychologie der Gesellschaft, als Grundlage der Socialwissenschaft.* Wien: Carl Gerolds Sohn.

Lockot, R. (1985). *Erinnern und Durcharbeiten. Zur Geschichte der Psychoanalyse und Psychotherapie im Nationalsozialismus.* Frankfurt am Main: Fischer Taschenbuch.

Loosch, E. (2008). *Otto Klemm (1884–1939) und das Psychologische Institut in Leipzig.* Berlin: Lit Verlag.

Lotze, R. H. (1852). *Medicinische Psychologie oder Physiologie der Seele.* Leipzig: Weidmann'sche Buchhandlung.

Lück, H. E. (1987). Wolfgang Köhler auf Teneriffa. *Gestalt Theory, 9,* 170–181.

Lück, H. E. (1989). Zur Bedeutung der Gruppenprozesse für die Wissenschaftsentwicklung am Beispiel der Topology Group Kurt Lewins. *Gestalt Theory 11,* 246–267.

Lück, H. E. (1990). Alfred Adler und die akademische Psychologie. *Zeitschrift für Individualpsychologie, 15,* 270–281.

Lück, H. E. (1998). Das Experiment zum Schrittmacherphänomen von Norman D. Triplett. Ein »Klassiker« nach 100 Jahren neu betrachtet. *Sportonomics, 4* (2), 87–93.

Lück, H. E. (2001). *Kurt Lewin. Eine Einführung in sein Werk.* Weinheim: Beltz Taschenbuch Verlag.

Lück, H. E. (2004) Geschichte der Organisationspsychologie. In Schuler, H. (Hrsg.), *Enzyklopädie der Psychologie, Band D/III/3 Organisationspsychologie, erster Halbband* (S. 17–72). Göttingen: Hogrefe.
Lück, H. E. (Hrsg.). (2004). *Psychologie in Selbstdarstellungen, Band 4.* Lengerich: Pabst Science Publishers.
Lück, H. E. (2007). *Kurt Lewin* (DVD). Hagen: Fernuniversität.
Lück, H. E., Grothe, S. & Schmidt, C. O. (2004). *Kalendarium der Psychologiegeschichte 1904–2004.* Online-Dokument. URL: http://vs.fernunihagen.de/dgps/ (Aufgerufen am 10.1.2009).
Lück, H. E., Grünwald, H., Geuter, U., Miller, R. & Rechtien, W. (1987). *Sozialgeschichte der Psychologie. Eine Einführung.* Opladen: Leske + Budrich.
Lück, H. E. & Miller, R. (Hrsg.). (1991). *Theorien und Methoden psychologiegeschichtlicher Forschung.* Göttingen: Hogrefe.
Lück, H. E. & Miller, R. (Hrsg.). (2005). *Illustrierte Geschichte der Psychologie.* 2. Aufl. (Nachdruck) Weinheim: Beltz.
Lück, H. E., Miller, R. & Rechtien, W. (Hrsg.). (1984). *Geschichte der Psychologie. Ein Handbuch in Schlüsselbegriffen.* München-Wien-Baltimore: Urban & Schwarzenberg.
Lück, H. E., Miller, R. & Sewz-Vosshenrich, G. (Hrsg.). (2000). *Klassiker der Psychologie.* Stuttgart: Kohlhammer.
Lück, H. E. & Rechtien, W. (1989). Freud und Lewin. Historische Methode und »Hier-und-Jetzt«. In B. Nitzschke (Hrsg.), *Freud und die akademische Psychologie. Beiträge zu einer historischen Kontroverse* (S. 137–159). Psychologie Verlags Union, München.
Lysinski, E. (1923). *Psychologie des Betriebes. Beiträge zur Betriebsorganisation.* Berlin: Industrieverlag Spaetze und Linde.
Maikowski, R., Mattes, P. & Rott, G. (1967). *Psychologie und ihre Praxis. Materialien zur Geschichte und Funktion einer Einzelwissenschaft in der Bundesrepublik.* Frankfurt am Main: Fischer Taschenbuch.
Marrow, A. J. (1969). *The practical theorist. The life and work of Kurt Lewin.* New York: Basic Books. Deutsch: *Kurt Lewin – Leben und Werk.* Stuttgart: Klett, 1977.
Mattes, P. & Dege, M. (Ed.). (2008). Holzkamps Grundlegung der Psychologie. Nach 25 Jahren. *Journal für Psychologie, 16 (Ausgabe 2).* Online-Dokument. URL: http://www.journal-fuer-psychologie.de/jfp-2-2008.html (Aufgerufen am 10.1.2009).
Mausfeld, R. (2009). Psychologie, ›weiße Folter‹ und die Verantwortlichkeit von Wissenschaftlern. *Psychologische Rundschau, 60* (4), 229–240.
McDougall, W. (1908). *An introduction to social psychology.* London: Methuen.
Mecacci, L. (Hrsg.). (1976). *La psicologia sovietica 1917–1936.* Roma: Editori Riunti.

Meischner-Metge, A. (1990). Aus dem Briefwechsel Wilhelm Wundts. In H. Schröder & K. Reschke (Hrsg.), *15 Jahre Psychologie an der Alma mater Lipsiensis. Standpunkte und Perspektiven* (S. 306–338). Leipzig: Karl-Marx-Universität.

Meischner-Metge, A. (Hrsg.). (2010). *Gustav Theodor Fechner – Werk und Wirkung.* Leipzig: Leipziger Universitätsverlag.

Messer, A. (1915). Zur Psychologie des Krieges. *Preussische Jahrbücher, 159,* 216–232.

Métraux, A. (1985). Der Methodenstreit und die Amerikanisierung der Psychologie in der Bundesrepublik 1950–1970. In Mitchell G. Ash (Hrsg.), *Geschichte der deutschen Psychologie im 20. Jahrhundert* (S. 225–251). Opladen: Westdeutscher Verlag.

Métraux, A. (1999). Aleksandr Romanovic Lurija. In H. Lück & R. Miller (Hrsg.), *Illustrierte Geschichte der Psychologie* (S. 181–184). 2. Aufl. Weinheim: Beltz PVU.

Metzger, W. (1970). Verlorenes Paradies: Im Psychologischen Institut in Berlin, 1922–1931. *Schweizerische Zeitschrift für Psychologie, 29,* 16–25.

Meyer, W.-U. (2002). *Zur Geschichte der Evolutionären Psychologie. Zweite, überarbeitete Fassung.* Online-Dokument. URL: http://www.uni-bielefeld.de/psychologie/ae/AE02/LEHRE/EvolutionaerePsychologie.html (Aufgerufen am 10.1.2009)

Miller, R. (1991). Umweltpsychologische Aspekte im Werk von Willy Hellpach. In W. Stallmeister & H. E. Lück (Hrsg.), *Willy Hellpach. Beiträge zu Werk und Biographie* (S. 88–121). Frankfurt: P. Lang.

Miller, R. (1998). *Umweltpsychologie. Eine Einführung.* Stuttgart: Kohlhammer.

Mitscherlich, A. (1984). *Ein Leben für die Psychoanalyse. Anmerkungen zu meiner Zeit.* Frankfurt: Suhrkamp.

Moede, W. (1920). *Experimentelle Massenpsychologie. Beiträge zur Experimentalpsychologie der Gruppe.* Leipzig: S. Hirzel.

Muchow, M. & Muchow, H. W. (1935). *Der Lebensraum des Großstadtkindes.* Nachdruck: Bensheim: Pädextra, 1978.

Müller, M. (1995). Vergleichende Musikpsychologie – eine Berliner Variante der Völkerpsychologie. *Psychologie und Geschichte, 6* (3/4), 291–302.

Müller-Brettel, M. (1994). Psychologische Beiträge im Ersten Weltkrieg. Ausdruck von Kriegsbegeisterung und Patriotismus oder Ergebnis des Entwicklungsstandes psychologischer Theorie und Forschung? *Psychologie und Geschichte, 6 (1/2),* 28–47. http://journals.zpid.de/index.php/PuG/article/view/171

Müller-Freienfels, R. (1929). *Die Hauptrichtungen der gegenwärtigen Psychologie.* Leipzig: Quelle & Meyer.

Münsterberg, H. (1912). *Psychologie und Wirtschaftsleben.* Leipzig: Barth. Neuausgabe: Weinheim: Beltz Psychologie Verlags Union, 1997.

Münsterberg, H. (1914). *Grundzüge der Psychotechnik.* Leipzig: J. A. Barth.

Niethammer, L. (Hrsg.). (1980). *Lebenserfahrung und kollektives Gedächtnis. Die Praxis der Oral History.* Frankfurt am Main: Syndikat.

Nitzschke, B. (Hrsg.). (1989). *Freud und die akademische Psychologie. Beiträge zu einer historischen Kontroverse.* Psychologie Verlags Union, München.

Nitzschke, B. (1989). Marxismus und Psychoanalyse. Historische und aktuelle Aspekte der Marx-Freud-Debatte. *Luzifer-Amor, 3,* 108–138. (a)

Paulitsch, C. (2005, 2006, 2008). *Psychologische Apparate aus der Sammlung des Instituts für Geschichte der Psychologie Universität Passau.* Passau: Universitätsverlag. Band 2 (2006), Band 3 (2008).

Piaget, J. (1932). *Les jugement moral chez l'enfant.* Paris: Presses Universitaires de France. Deutsch: *Das moralische Urteil beim Kinde.* Frankfurt: Suhrkamp, 1973.

Plaum, E., Schweitzer, F. & Scharlach, B. (1989). Äußerungen von Hochschullehrern zur Vergangenheit, Gegenwart und Zukunft der Psychologie, *Psychologie und Geschichte, 1 (2),* 49–57.

Poeck, K. (2006). Die Entwicklung der modernen Neuropsychologie. In H. O. Karnath & P. Thier (Hrsg.), *Neuropsychologie.* 2. Aufl. (S. 1–6). Berlin: Springer.

Pongratz, L. J. (1967). *Problemgeschichte der Psychologie.* Bern und München: Francke.

Pongratz, L. J. (1983). *Hauptströmungen der Tiefenpsychologie,* Stuttgart: Kröner.

Pongratz, L. J., Traxel, W. & Wehner, E. G. (Hrsg.). (1972). *Psychologie in Selbstdarstellungen.* Bern, Stuttgart, Wien: Huber.

Pongratz, L. J., Traxel, W. & Wehner, E. G. (Hrsg.). (1979). *Psychologie in Selbstdarstellungen. Band 2.* Bern, Stuttgart, Wien: Huber.

Preiser, S. (2009). Politische Psychologie. In G. Krampen (Hrsg.), *Psychologie – Experten als Zeitzeugen* (S. 289–300). Göttingen: Hogrefe.

Preyer, W. (1882). *Die Seele des Kindes. Beobachtungen über die geistige Entwicklung des Menschen in den ersten Lebensjahren.* Leipzig: Th. Griens (L. Fernau), 2. vermehrte Aufl. 1884.

Probst, P. (1989). Ernst Meumann als der Begründer der empirischen Psychologie in Hamburg. *Psychologie und Geschichte, 1 (2),* 6–16.

Retter, H. (2001). *Oswald Kroh und der Nationalsozialismus. Rekonstruktion und Dokumentation einer verdrängten Beziehung.* Weinheim: Deutscher Studien Verlag.

Reicke, E. (1900). *Der Gelehrte in deutscher Vergangenheit.* Leipzig: Diederichs.
Rogers, C. R. (1942). *Counseling and psychotherapy: Newer concepts in practice.* Boston: Houghton Mifflin. Deutsch: *Die nicht-direktive Beratung.* München: Kindler, 1972.
Rösgen, P. (2008). *Die Institutionalisierung der Sozialpsychologie in der Bundesrepublik Deutschland.* Frankfurt: P. Lang.
Rösing, H. & Bruhn, H. (2002). Geschichte der Musikpsychologie. In H. Bruhn, R. Oerter und H. Rösing (Hrsg.), Musikpsychologie (4. Aufl.) (S. 21–39). Reinbek: Rowohlt.
Rudmin, F. W. (2005). G. B. Grundy's 1917 proposal for political psychology: »A science which has yet to be created«. *ISPP News, 16* (2), 6–7.
Sarris, V. (1987). Max Wertheimer in Frankfurt – über Beginn und Aufbaukrise der Gestaltpsychologie I. Ausgangsstudien über das Sehen von Bewegung (1910–1912). *Zeitschrift für Psychologie, 195,* 283–310.
Sarris, V. (1987a). Max Wertheimer in Frankfurt – über Beginn und Aufbaukrise der Gestaltpsychologie. II. Strukturgesetze der Bewegungs- und Raumwahrnehmung (1911–1914). *Zeitschrift für Psychologie, 195,* 403–431.
Sarris, V., Parducci, A. & Petzold, P. (Hrsg.). (1986). *Die Zukunft der experimentellen Psychologie.* Weinheim: Beltz.
Scheerer, E. (1985). Organische Weltanschauung und Ganzheitspsychologie. In C. F. Graumann (Hrsg.), *Psychologie im Nationalsozialismus,* (S. 15–53), Berlin: Springer.
Schenk-Danzinger, L. (1983). Zur Geschichte der Kinderpsychologie: Das Wiener Institut. In K. E. Grossmann & P. Lütkenhaus (Hrsg.), *Bericht über die 6. Tagung Entwicklungspsychologie, Band I* (S. 28–49). Regensburg: Universität Regensburg.
Schmidt, W. (1924). *Psychoanalytische Erziehung in Sowjetrussland. Bericht über das Kinderheim-Laboratorium in Moskau.* Wien: Internationaler Psychoanalytischer Verlag.
Schnädelbach, H. (1987). *Vernunft und Geschichte. Vorträge und Abhandlungen,* Frankfurt am Main: Suhrkamp.
Schönpflug, W. (2004). *Geschichte und Systematik der Psychologie. Ein Lehrbuch für das Grundstudium.* 2. Aufl., Weinheim: Beltz PVU.
Schönpflug, W. (Hrsg.). (2007). *Kurt Lewin – Person, Werk, Umfeld. Historische Rekonstruktionen und aktuelle Wertungen.* 2. Aufl., Frankfurt: Lang.
Schopenhauer, A. (1819). *Die Welt als Wille und Vorstellung.* Leipzig: F. A. Brockhaus.
Schorr, A. (1984). *Die Verhaltenstherapie. Ihre Geschichte von den Anfängen bis zur Gegenwart.* Weinheim: Beltz.

Schorr, A. (1985). John B. Watsons Entwurf einer utopischen Gesellschaft – einige Anmerkungen zur Einführung, *Gruppendynamik, 16,* 111–117.
Schorr, A. (Hrsg.). (1998). *Die Psychologie und die Methodenfrage. Reflexionen zu einem zeitlosen Thema.* Göttingen: Hogrefe.
Schubeius, M. (1990). *Und das psychologische Labor muss der Ausgangspunkt pädagogischer Arbeiten werden! Zur Institutionalisierungsgeschichte der Psychologie von 1890–1933,* Frankfurt am Main: Peter Lang.
Schulte, D. & Kröner-Herwig, B. (2005). 100 Jahre Psychologie: Klinische Psychologie. In T. Rammsayer & S. Troche (Hrsg.), *Reflexionen der Psychologie. 100 Jahre Deutsche Gesellschaft für Psychologie* (S. 66–74). Göttingen: Hogrefe.
Schumann, P. (1921). Aus den Anfängen der Kinderpsychologie. *Zeitschrift für Pädagogische Psychologie, 22,* 209–218.
Schwartz, S. (1988). *Wie Pawlow auf den Hund kam ... Die 15 klassischen Experimente der Psychologie.* Weinheim und Basel: Beltz, Psychologie Heute Sachbuch.
Scott, W. D. (1908). *The psychology of advertising,* Boston: Small, Maynard & Co.
Seashore, C. (1919). *The Psychology of Musical Talent.* Boston, New York: Silver, Burdett and Company.
Sewz, G. (2004). *Zum Selbstverständnis der Psychologie als Wissenschaft. Eine wissenschaftstheoretische Analyse anhand des Objektivitätsbegriffs.* Frankfurt: Lang.
Sighele, S. (1891). *La folla delinquente.* Torino: Fratelli Bocca. Deutsch: *Psychologie des Auflaufs und der Massenverbrechen,* Dresden: Reissner, 1897.
Skinner, B. F. (1938). *The behavior of organisms, an experimental analysis.* New York: Appleton-Century.
Skinner, B. F. (1971). *Beyond freedom and dignity,* New York: Alfred A. Knopf. Deutsch: *Jenseits von Freiheit und Würde.* Reinbek bei Hamburg: Rowohlt 1973.
Spranger, E. (1914). *Lebensformen. Ein Entwurf.* (Sonderdruck aus Festschrift für Alois Riehl). Halle, Saale: Max Niemeyer. (Spätere Auflagen unter dem Titel: Lebensformen. Geisteswissenschaftliche Psychologie und Ethik der Persönlichkeit.)
Sprung, H. & Sprung, L. (2006). *Carl Stumpf – Eine Biographie. Von der Philosophie zur Experimentellen Psychologie.* München: Profil.
Sprung, L. & Sprung, H. (1999). Grundzüge einer allgemeinen Geschichte der psychologischen Methodenlehre. In E. Witruk & H.-J. Lander (Hrsg.), *Informationsverarbeitungsanalysen: Kognitionspsychologische und messmethodische Beiträge; Festschrift für Hans-Jürgen Lander*

zum 70. Geburtstag (S. 179–197). Leipzig: Leipziger Universitätsverlag.

Stadler, M. (1985). Das Schicksal der nichtemigrierten Gestaltpsychologen im Nationalsozialismus. In C. F. Graumann (Hrsg.), *Psychologie im Nationalsozialismus* (S. 139–164). Berlin: Springer.

Starbuck, E. D. (1899). *The Psychology of Religion*. New York: Charles Scribner´s Sons. Deutsch: *Religionspsychologie. Empirische Entwicklungsstudie religiösen Bewusstseins*. 2 Bde, Leipzig: Klinkhardt, 1909.

Stern, W. (1912). *Die psychologischen Methoden der Intelligenzprüfung und deren Anwendung an Schulkindern.* Leipzig.

Stern, W. (1916). *Die Jugendkunde als Kulturforderung.* Leipzig: Quelle & Meyer.

Stoffer, T. H. & Oerter, R. (2005). Gegenstand und Geschichte der Musikpsychologie und ihrer theoretischen und methodischen Ansätze. In T. H. Stoffer und R. Oerter (Hrsg.), *Enzyklopädie der Psychologie: Musikpsychologie. Band 1. Allgemeine Musikpsychologie* (S. 1–69). Göttingen: Hogrefe.

Straub, J. (2007). Historische Positionen und Entwicklungslinien einer Kultur integrierenden Psychologie. In G. Trommsdorff & H.-J. Kornadt (Hrsg.), *Theorien und Methoden der Kulturvergleichenden Psychologie* (Enzyklopädie der Psychologie. Serie Kulturvergleichende Psychologie, Bd. 1, S. 119–179). Göttingen: Hogrefe.

Streiffeler, F. (1975). *Politische Psychologie. Geschichte und Themen der Theorie politischen Verhaltens.* Hamburg: Hoffmann und Campe.

Stumpf, C. (1883, 1890). *Tonpsychologie.* Erster & zweiter Band. Leipzig: S. Hirzel.

Stumpf, C. (Hrsg.). (1898–1924). *Beiträge zur Akustik und Musikwissenschaft,* Heft 1–9.

Thomae, H. (1990). Psychologiegeschichte in Copingperspektive. In A. Schorr & E. G. Wehner (Hrsg.), *Psychologiegeschichte heute* (S. 1–11). Göttingen: Hogrefe.

Thomas, A. (2009). Kulturvergleichende Psychologie. In G. Krampen (Hrsg.), *Psychologie – Experten als Zeitzeugen* (S. 310–322). Göttingen: Hogrefe.

Thorndike, E. L. (1898). *Animal intelligence: an experimental study of the associative processes in animals.* Psychol. Review Monogr. Supplement. No. 8. Erweiterte Veröffentlichung: *Animal intelligence.* New York: The Macmillan Co., 1911.

Tiedemann (1887). Beobachtungen über die Entwicklung der Seelenfähigkeit bei Kindern. *Hessische Beiträge zur Gelehrsamkeit und Kunst, Bd. II, Stück 2 und 3* (Gesamtzählung Stück 6 und 7).

Titze, M. (1984). Individualpsychologie. Ziel ist die Gemeinschaft. In H. Petzold (Hrsg.), *Wege zum Menschen. Methoden und Persönlich-*

keiten moderner Psychotherapie. Ein Handbuch. Band II (S. 7–100). Paderborn: Junfermann.
Tögel, C. (1988). Lenin and Freud. Early history of psychoanalysis in the Soviet Union. *Luzifer-Amor, 1,* 34–40.
Traxel, W. (1985). *Geschichte für die Gegenwart. Vorträge und Aufsätze zur Psychologiegeschichte.* Passau: Passavia Universitätsverlag.
Traxel, W. (2004). Zur Geschichte der Deutschen Gesellschaft für Psychologie im so genannten Dritten Reich. *Psychologische Rundschau, 55,* Supplementum 1, 21–32.
Trimpop, R. (2005). 100 Jahre Verkehrspsychologie. In: T. Rammsayer & S. Troche (Hrsg.), *Reflexionen der Psychologie. 100 Jahre Deutsche Gesellschaft für Psychologie* (S. 119–127). Göttingen: Hogrefe.
Uexküll, J. von (1921). *Umwelt und Innenwelt der Tiere.* 2. Aufl. Berlin: Springer.
Ulich, D. (1989). *Einführung in die Psychologie.* Stuttgart: Kohlhammer.
van der Veer, R. & Valsiner, J. (1992). *Understanding Vygotsky. The quest for synthesis.* Oxford: Blackwell.
Volkmann-Raue, S. & Lück, H. E. (Hrsg.). (2011). *Bedeutende Psychologinnen des 20. Jahrhunderts.* Wiesbaden: Verlag für Sozialwissenschaften.
Volpert, W. (1974). *Handlungsstrukturanalyse als Beitrag zur Qualifikationsforschung.* Köln: Pahl-Rugenstein.
Volpert, W. (1983). Das Modell der hierarchisch-sequentiellen Handlungsregulation. In W. Hacker, W. Volpert & M. v. Cranach (Hrsg.), *Kognitive und motivationale Aspekte der Handlung* (S. 38–59). Bern: Huber.
Waitz, T. (1859–1871). *Anthropologie der Naturvölker.* 6 Teile, Leipzig: Friedrich Fleischer.
Watson, J. B. (1913). Psychology as the behaviorist views it, *Psychological Review 20,* 158–177.
Watson, J. B. (1919). *Psychology from the standpoint of a behaviorist.* Philadelphia: Lippincott.
Watson, J. B. (1930). *Behaviorism.* New York: W. W. Norton. Deutsch: Behaviorismus. Ergänzt durch den Aufsatz Psychologie, wie sie der Behaviorist sieht. Köln: Kiepenheuer & Witsch, 1968.
Watson, J. B. (1985). Das Utopia des Behavioristen, *Gruppendynamik 16,* 119–129 (engl. Originalmanuskript 1928/29).
Watson, J. B. & Rayner, R. (1920). Conditioned emotional reactions, *Journal of experimental psychology 3,* 1–14.
Webb, E. J., Campbell, D. T., Schwartz, R. D. & Sechrest, L. (1966). *Unobtrusive measures. nonreactive research in the social sciences.* Chicago: Rand McNally. Deutsch: Nichtreaktive Messverfahren. Weinheim: Beltz, 1976.

Weber, E. H. (1851). *Die Lehre vom Tastsinn und Gemeingefühl.* Braunschweig. (Erweiterte Fassung der Dissertation Webers aus dem Jahr 1834 mit dem lat. Titel »De pulsu, resorptione, tactu et auditu«).

Wehler, H.-U. (1974). *Geschichte und Psychoanalyse.* Frankfurt am Main: Ullstein.

Wehler, H.-U. (Hrsg.). (1984). *Geschichte und Soziologie.* 2. Aufl., Königstein/Ts.: Athenäum.

Wehner, E. G. (Hrsg.). (1992). *Psychologie in Selbstdarstellungen. Band 3.* Bern: Huber.

Wertheimer, Max (1912). Über das Denken der Naturvölker. I. Zahlen und Zahlengebilde. *Zeitschrift für Psychologie, 60,* 321–378.

Wertheimer, Max (1912 a). Experimentelle Studien über das Sehen von Bewegung. *Zeitschrift für Psychologie, 61,* 161–265.

Wertheimer, Michael (1980). Max Wertheimer, Gestalt Prophet. *Gestalt Theory 2,* 3–17.

Winston, A. S. (2004). Controlling the metalanguage. Authority and acquiescence in the history of method. In A. C. Brock, J. Louw & W. van Hoorn (Eds.), *Rediscovering the History of Psychology. Essays Inspired by the Work of Kurt Danziger* (pp. 53–73). New York: Kluwer/Plenum.

Wolfradt, U. (2009). Die Völkerpsychologie von Wilhelm Wundt. In C. Deimel, S. Lentz & B. Streck (Hrsg.), *Auf der Suche nach Vielfalt. Ethnographie und Geographie in Leipzig* (S. 185–192). Leipzig: Leibniz-Institut für Länderkunde.

Wontorra, H. M. (2008). *Fragestellungen und Versuchsaufbauten der frühen apparativen Psychologie – eine methoden- und apparateanalytische Untersuchung zum Forschungsprogramm an Wundts Leipziger Institut.* Dissertation. Universität Leipzig.

Wontorra, H. M. (2009). *Frühe apparative Psychologie.* Tönning: Der Andere Verlag.

Wontorra, M., Meischner-Metge, A. & Schröger, E. (Hrsg.). (2004). *Wilhelm Wundt und die Anfänge der experimentellen Psychologie.* Jubiläumsausgabe zur 125-Jahr-Feier seiner Institutsgründung (Online CD-Version). Online-Dokument. URL: http://www.uni-leipzig.de/Ópsycho/ hist.html (Aufgerufen am 10.1.2009).

Woodworth, R. S. (1934). *Psychology.* 3rd ed. New York: Henry Holt.

Wulff, D. M. (2006). Experimental introspection and religious experience: The Dorpat School of religious psychology. *Journal of the History of the Behavioral Sciences, 21* (2), 131–150.

Wundt, W. (1990–1920). *Völkerpsychologie.* Leipzig: Engelmann.

Wundt, W. (1902). *Grundzüge der Physiologischen Psychologie.* 5., völlig umgearbeitete Auflage. Leipzig: W. Engelmann.

Wundt, W. (1907). Über Ausfrageexperimente und über Methoden zur Psychologie des Denkens, *Psychologische Studien, 3,* 301–360.

Wundt, W. (1908). Kritische Nachlese zur Ausfragemethode. *Archiv für die gesamte Psychologie, 11,* 445–459.

Wundt, W. (1911). *Einführung in die Psychologie.* Leipzig: Voigtländers Verlag.

Wundt, W. (1913). *Die Psychologie im Kampf ums Dasein.* Leipzig. Reprographischer Nachdruck in: Wilhelm Wundt. Ausgewählte psychologische Schriften. Abhandlungen, Aufsätze, Reden, herausgegeben von W. Meischner, Band 2, 561–602, Leipzig: Zentralantiquariat der DDR, 1983.

Wundt, W. (1920). *Erlebtes und Erkanntes.* Stuttgart: Alfred Kröner.

Wygotski, L. S. (1974). *Denken und Sprechen.* 5., korrigierte Auflage der Lizenzausgabe. Frankfurt: S. Fischer.

Zeigarnik, B. (1927). Das Behalten erledigter und unerledigter Handlungen. *Psychologische Forschung, 9,* 1–85.

Stichwortverzeichnis

A

Affenstation 86
Aha-Erlebnis 77
Archivalien 31
Assoziationismus 67
Aufforderungscharakter 97
Ausfragemethode 78

B

Behavior Setting 209
Berner Schule 156
Bürgerliche Psychologie 159

C

Charakterologie 178
Crowding 53

D

Dreistadiengesetz 43

E

Effektgesetz 135, 141
Eklektizismus 131
Elemente des Bewusstseins 68
Elementenpsychologie 68
Empirismus, naiver 43
Evolutionäre Psychologie 169
Existenzanalyse 225

F

Fiktionalismus 122
Flow 163
Forschungsparadigma 14
Frustrations-Aggressionstheorie 110

G

Gesprächspsychotherapie 212
Gestaltkriterien 82
Gestaltqualitäten 219
Gestalt-Test 90
great men-Ansatz 24

H

Handlungspsychologie 80
Handlungsregulation, hierarchisch-sequentielle 156
Hermeneutik 29, 113
Historismus 23
Holismus 123
Human Relations 202

I

Intelligenzquotient (IQ) 177
Introspektion 75

J

Jordankurve 97
Katharsis-Hypothese 111
Kindertagebücher 183
Klinische Soziologie 203
Kognitive Wende 146, 155
Komplexqualitäten 92
Konditionierung 134
Kontiguität 141

Konvergenzprinzip 177
KPdSU 21

L

Lebenserinnerungen 28
Lebensraum 100
Literaturpsychologie 38
Logotherapie 225

M

Massenpsychologie, Lateinische oder Römische Schule der 50
Methodologie 13

N

Nationalsozialismus 16
Nekrolog 13
Neo-Behaviorismus 131

O

Oktoberrevolution 21
Oral history 15, 34
Organminderwertigkeit 118

P

Pädologendekret 150
Personality and culture-Schule 49
Personenzentrierte Psychotherapie 213
phänomenologisches Vorgehen 81
Phi-Phänomen 85
Phrenologie 173
Physiognomie der Stadt 47
Physiognomik 173
Positivismus 43
Positivismusstreit 158, 159
Primärgruppe 192

Primärquelle 28
Produktionstheorie 82
Programmierte Unterweisung 143
Psychohistorie 39
Psychotechnik 199, 201, 202

Q

Quellen 22, 28

R

Reflexologie 147, 212
Reformpädagogik 162
reinforcement 143
Rekonstruktion 23
Resonanztheorie 218

S

Scheinbewegung 85
Scheinexperimente 78
Sekundärquelle 28
Selbstbeobachtung 75, 76
Silben, sinnlose 60
social facilitation 193
Soziometrie 197
Stroboskop 84
Strukturelle Theorie 108

T

Taylorismus 200
Teleologie 123
Tonpsychologie 219
Topographische Theorie 109
Transponierbarkeit 219
Trends 35

U

Überkompensationen 125
Übersummativität 219

Übersummenhaftigkeit 82
Utopie 20

V

Valenzen 97
Verdrängung 116
Vergessenskurve 61
Verhaltensgleichung, universelle 98
Vermögenspsychologie 67
Verstehen 23, 77
Voluntarismus 68
Vorgestalten 93

W

Weber-Fechnersche Konstante 58
Weber-Fechnersches Gesetz 59
Weiße Rose 17
Whorf-Hypothese 46
Wissenschaftlergemeinschaft 63

Z

Zeitgeist 25

Personenverzeichnis

A

Ach, N. 75, 91, 94, 155
Adler, A. 63, 107, 118, 119, 121, 123, 124, 125, 126, 178
Adler, K. 126
Adolph, H. 55
Adorno, T. W. 157, 195
Albert B. 137, 138, 212
Albert, H. 158
Alexander 24
Allen, M. 161, 162
Allport, F. H. 193, 194
Allport, G. 224, 225
Antonelli, M. 83
Aristoteles 111
Asch, S. E. 196
Ash, M. G. 27, 40, 70, 84, 89, 93, 183

B

Back, K. W. 101
Baldwin, J. M. 182
Bales, R. F. 195
Bandura, A. 145, 146, 166
Barker, L. 209
Barker, R. 209
Bastian, A. 45, 226
Bäumler, G. 214, 215, 218
Bavelas, A. 196
Bechterew, W. M. 147, 184
Belzen, J. van 222, 226
Benary, W. 215
Bender, L. 90
Benedict, R. 49
Benetka, G. 18, 62
Benussi, V. 83
Bessel, F. W. 175
Billmann-Mahecha, E. 237
Binet, A. 74, 175, 177, 179, 183
Birbaumer, N. 218
Bismarck, O. von 24
Bitter, S. 222
Bleuler, E. 126, 128
Bloch, E. 128
Boas, F. 49
Bobertag, O. 177
Bonin, W. F. von 54
Boring, E. G. 25, 40, 65, 73, 235
Borowsky, P. 22
Boutmy, E. G. 226
Brandt, A. von 22, 27
Brentano, F. 113
Breuer, J. 104, 106
Bridgman, P. W. 235
Broca, P. 169
Brücke, E. 53, 54, 167
Bruder-Bezzel, A. 126
Bruder, K.-J. 147
Bruhn, H. 221
Brunswik, E. 22
Bühler, C. 36, 114, 160, 161, 183, 184
Bühler, K. 75, 77, 78, 79, 114, 155, 183, 239
Bunsen, R. 65
Busse, S. 150

C

Camus, A. 162
Cantril, H. 227
Carus, C. G. 113

Cäsar 24
Cassirer, E. 94
Cattell, J. M. 73, 175, 211
Charcot, J. M. 104
Clair, J. 32
Claparède, E. 185
Cohn, J. 115
Comte, A. 43
Cooley, C. H. 192
Cornelius, H. 91
Coubertin, P. de 214
Court, J. 216, 218
Cranach, M. von 156
Csikszentmihalyi, M. 163

D

Dann, H.-D. 112
Danziger, K. 205
Darwin, C. 44, 103, 181, 182
Dege, M. 160
Demosthenes 124
Descartes, R. 164
Deutsch, M. 195
Dickson, W. J. 203
Diem, C. 216, 217
Dilthey, W. 69
Dollard, J. 110
Donders, F. C. 68
Dorsch, F. 13
Dorst, B. 165
Draaisma, D. 152
Drewer, P. 153
Dreyfus, A. 50
Drobisch, W. 71
Droysen, J. G. 23
Drunen, P. van 27
Du Bois-Reymond, E. 53, 54, 65, 167
Dumont, K. 198

E

Ebbinghaus, H. 59, 60, 61, 176, 204
Echterhoff, W. 207
Eckardt, G. 40, 74
Ehrenfels, C. von 82, 91, 219
Elliger, T. J. 113
Erikson, E. 39
Eschenröder, C. T. 103
Eschler, E. 75
Eysenck, H. J. 174, 180, 236

F

Fahrenberg, J. 74
Falconer, W. 208
Fechner, G. T. 19, 32, 55, 56, 57, 58, 59, 62, 71, 113, 167, 233, 234
Festinger, L. 195, 196, 199
Feuerbach L. 43
Fischer, A. 189
Floud, R. 30, 35
Frankl, L. 114
Frankl, V. 225
Frazer, J. G. 45
Freud, A. 107, 108, 114
Freud, J. 104
Freud, S. 18, 24, 32, 38, 49, 52, 54, 63, 64, 102, 103, 104, 105, 106, 107, 108, 110, 112, 113, 114, 115, 116, 117, 118, 119, 120, 122, 123, 127, 128, 129, 130, 137, 185, 223, 224
Frey, D. 218
Fromm, E. 157

G

Galanter, E. 154, 156
Galilei, G. 103
Gall, F. J. 169, 173
Galliker, M. 24, 40
Galton, F. 45, 74, 140, 175, 179

Gantt, W. H. 141
Gelb, A. 17
George, S. 178
Gesell, A. 184
Geuter, U. 16, 17, 27, 34, 40, 93, 115
Ginzburg, C. 29, 32
Girgensohn, K. 222, 223
Goethe, J. W. von 153, 173, 181
Goldenberg, G. 170
Goldstein, K. 89
Gottschaldt, K. 90, 91, 198
Graf-Nold, A. 115
Graumann, C. F. 15, 16, 69, 93, 208, 209
Greif, S. 205
Griesinger, W. 210
Griffith, C. R. 217
Groddeck, G. 81, 213
Grof, S. 164
Grothe, S. 41
Gruehn, W. 223
Gruhle, H. 89
Gründer, K. 62
Grundy, G. B. 226
Gundlach, H. 59, 61, 62, 188, 195, 202, 205, 206, 207

H

Habermas, J. 158
Häcker, H. 207
Hacker, W. 156
Haeckel, E. 66, 181
Hall, G. S. 49, 67, 107, 114, 128, 182, 221
Hammer, S. 222
Handlbauer, B. 121, 126
Hans, der kleine 137
Hartmann, E. von 113
Hebb, D. O. 170
Hehlmann, W. 13, 25
Heidbrink, H. 31
Heidegger, M. 162

Heider, F. 83, 155, 196, 199
Heine, S. 221, 224, 226
Hellpach, W. 23, 73, 172, 194, 208, 213, 214
Helmholtz, H. von 53, 54, 65, 86, 113, 167, 218
Henning, C. 221
Herbart, J. F. 46, 47
Herder, J. F. 46
Herder, J. G. 172, 173
Hetzer, H. 183, 184, 185
Hiebsch, H. 198
Hillix, W. A. 27
Hippokrates 172
Hitler, A. 39
Hobsbawm, E. J. 26
Hockel, C. M. 205
Hofstätter, P. R. 52, 197, 236
Hofstede, G. 231
Holzkamp, K. 14, 39, 78, 159, 160
Holzner, B. 131
Horkheimer, M. 157, 195
Hörmann, H. 159
Hornbostel, E. M. von 220
Horn, K. 229
Huarte, J. 171, 172
Huber, K. 17
Hug-Hellmuth, H. 115
Humboldt, W. von 46
Hume, D. 42
Husserl, E. 162, 219
Hyman, H. 195

I

Ingenkamp, K. 189

J

Jacobi, J. 129, 130
Jacobsen, W. 228
Jaeger, S. 88
Jaensch, E. R. 91

Jahoda, G. 49
James, W. 168, 200, 219
Janssen, J. P. 218
Jansz, J. 27
Jones, E. 122
Jourard, S. M. 160
Judd, C. H. 48
Jung, C. G. 63, 107, 114, 126, 127, 129, 130, 180
Jüttemann, G. 13, 74

K

Kaminski, G. 208, 209
Kanizsa, G. 83
Kant, I. 46
Kardiner, A. 49
Karl der Große 24
Karnath, H.-O. 170
Katz, D. 17, 183
Katz, R. 22, 183
Kausch, J. J. 218
Kerschensteiner, G. 162
Kinnebrook, D. 175
Klages, L. 162, 178, 179
Klein-Koffka,, M. 86
Klein, M. 24, 40
Klemm, O. 216
Knigge, A. Freiherr von 173, 174
Koffka, K. 80, 86, 89, 219
Kogan, N. 196
Köhler, E. 183
Köhler, W. 17, 80, 84, 86, 87, 88, 89, 135, 141, 215, 219
Kopernikus, N. 44
Kornadt, H.-J. 232
Kornilow, K. N. 148
Kraepelin, E. 73, 176, 210
Krampen, G. 230, 232
Krapp, A. 190, 191
Kretschmer, E. 128, 172, 179, 180
Kröner-Herwig, B. 214
Krueger, F. 73, 91, 92, 93

Krupskaja, N. 21
Kruse, L. 53, 208
Kuhl, J. 218
Kuhn, T. 14, 63
Külpe, O. 64, 73, 75, 76, 77, 79, 84, 89, 188, 222
Künkel, F. 125

L

Ladd, G. T. 220
Lamberti, G. 75
Lantermann, E.-D. 208
Lashley, K. S. 217
Laucken, U. 199
Lavater, J. C. 173
Lay, A. 189
Lazarsfeld, P. 183, 227
Lazarus, M. 46, 191, 226
Leavitt, H. J. 196
LeBon, G. 49, 51, 52, 166
Leborgne (Tan) 170
Leontjew, A. N. 148
Lersch, P. 179, 236
Lessing, G. E. 172
Lewin, K. 17, 88, 89, 94, 96, 97, 98, 99, 100, 101, 156, 194, 209, 219
Lichtenberg, G. C. 173
Liddell, H. S. 141
Lindner, G. A. 47, 191
Linnig, P. 62
Lipmann, O. 177
Lippitt, R. 96
Lipps, T. 91, 162
Lockot, R. 19, 108
Lombroso, C. 51
Loosch, E. 216
Lorenz, K. 111, 197
Lotze, H. R. 167
Lück, H. E. 24, 25, 26, 27, 41, 64, 87, 99, 102, 205, 207, 215, 218
Ludwig, C. 53, 54
Luria, A. R. 148

Luther, M. 39
Lysinski, E. 204

M

Mach, E. 43
Maikowski, R. 27
Marbe, K. 73, 75
Marcuse, L. 158
Marrow, A. J. 101
Marx, K. 14, 39, 103, 157, 159
Maskelyne, N. 174
Maslow, A. 160, 161, 164, 183
Massarik, F. 160
Mattes, P. 27, 160
Mausfeld, R. 229
Mayo, E. 202, 203
May, R. 160
McDougall, W. 168
Mecacci, L. 150
Meinberg, E. 216
Meinberg, J. 218
Meinong, A. 82
Meischner-Metge, A. 62, 75, 211
Meischner, W. 75
Mesmer, F. A. 173
Messer, A. 229
Metelli, F. 83
Métraux, A. 148
Metzger, W. 88, 90, 91, 123
Meumann, E. 73, 74, 75, 176, 177, 184, 188, 189
Meyer, W.-U. 168, 170
Michotte, A. 155
Miller, G. A. 154, 156
Miller, R. 41, 207, 208, 218
Mill, J. S. 43
Mises, Dr. 19
Mitscherlich, A. 197, 229
Moede, W. 73, 192, 193, 200
Molt, W. 205
Montessori, M. 162, 190
Moreno, J. L. 194, 197
Moritz, K. P. 173, 181

Mosso, A. 215
Muchow, M. 100, 209
Müller-Brettel, M. 229, 230
Müller, G. E. 61, 73, 87
Müller, J. 65
Münsterberg, H. 73, 74, 193, 199, 200, 201, 204, 206
Murken, S. 221
Musatti, C. L. 83
Musil, R 219

N

Napoleon Bonaparte 24
Nestler, E. 221
Niethammer, L. 34
Nietzsche, F. 113, 122
Nitzschke, B. 21, 113, 115, 118

O

Oerter, R. 221
Ossietzky, C. von 89

P

Pappenheim, B. von 105
Parducci, A. 238
Paulitsch, C. 234
Pawlow, I. P. 24, 54, 132, 134, 135, 141, 142, 147
Perls, F. 160
Petersen, P. 162, 190
Peters, W. 17
Petzold, P. 238
Pfungst, O. 219
Piaget, J. 185, 187
Pichler, C. 32
Pircher, W. 32
Plaum, E. 239
Poeck, K. 170
Pongratz, L. J. 13, 24, 26, 116, 118, 119, 122
Popper, K. H. 158

Portmann, A. 130
Preiser, S. 228, 230
Preyer, W. T. 182
Pribram, K. H. 154, 156

R

Rammsayer, T. 191, 207, 209, 214
Ranke, J. von 23
Rank, O. 116
Ratzel, F. 208
Rausch, E. 90, 91
Rauschenbach, E. 127
Rayner, R. 137, 138, 212
Rechtien, W. 99
Retter, H. 16, 18
Ringel, E. 126
Ritter, J. 62
Roethlisberger, F. J. 203
Rogers, C. R. 160, 161, 183, 212, 225
Rorschach, H. 118
Rosenstiel, L. von 205
Rosenzweig, S. 118
Rösgen, P. 197, 199
Rösing, H. 221
Ross, D 146
Ross, S. A. 146
Rothmann, M. 86
Rott, G. 27
Rousseau, J.-J. 181
Rudolph, C. 18
Rykart, S. 24, 40

S

Sander, F. 93
Sarris, V. 84, 238
Sartre, J. P. 162
Schachter, S. 195
Scharlach, B. 239
Scheerer, E. 62
Schenk-Danzinger, L. 114, 183
Schlicht, W. 218
Schmidt, C. O. 41
Schmidt, W. 21
Schmoller, G. 158
Schönpflug, W. 41, 102, 168
Schopenhauer, A. 113
Schorr, A. 136, 140, 141, 147, 237
Schröger, E. 75
Schubeius, M. 189
Schuler, H. 205
Schulte, D. 214
Schulte, R. W. 215
Schumann, F. 72, 84, 85, 87, 89
Schumann, P. 181
Schwartz, S. 136
Schweitzer, F. 239
Schweninger, E. 81
Scott, W. D. 204
Scripture, E. W. 215
Seashore, C. E. 220
Setschenow, I. M. 147
Sewz, G. 235, 240
Sewz-Vosshenrich, G. 41
Sherif, M. 194
Sighele, S. 51
Simon, T. 175, 177, 183
Sippel, H. 216
Sjöstrand, C. E. (s. Seashore) 220
Skinner, B. F. 142, 143, 144, 146, 166, 235
Smuts, J. C. 122, 123
Sodhi, K. S. 197
Spearman, C. 91
Spencer, H. 43
Sperber, M. 126
Spiel, W. 126
Spinoza, B. 167
Spranger, E. 114, 178, 179, 190
Sprung, H. 219, 233, 237
Sprung, L. 219, 233, 237
Stadler, M. 90
Starbuck, E. D. 222

Steinthal, H. 46, 191, 226
Stern, C. 183
Stern, W. 17, 22, 113, 114, 115, 176, 178, 179, 183, 188, 201, 207, 215
Stoffer, T. H. 221
Straub, J. 232
Strauss, B. 218
Streiffeler, F. 227
Stumpf, C. 22, 73, 87, 88, 89, 94, 219, 220
Szondi, L. 118

T

Taine, H. 43
Tausch, A. M. 190
Tausch, A.-M. 213
Tausch, R. 190, 213
Taylor, F. W. 200, 207
Terman, L. M. 179, 183
Tetens, J. N. 173
Thier, P. 170
Thomae, H. 38
Thomas, A. 232
Thorndike, E. L. 134, 135, 143
Thurstone, L. L. 195
Tiedemann, D. 181
Tissié, P. 214
Titchener, E. B. 73, 136, 139
Tögel, C. 21
Tolman, E. 235
Tolman, E. C. 94, 145
Traxel, W. 18, 20, 24, 31, 35, 61
Trimpop, R. 207
Triplett, N. D. 215
Troche, S. 191, 207, 209, 214
Trommsdorff, G. 232
Trotzkij, L. 21
Tylor, E. B. 45

U

Uexküll, J. von 209

Ulich, D. 155

V

Vaihinger, H. 43, 122
Volkmann-Raue, S. 24
Volpert, W. 156
Vorwerg, M 198
Vygotskij, L. S. 148, 149, 150

W

Wagner von Jauregg, J. 120
Waitz, T. 45
Wallach, M. 196
Watson, J. B. 19, 20, 64, 132, 135, 136, 137, 138, 139, 168, 212
Webb, E. J. 33
Weber, E. H. 56, 58, 59, 65, 71, 167
Weber, M. 158
Wehler, H.-U. 39
Wehner, E. G. 24
Wellek, A. 179
Wellek, W. 236
Welles, O. 227
Wertheimer, M. 17, 80, 84, 85, 88, 89, 215
White, R. K. 96
Whorf, B. L. 46
Whyte, W. F. 194
Wieland, C.-M. 181
Wilber, K. 123
Winston, A. S. 235
Witmer, L. 211
Wolfradt, U. 48
Wontorra, M. 75, 234
Woodward, W. S. 235
Woodworth, R. S. 142
Wulff, D. M. 222
Wundt, E. 73
Wundt, F. A. 65

Wundt, W. 19, 28, 32, 46, 47, 48, 54, 64, 66, 67, 68, 69, 70, 71, 72, 74, 75, 76, 78, 79, 90, 93, 167, 188, 189, 193, 199, 200, 204, 208, 210, 216, 219, 222, 233, 234

Y

Yerkes, R. 141

Z

Zulliger, H. 118
Zweig, S. 122